人一生要去的 106个地方

华阳◎编著

中国华侨出版社

图书在版编目（CIP）数据

人一生要去的 106 个地方 / 华阳编著 . —北京：
中国华侨出版社，2015.10

ISBN 978-7-5113-5730-4

Ⅰ . ①人… Ⅱ . ①华… Ⅲ . ①旅游指南—世界
Ⅳ . ① K919

中国版本图书馆 CIP 数据核字 (2015) 第 247604 号

人一生要去的 106 个地方

编　　著 /	华　阳
策划编辑 /	周耿茜
责任编辑 /	文　喆
责任校对 /	王京燕
封面设计 /	刘红刚
经　　销 /	新华书店
开　　本 /	710 毫米 ×1000 毫米　1/16　印张 /16　字数 /282 千字
印　　刷 /	北京旺都印务有限公司
版　　次 /	2016 年 1 月第 1 版　2020 年 6 月第 3 次印刷
书　　号 /	ISBN 978-7-5113-5730-4
定　　价 /	48.00 元

中国华侨出版社　北京市朝阳区西坝河东里 77 号楼底商 5 号　邮编：100028
法律顾问：陈鹰律师事务所
编辑部：(010) 64443056　64443979
发行部：(010) 64443051　传真：(010) 64439708
网　址：www.oveaschin.com
E-mail：oveaschin@sina.com

　　旅行的意义更多的是在于自身的收获，那份走出去的豁达、那份望出去的尺度，唯有旅行能带给你。不同的地方有不同的风景，不同的地方有不同的人文，不同的地方有不同的历史，不同的地方有不同的美食。世界广阔，在我们有限的时光里，问问自己走过多少地方？见过多少惊喜？经历过多少路途中的难忘？你是否曾抱着地图为到底去哪里旅游而犹犹豫豫，如果看不尽世间的所有美景，那就看看本书所推荐的 106 个世界上最值得一去的地方吧。

　　让梦想跟上脚步，去看威尼斯的水上浪漫；去看绝世的殿堂——白金汉宫；去看孕育文明的母亲河——尼罗河；去人间的天堂——巴厘岛或马尔代夫来次梦幻般的度假。这 106 个精心挑选的最具人气和旅游价值的地方，让读者在绚烂的阅读空间里充分体验它们的魅力，并感受一种惬意的生活态度和人生享受。

　　为了更贴近读者的喜好，书中 106 个必去的地方被分为六个部分：梦想之旅，让你了解心仪已久的旅游城市的历史和文化；文明之旅，带你参观古文明的遗址胜地，见证历史的辉煌；购物天堂，告诉你 10 个享誉世界的购物城市，包你大饱眼福；自然之旅，欣赏让你瞠目结舌的自然景观，饱览大自然的杰作；度假之旅，体会那些唯美梦幻的休闲胜地，有种想驻扎在那里的冲动；探险之旅，惊叹人类智慧创造的奇观，带你来一场秘境的探险。全书内容除了景点介绍之外，还有详细的旅游攻略，为旅行爱好者们提供了充足的行走资料。你会发现，梦想在一步一步实现的过程中，其实没有想象中的那么遥不可及。

　　"任何值得到达的地方都没有捷径"，世界上有很多地方是人生旅途中不容错过的，也需要我们付出努力去到达，并用心灵去欣赏和感悟。那些用美丽的自然风景、沉甸甸的历史、特色的人文所组成的人间仙境，是寄放在心灵深处的梦。惦念已久不如亲身体验，本书为您提供真正意义上的旅行指导，并引领您走向精神向往的所在，开始一场用眼睛与心灵去寻找的感动的精彩之旅。

目录

第三章　购物天堂之旅

第四章　神秘的自然之旅

第五章　梦幻度假之旅

第六章　探险人类奇观之旅

第一章
浪漫和梦想之旅

威尼斯——浪漫的水上都市

外文名称：Venezia（意）、Venice（英）　　　　**所属国家和地区**：意大利

地理位置：意大利东北部亚得里亚海滨的威内托大区

著名景点：圣马可大教堂、凤凰歌剧院

> 有人说是上帝将眼泪流在了这里，所以造就了它的晶莹与柔情。它就像久违的浪漫梦境，最终落在了这诗情画意的蜿蜒水巷之中，成就一段传奇的历史，被世人传颂。古老的手风琴穿梭于风情万种的水巷中，取代了车水马龙的喧嚣。如今它风华依旧，仿佛与世隔绝般，过着属于自己的慵懒岁月。

"威尼斯"原本是最宁静处所的意思，实如其名，它的恬静总能让人心旷神怡。沿着运河能清晰地看到几个世纪以前修建的古老房屋，它们扎根于水城，静静展现着这座水城的古老神韵。运河对岸，能看到著名的圣马可大教堂和令威尼斯人骄傲的圣马可广场，它们构成了威尼斯海岸的迷人景致。

圣马可广场可谓是威尼斯的明珠，是威尼斯最著名的古迹之一，位于市中心，是最热闹繁华的地方。它的总面积约 1 万平方米，有造型宏伟和谐的宫殿建筑和生动逼真的石雕艺术，被圣马可教堂、钟楼、新市政厅、克雷尔博物馆等建筑所环绕，边上有几家著名的咖啡馆，是狄更斯、拜伦等曾经品尝咖啡的地方。来到这里如果碰到上潮那可真是好运气！上潮的时候是广场最美丽的时候，在潮水的铺盖下，整个圣马可广场犹如一面巨大的镜子，配合粉红色、白色的大理石建筑和五光十色的露天陈设显得更加玲珑剔透、光彩照人，简直是一幅迷人的图画。

始建于 829 年的圣马可大教堂是威尼斯的荣耀和信仰，也是威尼斯建筑艺术的经典之作。它融合了拜占庭、伊斯兰、哥特、文艺复兴等东西方的建筑特色，其华丽令人惊叹不已。其中最引人注目的地方是内部墙壁上用碎瓷和石子所镶嵌的壁画以及大门顶部雕刻的四匹金色骏马。如今，教堂里陈列了很多威尼斯的十字军从君士坦丁堡掠夺来的战利品。建于 15 世纪的钟楼也是不可错过的景点，每到整点的时候，整个城市都可以听见它的钟声。乘

电梯到钟楼的顶端眺望，一片红褐色的屋顶望不到尽头，整个威尼斯的迷人景色凌乱了你的双眼。

水是威尼斯的灵魂，这个在清波上游走的城市，让人留下了太多的感动与浪漫情怀。

旅游攻略

住宿：

① Alacampaniel 宾馆

这家宾馆就在水上巴士站的隔壁，位置非常好，价位也算是车站周边最便宜的了。美中不足是装潢比较老旧，但是绝对干净。

② Venice Ormesini 宾馆

全威尼斯再难找到比它的价位更低的了，非常便宜！但是没有早饭和门禁。

交通：

①火车：各级火车站在威尼斯均设有站点。尤其是高级列车"欧洲之星"，特别受游客的欢迎。威尼斯有两大火车站，分别为桑塔露琪亚站和威尼斯站，其中桑塔露琪亚站在威尼斯市内，而威尼斯站在意大利本土，但是在威尼斯岛之外。

②飞机：威尼斯拥有马可波罗国际机场，从机场出口出来，向南过马路即是威尼斯火车站，再往前走约 5 分钟即是水上巴士总站。下飞机后，想要前往威尼斯市区的话，须要在此处乘坐水上巴士。在意大利境内可以向航空公司或 CIT 等旅行代理店购买机票。

③水上巴士：从机场乘坐水上巴士到达市区需要 75 分钟左右，票价 15 欧元。

④客车：威尼斯这个水城还是有长途巴士的，可以通往意大利的其他陆地城市，一般终点都在罗马广场。

时差：与北京时间相差 7 小时。

货币：威尼斯使用欧元。

温馨提示

①3～5 月的威尼斯是最舒适的季节，气候宜人，平均气温在 10℃～18℃，景色旖旎。9～11 月的威尼斯是最清爽的季节，秋天的运河很是清澈美丽。

②有些景点是宗教空间，夏天时要注意别穿着无袖上衣、短裤或是袒胸露背的衣服，否则小心被拒之门外啊。

维也纳——来自多瑙河的女神

外文名称：Vienna　　　　　　**所属国家和地区**：奥地利

地理位置：西欧至巴尔干半岛的铁路枢纽

著名景点：上美景宫、列奥波多博物馆、维也纳音乐厅

> 　　如果说上天赐予维也纳的是浪漫，那么维也纳为自己争取的是梦想，于是你置身在这个城市中，除了感到她的灵性，她美妙的音乐语言，更会被她放飞的梦想所牵缠。她一直都在不停地丰富着自己的内涵，你会不经意触摸到某个艺术家的灵魂，当你抬头仰望时，原来这里就是谁谁的身影！

　　维也纳竟是一位那么善于打扮自己的女神，似乎每天都为自己精心构思。阿尔卑斯山支脉维也纳林山伸展于西郊，当登上城西的阿尔卑斯山麓，眼前就会呈现出波浪起伏的"维也纳森林"。成片的绿林生翠含青。山的西面是华丽的住宅区，有葡萄园和花园围绕。背面草地宽阔，宛如一块特大的绿色绒毡，碧波粼粼的多瑙河蜿蜒穿行其间，仿佛是一条飘逸的丝带，给这个城市增添了无限魅力。房屋顺山势而建，从远处眺望，层次分明的重楼连宇充满了诗情画意，而风格迥异的教堂建筑又给这座青山碧水的城市蒙上一层古老而庄重的色彩。房屋很少是高层，多为哥特式、巴洛克式和欧罗巴式建筑。中世纪的双塔和圣斯特凡大教堂的尖顶耸入云端，其南塔高 138 米，可俯瞰全市。市内街道呈辐射环状，两旁是林荫蔽日的环形大道，铺满卵石的街道纵横交错。

　　漫步于维也纳，感受那空气中的浪漫、田园般的浪漫，让小夜曲的节奏放飞你的心情，你会惊叹于音乐对这个城市的影响。许多公园、剧院、街道、会议厅等，都是用世界著名的音乐家的名字命名，你会看到许多音乐家的

雕像在花园或广场中悠然矗立。在内环路的城市公园你会看到伟大的约翰·施特劳斯那么聚精会神地演奏小提琴；沿着内环路，你还会找到莫扎特、贝多芬等音乐大师的英姿。

在这里你可以修身养性地度假，坐在皇家公园或是看书，或是赏花，或是闲庭散步，都会让你充满着惬意。维也纳拥有众多的电影院、歌剧院，全城遍布各式各样的音乐厅。最显赫的维也纳国家歌剧院，是一座古罗马式建筑，建于 1869 年。这里曾经首演过贝多芬和莫扎特的作品，19 世纪欧洲所有著名歌剧作家的作品，都在这里上演过。在第二次世界大战期间曾毁于炮火，到 1955 年又重新按原来的样式建造起来，每年都有音乐在这里比赛，是全世界歌剧中心。

旅游攻略

住宿：

①维也纳萨赫酒店

位于维也纳市中心，坐落在国家歌剧院对面。

②格比乐嘉瑟酒店

虽然不在市中心，但距离地铁站非常近，交通很便利，由于在背街的巷子里，晚上比较安静。

交通：

①飞机：维也纳机场也被称为施威夏特机场，距离市区 16 千米，交通方便，目前已经开通上海、重庆、广州、北京等国内大城市和许多国际城市的航班。

②火车站：维也纳目前最大的国际火车站是维也纳西站，往来于苏黎世、慕尼黑、萨尔茨堡、法兰克福等地；Meidling 火车站是维也纳另外一个国际列车站，来往于布拉格、华沙、柏林等地。

③汽车：从周边其他国家或是奥地利其他城市往返于维也纳，也可以乘坐汽车。维也纳主要长途汽车站是 Erdberg，地铁 3 号线 Erdberg 站出来就是该汽车站。著名的 Euroline 公司的客车在此停靠，可以往返于意大利、德国、荷兰、捷克等国家的大城市。

时差：标准时间与北京时间相差 7 小时，夏令时期间与北京时间相差 6 小时。

货币：维也纳使用的货币为欧元，外币兑换处位于火车站附近。

温馨提示：

①维也纳属于过渡性气候，冬季不但较冷，而且多雨，如果在冬季去往维亚纳，一定要做好御寒工作。

②维也纳整体治安还不错，但是在人多的地方，尤其是景点周边，还是要对自己随身的物品多加注意保管，千万不能掉以轻心。

萨尔茨堡——幽静的音乐之乡

外文名称： Salzburg（德语）　　　　**所属国家和地区：** 奥地利
地理位置： 奥地利中部的萨尔茨堡州和德国巴伐利亚州的交界处
著名景点： 萨尔茨堡古城、莫扎特故居、萨尔茨堡大教堂、圣沃尔夫冈小镇

> 如果把维也纳和萨尔茨堡比作两姐妹，飞燕、合德最适合不过了。你不能用一般意义上的眼光去评判她们独特的魅力。毕竟上天是公平的，他不会把所有的美丽都集中在一人身上，所以燕瘦环肥，本身就是一种恩宠。而这两个姐妹恰似奥地利的一对名妹，有着勾人魂魄的神韵。我们已去过维也纳，接下来就感受下萨尔茨堡的神奇和美丽！

　　萨尔茨堡位于奥地利中心，它被美丽的萨尔斯河分成新城、旧城两部分，是一片美丽神奇的土地。那里有茂密的森林、险峻的峡谷、美丽的湖泊、飞流直下的瀑布、绿草如茵的阿尔卑斯山草场、雄伟的岩石峭壁、巍峨屹立的绿色山峰、洁白的冰川等无数优美风景，而一座座历史久远、各具特色的修道院和尖塔教堂，又赋予这个小城市别样的风韵。周围那些充满田园气息的小山村，更是你平心静气的理想去处。来到这里，清新的空气顿时让你感觉神清气爽，听不到汽车的喧闹，却从群山间不时传来羊叫声和牛铃声，在这宁谧、悠然的地方，怎么不让你心旷神怡呢？

　　作为著名音乐家莫扎特的出生地，这里会集了世界上最多顶尖音乐家，每年七八月份都会在这里举行音乐节，一些歌剧、戏剧等艺术演出也会在夏天举行。而冬天的萨尔茨堡也有它动人的地方，天空飞舞着纯白洁圣的雪花，美妙的乐声在乐团的演奏下，在整个城市的上空萦绕着，那仿佛就是个冬天的童话世界。每年的11月底至12月底，尤其在圣诞节前后，萨尔茨堡总会热闹非凡，老城区还会举行传统的民族活动和浪漫的音乐会。

在这个城市中最著名的建筑莫过于莫扎特出生地，这里成为今天的莫扎特博物馆，不断展示着莫扎特歌剧世界以及当时舞台设计和乐谱等资料的复制品，陈列着莫扎特一家人当时生活用过的个人物品、首饰、家具以及信件笔记，还有莫扎特的乐器，来到这里仿佛是在莫扎特家里做客。而粮食胡同也是萨尔茨堡购物最舒适雅致、最适合步行的街道。整条街道都用铁艺商号点缀着，商号上还保留着古代的车轮、驿车号、葡萄簇、鹿、鹅以及其他标志。

萨尔茨堡大教堂是萨尔茨堡规模最大的教堂，教堂内珍藏着很多有价值的宝物，其中包括莫扎特受洗的洗礼池。教堂前的广场建造于 1660 年，是萨尔茨堡艺术节的见证人，每年夏天都要在这里上演艺术节的创始人霍夫曼斯塔尔的著名歌剧《每个人》。

旅游攻略

住宿：

①萨尔茨堡城中心梅宁格酒店

位于萨尔茨堡市内，距离旧城区仅 2 千米，酒店的屋顶有可欣赏城市全景的露台。

②裴森伊莉莎白酒店

位于萨尔茨堡市管辖范围内、交通方便。

交通：

①萨尔茨堡作为奥地利著名的空港之一，每天都有通达林茨、维也纳等重要城市的航班。但至今没有航班直飞中国，可以从维也纳转机到萨尔茨堡，大约需要 1 个小时的飞行行程。

②无轨电车每隔 10 分钟一班，是连接机场到萨尔茨堡的公共交通系统。

③萨尔茨堡火车站，位于新城区，承接奥地利境内国际列车。乘火车抵达萨尔茨堡或从萨尔茨堡出发前往奥地利国内任何一个旅游景点和周边国家，都非常方便。

时差：标准时间与北京时间相差 7 小时，夏令时期间与北京时间相差 6 小时。

货币：萨尔茨堡使用的货币为欧元，外币兑换处位于火车站附近。

> **温馨提示：**
>
> ①在萨尔茨堡游览，萨尔茨堡手表和萨尔茨堡卡都有很优惠的制度。
>
> ②萨尔茨堡卡是一种 IC 卡，分为 72 小时、48 小时、24 小时三种，如果不想使用卡，还可以选用萨尔茨堡手表，其功能相同。

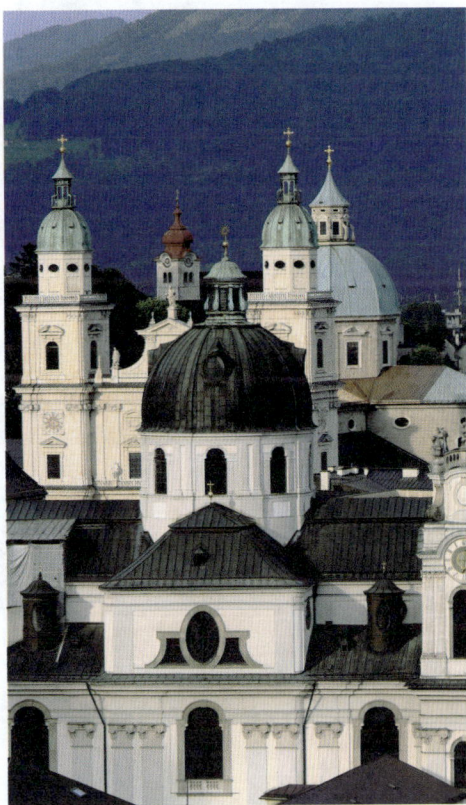

罗马——永恒之城的魅力

外文名称： Rome（英）、Roma（意）　　　　　**所属国家和地区：** 意大利
地理位置： 意大利半岛中西部
著名景点： 万神殿、古罗马广场、君士坦丁凯旋门、威尼斯广场

当一个城市经历过那么多的历史沧桑，积淀那么多的历史痕迹，是否所有的话语都显得过于苍白？罗马这个永恒的城市，东西交汇、南北沟通的地位，给它带来的是冲击，抑或是道不完的情怀？那都是说不清，道不明的。这个城市要讲述的故事太多、太无绪、太杂乱。如果你想理出一些什么，倒不如亲身与它近距离地接触，去感受它灵魂深处的那些神秘。

古罗马位于台伯河下游的丘陵平原上，古城居北，新城在南。于 20 世纪 20 年代至 50 年代建成，是拥有摩天大楼的现代化城市。作为意大利的首都，罗马也是世界文化的发源地之一。经历过几轮毁灭和复兴。强盛的国势，让古罗马人创造了灿烂辉煌的文化、建筑、音乐、美术，新的流派和艺术样式不断在罗马诞生、传播和成长。每个时代都争相在罗马身

上留下属于自己的印记，并依附着这个永恒之城，而获得永生。规模宏大的古罗马足迹，让人浮想联翩，流连忘返。

罗马被喻为全球最大的"露天历史博物馆"。古罗马露天竞技场，也称为斗兽场，建于公元1世纪。这座椭圆形的建筑物是古罗马帝国的象征，宽阔的帝国大道两旁建有贞女祠、元老院、神殿和一些有名的庙宇，如万神庙等。

露天竞技场遗址的北面是记载塞维罗皇帝远征波斯功绩的凯旋门，南面是记载蒂都皇帝东征耶路撒冷战绩的蒂都凯旋门。蒂都凯旋门南面不远处，还有一座为纪念君士坦丁大帝战胜马克森提而建立的罗马最大的凯旋门。而帝国大道东边的特拉亚诺市场，是古罗马城的商业中心。市场旁有一根高40米的凯旋柱矗立着，柱上螺旋形的浮雕，描绘了特拉亚诺大帝远征多瑙河流域的故事。

古城市中心的威尼斯广场，是市内几条主要大街的汇集点，广场的右边是与威尼斯宫式样相仿的威尼斯保险公司建筑，左侧是文艺复兴时期的古建筑威尼斯宫。广场宽阔而壮丽，旁边是宏伟的建筑及精心的雕刻，处处体现着罗马灵魂的精髓。此外绚丽多姿的纳沃纳广场、雄伟的司法宫、彼得大教堂，无不体现文艺复兴时期的艺术风格。罗马还有上百座博物馆，收藏着包括文艺复兴时期的艺术珍品。

旅游攻略

住宿：

①色鸟巢酒店

位于罗马市中心，距罗马地铁站仅有 10 分钟的步行路程。

②瑞尔日别墅酒店

位于罗马独具特色的台伯河岸区，拥有设有桌椅的私人花园。

交通：

①罗马有三个机场，包括主机场的达芬奇国际机场、军民两用的罗马钱皮诺国际机场以及仅用于降落私人飞机和直升机的 Roma-Urbe 机场。我国北京、上海、广州等城市均有多班直飞罗马的航班可供选择。

②从罗马乘火车到米兰需 4.5 小时左右，车次很多，到巴黎的国际列车需要在洛桑、米兰换车，无须出站和重新购票。

③前往罗马周边拉齐奥大区旅行，乘坐短途巴士非常方便，长途旅行选择乘坐巴士也可以，但是速度过慢，对体力是一大考验。

④罗马的公交系统由公共汽车、地铁、电车、近郊铁路、城铁等组成，车票通用。

时差：与北京时间相差 7 小时。

货币：罗马货币是欧元，可在银行、邮局或外币兑换柜台兑换外币。

温馨提示：

①防盗，罗马的小偷很多，他们主要活动在地铁和火车站，手法一般是在上车拥挤时偷走游客随身财物，且多为抱着孩子的女人。

②交通，罗马的公共交通非常复杂，有电车、小火车、短途火车、观光巴士等，线路错综复杂，空气污染严重，出门前要查清线路，并且戴好口罩。

新加坡——布满热带草木的花园之国

外文名称： Singapore　　　　**所属国家和地区：** 新加坡

地理位置： 马来西亚半岛南端，马六甲海峡南口

著名景点： 植物园、动物园、新加坡革命纪念碑、龙山寺等

> 这个城市，岁月没有赋予它太强的历史文化，但却有着自己的原则和不甘落后的心。它不断地对自我进行约束和完善，把自己打扮得花枝招展，并一直向前跨跃着。当然时代也没有辜负它，赋予它众多的荣誉，为亚洲的四小龙之一。这个美丽的花园城市用自己的繁荣、整洁、娱乐、民风、气候吸引着游客纷至沓来。

作为全球第四大国际金融中心，新加坡不仅拥有现代都市大楼林立的景致，而且城市内原始野趣、盎然的绿意带给你更多异样惊喜。或许刚才还游走于都市水泥森林里，尽享购物乐趣、饕餮盛宴，感受现代文明的优越，可就在那瞬间，却已进入热带雨林的包围之中，与飞禽走兽为伍，共同体味大自然的神秘。在新加坡河口上，安德逊桥下，一座乳白色的"狮头鱼尾"雕像巍峨矗立，它是新加坡的标志和象征。

虽然新加坡高楼林立，高架桥依地势盘旋弯曲，但在这个热带花园城市穿梭，却与大自然贴得如此近。新加坡道路宽阔，人行道两旁树木枝繁叶茂，各种草坪、花卉、花坛小型公园间杂其间，市容整洁，围墙上、桥上都有绿色的植物攀缘，而住宅的阳台上也放置着五彩缤纷的花盆，多层次花草、树木覆盖，使绿化的空间布局"点、线、面"完美结合。当你漫步走在南部山脊树梢步道，高耸入林的钢筋支柱撑起的近两米宽的过道就呈现在眼前，它犹如盘旋密林中的立交桥，将全程9千米的南部四个公园完整连接起来。坡度平坦，走在桥上仿佛漫步云端，而身边老树上的花鸟却近乎触手可及。

市内有星和园、天福宫、裕华园、双林寺、苏丹伊斯兰教堂和供奉有 18 手观音菩萨像的龙山寺等名胜。还建有动物园、植物园、国家博物馆、新加坡战争纪念塔、范克利夫水族馆等。在万礼胡姬花园里，数千种新加坡国花"卓锦万黛兰"绮彩绽放，芬芳馥郁，置身于这姹紫嫣红的仙境，是这样美丽、这样繁簇，会让你油然萌生无限的感慨。你忽然觉得，为什么这个城市会如此执着，如此有向上

的气息。除了胡姬园，新加坡植物园是一个现代都市丛林，植物园占地 0.54 平方千米，园内有两万多种热带、亚热带的珍贵树木和奇异花卉，园中繁花似锦，丛林碧郁的小花园和温室，格外清新迷人。

旅游攻略

住宿：

①浮尔顿酒店

位于市民区的黄金地段，坐落于新加坡金融商业区莱佛士坊中心地带。

②王子酒店

交通：

①新加坡是东南亚地区联系美洲、欧洲、大洋洲的航空中心，航线通达54个国家（地区）、127个城市。我国的北京、深圳、广州、厦门等城市都能直航新加坡。

②36号公共巴士路线可通往市区。

③每个航站楼的入口处都有出租车停靠点，前往市区。

时差：无。

货币：新加坡通用货币是新加坡元，用银联的借记卡在新加坡的ATM机就可以兑换。

温馨提示：

新加坡公共场所禁止吸烟，如果在非吸烟区吸烟、随地吐痰、丢垃圾、扔烟头，在地铁里喝饮料或吃东西都会被处以巨额罚款，甚至因此被告上法庭。

上海——美丽的东方明珠

外文名称： Shanghai　　　　　　**所属国家和地区：** 中国
地理位置： 长江入海口南岸，东海之滨
著名景点： 上海大剧院、上海博物馆、上海科技馆、东方明珠电视塔

> 在这吴越境地，涵养着独特的历史文化与特有的东方神韵，上海这个黄浦江上的城市，说它美艳，的确是一位雍容华贵的女子，充满了性感的魅力。但它又是如此沉稳、有魄力。它敢于迈大脚步，不但是我国的东方大港，而且勇敢地向世界大都市跻跃。这颗充满魅力的东方明珠，怎么不让人心驰神往？

上海简称"沪"，是中华人民共和国直辖市之一，素有"东方巴黎"的美称。它拥有众多历史古迹和近代城市文化深厚底蕴，它不仅保留着宋、明、清等时代的佛、道教圣地和古典建筑群，还建有世所称颂的上海大剧院、上海博物馆、上海科技馆、东方明珠电视塔、金茂大厦等，让上海充满着特有的城市风采。而江南吴越传统文化与各地移民带入的多样文化的结合，形成特有的海派文化。

古老斑驳的石库门、咖啡吧、高脚杯和老唱片，总会流溢着香艳的上海情，去看看小洋楼的小资情调，品品地地道道的上海菜，总

在心里不断糅杂着不同的风情。于是你会问自己，难道上海是一位经历过平湖烟雨、岁月山河的男人？沉着、大气却不近功名，清心寡欲，却一不小心就成就斐然。或许在它的内心处有隐秘的绚丽色彩，但却一直这样低调着奢华。

上海外滩东临黄浦江，长堤、江面、绿化带及美轮美奂的群建筑构成别致的风景。彼岸为罗马式、哥特式、巴洛克式、中西合璧式等52幢风格异样的大楼。被称为"万国建筑博览群"，安稳、平和、厚重，有历史的温度和质感，而此岸是上海最有魅力的贸易中心，凛

列的现代气息咄咄逼人。此岸与彼岸让人易产生恍如隔世的错念，但不管是哪一世，应该都是风华绝世。于是如果你想形容上海的繁华，真找不出更贴切的词来形容。

作为上海的代言人，如果你去上海却没有到东方明珠，似乎是白去。东方明珠的空中旋转餐厅是极具特色的一个餐厅，站在宽敞明亮的落地球体玻璃前，美丽的浦江一眼尽览。尤其在入夜时分，浦江两岸亮起柔美的灯光，流光溢彩令人沉醉，而各色美食极具诱惑力，在品尝美食的同时，欣赏着绝伦绝美的景致，那感觉应该是在瑶池吧。

旅游攻略

住宿：

①星程创业酒店

离外滩、城隍庙、南京路很近。

② 7 天连锁酒店

位于上海虹口区。

交通：

①上海拥有两个国际机场，两个机场相距40 千米，分别是虹桥国际机场和浦东国际机场。国内航班在虹桥和浦东都有起降。上海虹桥国际机场位于上海西郊。除少数飞往韩国和

日本的航线外，其余均为国内航班。

②上海有四个火车站，分别是上海站、虹桥火车站、上海南站和上海西站。去往各个火车站都有公交可以直达。

③上海的长途客运汽车站有 40 多个，主要有上海长途汽车客运南站、上海长途汽车客运总站和恒丰路客运站。上海旅游集散中心多是发往上海周边的短途旅游班车。

④自驾往返上海是一件相当容易的事，上海是多条高速公路、国道的起点，通过高速公路和国道均可往返上海。

时差：无。

货币：人民币。

温馨提示：

①上海作为世界性的大都市来说，不存在很严格的季节限制，但每年的春天，上海的青浦梅花、奉贤油菜花、浦东桃花次第开放，非常美丽。而秋天是品尝大闸蟹的最佳时节，此时的大闸蟹蟹黄足、蟹肉美、蟹膏厚，让人垂涎欲滴。

②上海的消费指数要偏高于其他城市，不算交通费，每天的开销会在 300 元 / 天 / 人，其中交通和住宿是大头。

摩纳哥——富有的袖珍小国

外文名称： The Principality of Monaco

所属国家和地区： 摩纳哥

地理位置： 靠地中海的南部海岸线之外，全境北、西、东三面皆由法国包围

著名景点： 蒙特卡洛赛道、摩纳哥亲王宫、摩纳哥大教堂

谁能想到这么一个小小的机灵鬼，却是一个不折不扣的钻石王！摩纳哥这个在地中海边上的一块岩石上建立的国家，以其独特的魅力成为世界名流、豪门巨贾公认的天堂。而国王和王妃的浪漫故事，让这个小国更添许多梦幻般的憧憬，于是她就如同格蕾丝·凯莉王妃一般，永远那样明眸晶亮、浅笑嫣然、光彩奕奕地留在人们记忆里。

摩纳哥太小，就只有一个海湾、一座山、几条沿着海岸线开设的坡道，其面积也只有 1.98 平方千米。摩纳哥背靠南阿尔卑斯山，濒临地中海，气候温和，阳光充足，经济发达。让人难以想象的是，作为世界第二小的国家，它竟是世界明星名流、豪门巨贾公认的天堂！许多意大利和法国的富商都在摩纳哥购置自己

的公寓或别墅，以显示自己的尊贵和殊荣。在这个袖珍的国度，千帆点点、古堡老城、香车美女、豪赌、杂技，就如她曾经的格蕾丝·凯莉王妃一般，永远是那样浅笑明眸、光彩奕奕。

摩纳哥依山傍海，小巧中透着娟秀。古色古香、富丽堂皇的宫殿，在周围晶莹剔透的喷泉、大片精致的花园以及各式豪华跑车陪衬下，是那样让人倾心。滨海公园犹如一个五彩缤纷的大花园，是欧洲著名旅游胜地。每年都会举行许多文体活动来吸引游客。其中国际礼花节、蒙特卡洛国际杂技节、一级方程式汽车大奖赛等闻名世界。住宿、娱乐设施完善。经常在这里召开一些国际会议，这个在地中海边上的一块岩石上建立的国家，奢靡程度或许也仅次于迪拜。

摩纳哥皇宫是一座城堡式古建筑，只有 2 名卫兵把守。这里是国王和王后传奇恋情的起源地，当年影后格蕾丝·凯莉王妃参加戛纳电影节前来参观，摩纳哥王子雷尼尔亲自担任向

导，两人由此坠入爱河，影后加冕皇冠，一时间这个袖珍小国让全世界为之轰动。摩纳哥皇室在此居住已 700 多年，现如今，这座奢华的王宫可以让游客尽情参观。路易十五金光灿灿的客厅，彩色细木镶嵌的 Mazarin 客厅，金蓝相间的蓝厅；16 世纪意大利的壁画和长廊；17 世纪的 Palatine 教堂，白石修建的 Saint Marie 塔……置身其间，仿佛王妃那美艳高贵的身影有幸让你邂逅。

旅游攻略

住宿：

①费尔蒙酒店

位于得天独厚的摩纳哥地区，是本市最受欢迎的酒店之一。

②国会大厦酒店

位于摩纳哥地区。

交通：

①摩纳哥被法国包围，其铁路和公路都与法国相连接。

②我国游客前往摩纳哥游玩，主要通过航空方式。摩纳哥国内没有机场，法国尼斯的科特迪瓦尼斯蓝色海岸机场离摩纳哥最近。去摩纳哥，法国是途经地。

③摩纳哥位于法国尼斯东方的14千米处。

时差： 与北京时间相差 7 小时。

货币： 摩纳哥使用的货币为欧元，可以在当地银行兑换。

温馨提示：

①参观摩纳哥全城大概需要 2 个小时，如果参观植物园、海洋馆及赌场，则需要预留半天时间。

②摩纳哥是一个免税天堂，是世界上最有钱、最富的国家，人均月工资高达 3000 欧元。

③赌场广场及其附近的大街有许多珠宝店的大橱窗，在这里一些有名气的装潢专家和古董商愿意随时为你服务。

伊斯坦布尔——迷人的多彩之城

外文名称：Istanbul　　　　　所属国家和地区：土耳其

地理位置：欧洲南部

著名景点：圣索菲亚大教堂、蓝色清真寺、托普卡帕皇宫、苏莱曼尼耶清真寺

它曾与伦敦、巴黎、罗马并称为欧洲的四大"历史的都城"，并兼收并蓄欧、亚、非三洲各民族的文化、思想、艺术之精粹。伊斯坦布尔这座小岛矗立在浩瀚大海中的城市，仿佛被上帝轻柔地放入，给周围的自然风光填上绮丽的一笔。当地人一直珍视这大自然给予的赐福，用心守护着小岛的生灵，向人们展示着专属于这里的浪漫与闲适。

在亚洲大陆最西端的黑海与地中海之间，有一条至关重要的"黄金水道"，此"黄金水道"是黑海通向外界的咽喉要地，伊斯坦布尔就坐落在博斯普鲁斯海峡的南端。伊斯坦布尔不仅在地理上横跨两洲，而且还兼收并蓄欧、亚、非三洲各民族的文化、思想、艺术之精粹，从而成为东西方思想文化的一个重要交汇点。当身置于此时，你会看到海峡的水碧如蓝，天空是清澈的淡蓝，各种古建筑默默而立，似乎在诉说着无尽的沧桑和未来，于是就会把你蠢蠢欲动的心勾起，用脚去丈量每一方净土，用心去体会所有的灵动。

伊斯坦布尔现有 40 多座博物馆、20 多座教堂、400 多座清真寺，在古代东方博物馆收藏展，你会看到苏美尔人的像、巴比伦人的瓦器、亚述人的浮雕等。在考拉教堂，有大量关于圣母、基督和使徒的壁画，是拜占庭艺术的代表。走在苏莱曼尼耶清真寺内，大量雕梁画栋、镂金刻银让你目不暇接，还有许多奥斯曼时期的艺术珍品。在市内西岸的旧城区里，随处都可以看到历代各帝国时期遗留下的石砌古堡、塔楼、渡槽。圣索菲亚大教堂，地下水宫应该很值得一看，而清晨的蓝色清真寺，更能让你体会到静谧和建筑之美。在托普卡帕皇宫和多尔马巴赫切宫，你能感受到里面的奢华。当你踏入珠光宝气的托普卡帕皇宫，会让你有份意想不到的惊奇，那里竟收藏着 1.7 万件中国古瓷器！当然，举不胜举的名胜古迹，还需

要你自己去体味。

夕阳西下回首，伫立在博斯普鲁斯海峡边的你，放眼望去，对岸窗户在落日余晖的映照下射出点点橘红，或许在那一瞬间你就会理解，这是怎样一个非凡的地方，无愧为世界最美丽的城市！

旅游攻略

住宿：

①华人之家

伊斯坦布尔华人之家是比较实惠的住宿，它地处市中心 Aksaray vatan cad。

②辛巴达旅馆

可以为背包客提供低预算膳宿，这里的膳食不错。

交通：

①飞机：我国北京有直达伊斯坦布尔的飞机。

②机场大巴：机场快速大巴"哈瓦斯"就可以到塔克西姆。

③地铁：机场设有地铁可直达公交总站或市里其他的公交车站。

④长途汽车站：欧洲区位于伊斯坦布尔市中心欧洲部分以西，这里还有许多出租车和小面包车，都能方便送你到达市中心，而且在这里也有轻轨的一些站点。

时差：与北京时间相差 6 小时。

货币：土耳其一般使用土耳其里拉，可以在机场附近兑换。

温馨提示：

①这里的咖啡馆很普遍，即便在最小的村庄也能看到，男人们在咖啡馆聊天，品尝咖啡，玩一种民族双陆棋。尤其在伊斯坦布尔，人们还会在咖啡馆抽水烟。

②土耳其浴很出名，洗土耳其浴不仅能让你精神抖擞，而且有许多老浴场的建筑风格非常有趣。

③土耳其人非常好客，待人热情友好，慷慨大方。即便遇到最贫穷的农民也会尽其所有善待来客，主人会一直劝饮劝食，如客人因不好意思而拒绝，反而会惹主人不悦，除了在物质上尽其所有，让客人满意，即使存在一些语言障碍，他们也会想办法与客人聊天。

莫斯科——森林中的首都

外文名称：MockBa（俄语）、Moscow（英语）　　　　　所属国家和地区：俄罗斯

地理位置：俄罗斯欧洲部分中部、东欧平原中部，跨莫斯科河及支流亚乌扎河西岸

著名景点：红场、克里姆林宫、列宁墓、莫斯科河

> 这里是诗人普希金的故乡，它不但是历史文化悠久的城市，而且一直在充满朝气地向前发展，这个绿意郁郁，水清雅的俄罗斯森林首都，似乎吸引着人们去找寻它的魅力。因为它引领着俄罗斯最前沿的文化，从这里你会明白，俄罗斯民族是如何在林立的世界中独树一帜的。

莫斯科市来源于莫斯科河，在斯拉夫语为"石匠的城寨"，希腊语为"城堡"之意。莫斯科始建于 12 世纪中期，是一座具有光辉历史文化和光荣传统的城市，也是世界上绿化最好的城市之一。俯瞰莫斯科，是清澈透明的河湖和葱绿的树丛。在覆盖着草皮的灰化土地带，分布着大片松林，一些地方沼泽较多，城市干净整洁。莫斯科市政府对市内及郊区森林资源的保护十分关心。"……夜色多么好，令人神往……小河静静流，微微泛波浪，明月照水面，银晃晃……"一首《莫斯科郊外的晚上》，把这个城市刻画得是如此浪漫而美妙。莫斯科市内建有 400 个街心花园，96 座公园，160 条林荫道，14 座花园。绿化面积达 456 平方千米，约占总面积的三分之一。在莫斯科附近的森林里，还有各种野兽，如野猪、白鼬、

猞猁、兔子、狐狸、麋、鹿、貂，以及各种各样的飞禽。在莫斯科市还有一处占地 20 万平方米的动物园。

莫斯科是诗人普希金的故乡，并拥有许多世界闻名的古老建筑群，浓郁的异国风情，让你那贪婪的视觉绝对得到满足。莫斯科优美的城市规划，使它掩映在一片绿海中，被称为"森林中的首都"。优美的自然环境也给人们提供很好的休息环境，在夏季，人们常在路边或公园小憩，或在郊外游泳烧烤，在假期，还可以到自己的别墅去种种菜，休息调养，所以俄罗斯是一个很会享受的民族。

目前莫斯市内有 121 个剧院，莫斯科艺术剧院、国家中央木偶剧院、国家大剧院、莫斯科国家马戏团、俄罗斯国家交响乐团享有世界声誉。莫斯科广播电台以多种国内语言和 60 余种外语播出，出版 34 种报纸，市内有 65 座博物馆。俄罗斯最大的国际电影节，是世界上最重要的国际电影节之一。于 1959 年创办，每两年一次。1999 年改为一年一届，原定于 7 月举行，1979 年，为了纪念苏联电影事业诞生 60 周年，改为 8 月举行，为期两周左右，地点定在莫斯科市。在电影节期间，通过放映具有思想内容和艺术价值的影片，来促进各国电影工作者交流经验和相互合作，得到世界普遍认同。

旅游攻略

住宿：

①千里马全景酒店

酒店位于地铁口附近，交通十分方便。

②伊斯坦布尔希尔顿酒店

位于市中心，地理位置优越，附近有两个火车站和地铁。

交通：

①作为俄罗斯首都，莫斯科是俄罗斯最大的航空枢纽，有 4 个民航机场。我国北京、乌

鲁木齐、哈尔滨、上海、香港有抵达莫斯科的航班。大部分降到谢列梅捷沃机场，东航到达多莫杰多沃。

②中国游客乘车去俄罗斯可以在北京乘坐"北京—俄罗斯"国际列车，也可以在内蒙古或黑龙江乘车。

③谢列梅捷沃机场门口有地铁站，也有到地铁站的公交车。

时差：与北京时间相差 5 小时。

货币：俄罗斯货币为卢布，俄罗斯的换汇点在街头随处可见，换汇店一般在地铁出入口都能看到。

温馨提示：

①俄罗斯国土面积广大、所跨经度广，处于多种气候带，从北向南，由北寒带到亚热带，从海洋气候到西伯利亚大陆性气候，总的来说，俄罗斯气候以寒冷干燥为主，因此，俄罗斯最佳旅游时间为 5 月~10 月，这时的俄罗斯大部分地区凉爽宜人，是避暑度假的好去处。

②在俄罗斯用餐时要左手持叉右手持刀，举杯饮酒用右手，吃东西尽量不出声，宴会上更要展现出"绅士"风度。

曼谷——姹紫嫣红的佛教之都

外文名称： Bangkok　　　　**所属国家和地区：** 泰国

地理位置： 湄南河三角洲

著名景点： 大皇宫、玉佛寺、曼谷唐人街、郑王庙

> 曼谷是繁华的国际大都市，那里常年百花盛开，街道上处处姹紫嫣红。如果把曼谷看作一位女子，她既收敛又开放，她多面性的性格会你神魂颠倒。在白天，你可以去虔诚地拜佛，而晚上却能放肆地看人妖表演。当你尽情地在商城挥金如土后，到周末市场又有机会与小商贩砍价……

曼谷作为泰国最大的城市，也是中南半岛最大的城市。而作为泰国的首都，它是泰国政治、贸易、经济、文化、教育、交通、科技、宗教与各方面中心，其经济占泰国经济总量的44%，是繁华的国际大都市。曼谷属热带海洋性气候，在那里常年百花盛开，街道上处处姹紫嫣红，华彩纷呈，当你漫步在城市的街道中，畅游在这片花的海洋中，那些形形色色的鲜艳笑脸总会让你心里不时泛起美的热浪，让你忍不住停下脚步，不管停留于何地，你都会情不自禁地把自己融入。

曼谷一直被誉为"佛教之都"，这座融合东西方文化、包罗万象的"天使之城"处处佛寺庙宇林立，那精致美观的建筑，是岁月沉淀下的一件件艺术精品。庄严肃穆的卧佛寺，镏金溢彩的玉佛寺，雄伟壮观的郑王庙，充满神奇传说的金佛寺，都争相以自己的魅力来诠释这座城市的灵魂。曼谷是世界上佛寺最多的地方，大大小小的400多个佛寺院，更让它无愧于"黄袍之都"的美称。其中卧佛寺、金佛寺、玉佛寺被称为泰国三大国宝。当漫步在城中，巍峨的佛塔首先映入眼帘，红顶的寺院，交错着红、黄、绿相间的各种泰式鱼脊形屋顶，将东方神秘的色彩隐于有形与无形之间。每天早晨，全城钟声悠悠，香烟袅袅，伴着那清脆动听的馨声，神圣的诵经之声不绝于耳。

寺庙里的和尚、尼姑在街上慢慢行走着，逐家化缘，是曼谷街头特有的景观。

曼谷旅游业十分发达，被评选为 2013 年全球最受欢迎的旅游城市。紧偎湄南河的大王宫位于曼谷的市中心，它始建于 1783 年，占地 22 万平方米又称为"故宫"或者"大皇宫"。这里错落分布着 22 座古建筑群，作为泰国曼谷王朝一世王至八世王的王宫，汇集了泰国绘画、建筑、雕刻和园林艺术的精粹，也是曼谷保存最壮观、最完美、最具民族特色、规模最大的王宫。

1903 年、1907 年和 1908 年，我国革命先导孙中山先生曾三次在曼谷宣传革命思想，为了纪念孙中山在泰国的活动，人们把孙中山在曼谷进行过演说的一条街，称为"演说街"。

旅游攻略

住宿：

①派斐宜背酒店

酒店位于曼谷的是隆区，交通便利，服务良好。

②SUK11

紧挨繁华的曼谷市中心，交通、购物非常方便。

交通：

①航空运输在曼谷比较发达，是泰国及东南亚大陆的航空枢纽，搭乘飞机前往曼谷会比较方便。

②曼谷的火车路线众多，价格也比较便宜，火车应该算是比较经济的出行方式，并能更好地观察当地的风土人情。

③曼谷与泰国的各大城市都有班车来往，且班次较多。

④曼谷市内的交通略显杂乱无章，在高峰时期，各主要路口常常会堵得水泄不通。突突车、出租车宰客的现象也经常会发生，所以在曼谷市内游览，最好选用轻轨和地铁。

时差：与北京时间相差 1 小时。

货币：曼谷货币为泰铢，可以到当地银行或 super rich 兑换。

温馨提示：

①在泰国旅游切记注意当地的习俗，佛教礼仪，尊重泰国王室成员，不要踩踏或攀爬佛像。

②注意不要用脚指人，泰国人的头部不能触碰，和尚的影子不要踩，走在路上要给和尚让路，女性注意不要碰触和尚。

温哥华——四季如春的城市

外文名称：Vancouver　　　　　　所属国家和地区：加拿大

地理位置：加拿大西岸入口，靠山面海

著名景点：斯坦利公园，狮门大桥，伊丽莎白女王公园等

> 如果一个孩子从小受到娇宠，成人后会养成独特的气质，而温哥华似乎就是被宠爱过的娇儿。独特的地理位置，让它不但拥有浪漫、美丽的自然风情，还有历史赋予的深厚文化底蕴。而它又是一位多重思维的智者，不断用多元化的形式来充实自我，于是当所有一切都集中到它身上时，谁又能抵得住它的魅力？

温哥华位于加拿大西岸入口处，她一面傍海，三面环山。在美丽的山峦和浩瀚的海洋的怀抱中，温哥华拥有苍青翠绿的原始森林、金色海滩，还拥有繁华都市的热闹和便利。不管是风情浪漫的海滨海滩、景致壮丽的山川森林、历经岁月沧桑的早城老街，还是令人垂涎的各国风味美食、时尚前卫的购物场所，都能呈现出它独特的魅力。温哥华还拥有非常方便的交通，捷运轻轨、公交巴士、水上巴士基本都可以带你去想去的地方。

温哥华不但有多元化的自然文化气息，而且娱乐节目也是层出不穷。不但有年内举行的各个独特的节目活动，还能欣赏到音乐会、戏剧及各类表演，以及时尚酒吧和夜总会。5月至10月间，每周几乎都有各式各样的活动和庆典举行。不管你喜欢戏剧、音乐还是舞蹈，都能在温哥华找到适合自己品位的活动。伴随着音乐古典主义的兴起，温哥华市内的钢琴酒吧也应运而生。周末的演出更是盛况空前。

另外，在温哥华还有各式各样精彩的活动供人们消遣，如坐上随时可以自由上下的观光电车或双层巴士游览市内景点，或骑自行车畅游市中心，体验野外生活；在森林小径、海滩或海堤欣赏沿途风光；打场高尔夫球；远足山径、乘坐吉普车或四驱车到边远山区探险；参

加旅行团；在鸟类保护区或公园内观赏不同品种的鸟雀；由导游带领了解雨林生态；品尝世界知名的不列颠哥伦比亚餐酒；认识原住民的传统和文化、参加原住民观光团；品尝特色小吃；到餐厅品尝佳肴；在烹饪班学习烹调有创意的西岸美食、参观博物馆和艺术馆、体验水疗放松心身；去柏树山、松鸡山和西摩山享受雪地探险等活动。

温哥华居民人种许多都是来自世界各地的移民，不论是何种种族来到这里，也不会觉得自己是外国人，所以去温哥华观光，总是感觉很亲切。而这个富有魅力的城市，也在吸引着越来越多的人到她那里旅游和定居。

旅游攻略

住宿：

①英湾酒店

位于盖士镇，距离斯坦利公园、海湾很近。

②卡玛纳广场酒店

位于盖士镇，酒店的位置很好，也可以走路去各景点。

交通：

①温哥华交通非常方便，前往温哥华的途径有很多，如旅游巴士、搭乘飞机、火车、游轮或自驾车都可以到达。我国每周都有很多航班由各地飞往温哥华。

②温哥华的公共汽车并非逢站必停，如果你需要在下一站下车，应该提前一站拉一下座位旁边的拉索，以对司机进行提醒，否则很可能会坐过站。

③温哥华地区公共巴士不找零钱，应该提前做好准备。

时差： 与北京时间相差 16 小时。

货币： 加拿大通用的货币为加拿大元。在加拿大兑换，大部分机场都有兑换点，一般旅游地点也有兑换地点。比较省钱的方法是拿人民币到唐人街的私人换汇店换。

> **温馨提示：**
>
> ①游览让人心惊胆战的卡皮拉诺吊桥，去美食街品尝世界菜肴应该都是不可错过的事。
>
> ②到唐人街漫步，不管走多远，都能尝到家乡的口味。
>
> ③美丽整洁的街道上可以随时乘坐自由上下的观光电车或双层巴士游览市内各景点，或租骑自行车畅游市中心。

墨尔本——拥有八面玲珑的气质

外文名称：Melbourne　　　　　所属国家和地区：澳大利亚
地理位置：澳大利亚南方，面对南太平洋
著名景点：维多利亚市场，企鹅岛，大洋路，墨尔本皇家植物园等

> 联合国曾多次被她的魅力所征服，赋予她"地球上最适合人类居住的城市"荣誉。那咫尺可见的海滩、奢华的SPA、甘甜的美酒、高雅的高尔夫球、时尚前卫的都市淋漓尽致地展现了一个自然与人文完美结合的度假胜地，同时也为游客营造一个肆意体验奢华的世外天堂。

作为澳大利亚第二大城市，墨尔本是有花园之州美誉的维多利亚州的首府，也是澳大利亚的工业重镇。墨尔本的绿化覆盖率高达40%以上。绿树成荫的街道和花园构成墨尔本市典雅的风格，并以花园之都闻名于世界。墨尔本坐拥在宁静的亚拉河谷，让它仿佛是一位头戴多顶皇冠的婀娜女子，八面玲珑的气质让这个城市魅力四射。或许你仅凭一面之缘不容易看清它那神秘的面容，但只要与它的距离近一些，就会被它那弥漫着艺术气息的气质所吸引。

墨尔本汇聚了壮阔的自然景观和多元文化。澳大利亚绘画的发祥地，19世纪华丽维多利亚式建筑、标新立异的建筑标志、举世闻名的艺术节庆、流行前沿的时装秀场、风格迥异的私人画廊、遍布城区的艺术场馆和随处可见的街头涂鸦……所有这一切，使墨尔本充满了独特的风韵。使得艺术成为这个风姿绰约的女子最具代表的创意，并在墨尔本的各个角落都有抹不去的痕迹。有的一整面墙看起来好像是被揉皱的牛皮纸，像极了牛皮纸的光泽和质感。与其说是建筑，倒不如说是雕塑更确切些。即便那些巷子里的七彩涂鸦也显得颇有艺术趣味。

位于艺术中心地下的周日艺术市集，每逢周日，就会像热闹的嘉年华一般，让当地人或游客看得过瘾，买得开心。这里共有上百家摊铺，卖家大多数是墨尔本当地和澳洲的艺术家、工匠甚至主妇。所有的商品都是独家手工制作，每位摊主既是商品的制作者、设计师，又是卖家。他们将自己在家中制作的什物，包括花草香料、手制画框、家具饰物、珠宝、陶艺和手绘的丝质衣物拿来出售，这些手工制品价格不是很贵，但都很别致。如果仔细在这里淘，一定能买到价格公道，又心仪的纪念品。

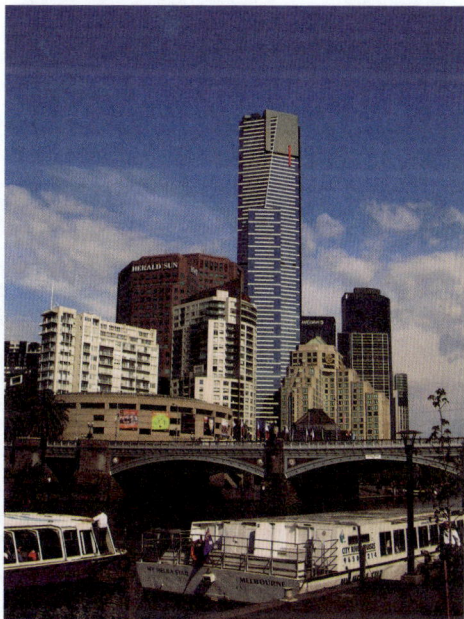

如果说将澳大利亚的首都堪培拉用有着"田园风光"又具备都市魅力的旅游胜地来形容，那么"七彩斑斓"就非墨尔本莫属了。这个多元化的城市，带给你的将是全方位的感官冲击和享受。

旅游攻略

住宿：

①索非亚酒店

位于墨尔本中心商业区，出行便利。

②墨尔本机场 假日酒店

位于墨尔本机场，短暂停留再转航很合适。

交通：

①墨尔本是澳大利亚的中心城市之一，我国游客前往主要通过航空飞机，从北京起飞大多抵达图拉曼里机场，也就是墨尔本国际机场。

②弗林德斯街火车站位于弗林德斯街和史旺斯顿街交叉路口，既是始发点也是终点站，它是墨尔本当地火车路线的总站。有火车通往各州首府和其他主要城市。

③也可以搭乘轮船塔斯马尼亚之魂往返墨尔本，它全年每晚 8 点在塔斯马尼亚和墨尔本之间往返。

④墨尔本市内的长途汽车站是位于斯潘街上的南十字星车站，天空巴士运营的机场大巴同样由此发车。

时差：与北京时间相差 2 小时。

货币：墨尔本通用的货币是澳元。所有出入境旅客都可在国际机场享受外币兑换服务，各大银行也有兑换处。

> **温馨提示：**
>
> ①除了周四和周五以外，购物中心和商店一般都会在晚上 6：00 前结束营业，到周日时可能还会提前。如果购物应该趁早。但大型超市一般营业到午夜，在生活用品和食物的采购方面还是比较有保障的。
>
> ②乘坐公交车要记得备好零钱，大面额纸币在公交车上无法找零。
>
> ③澳大利亚以阳光海滩而闻名，防晒霜是旅行必备品，否则很容易被晒伤。
>
> ④在澳大利亚机场的海关控制区域禁止使用相机、手机、摄像等设备。

好望角——希望与杀机并存的海岸

外文名称： Cape of Good Hope 　　**所属国家和地区：** 南非
地理位置： 非洲东南角
著名景点： 老灯塔、新灯塔、迪亚士角

这里有惊世骇浪，有变幻莫测的神秘，如果你是一位勇者，想体验那种生命中的大起大落，来好望角肯定是最好的选择。曾经有无数航海家被它倾倒，而它也侵吞了无数的船只，成为世界上最危险的航海地段。然而又如何躲得过它的魅力，当你远望海天一色的壮观、听着脚底浪花的低吟，又该有何样的体悟？

　　"好望角" 位于来自印度洋的温暖的莫桑比克厄加勒斯洋流和来自南极洲水域的寒冷的本格拉洋流的汇合处。它的英文是"Cape of Good Hope"，意思是"美好希望的海角"，但最初却称"风暴角"。这里海浪汹涌，多暴风雨。好望角是一条细长的岩石岬角，仿佛是一把利剑直插入海底。在好望角凭栏而望，远处呈现的是海天一色，而近处的脚下却是浪花飞溅，真可谓是气象万千。

　　好望角作为非洲的一个标志，成为每一个非洲旅游爱好者必到的地方。人们常说，到南非不到开普敦，等于没来过南非；到开普敦不去好望角，等于没来过开普敦。这就好比到中国的北京，北京的长城是旅游必到的圣地。只有身在其境，观其尊容，才能真正感受到它

的那种望而生畏的魅力。不管是悬崖峭壁、岩石海岸，还是深蓝的海水、白浪滔天，都带着让人畏惧的杀气，阴森神秘。天气也总会变化无常，狂风暴雨说来就来，根本没有什么预兆，但不一会儿就会雨过天晴，海面上出现美丽彩虹，这瞬间制造出来的奇观，总会让人惊叹不已。

　　在海边的石崖上，总会看到排山倒海般的海浪，怒吼着冲向岩崖，一声声的巨响，仿佛是奔腾着的千军万马，恢宏壮观的气势非常震撼人心。那一阵阵狂烈的海风，猛烈吹向人群时，仿佛要将人们推到石崖下，让人们不敢停留。在好望角的一侧，直立着一座灯塔，这个白色的灯塔不仅是一个方向坐标，在它的告示牌上还清楚写着世界上十个著名

位于科格尔湾海滩和伐黑列亘葡萄酒庄园附近。

②最长长海滩酒店

位于 Silvermine Nature Reserve 和豪特湾地区。

交通：

①从北京有直达开普敦的航班。

②好望角距开普敦市中心大约 1 小时车程。没有公共交通工具可以到达好望角，但可以先乘轻铁到西蒙镇，再骑自行车进入好望角国家公园。

时差：与北京时间相差 6 小时。

货币：开普敦使用的货币为兰特，各银行都可以换汇，机场的兑换率是最低的，非常不实惠和不划算。最好先少换一点付车费，再换取南非南特或是美元。

城市与灯塔距离的长度，如北京 12933 千米。灯塔的历史非常悠久，据说建成于 1849 年。由于好望角经常有雾，所以不能使灯塔很好地发挥作用，便于 1919 年废弃，改装成观景台。在海岸边上还矗立着一座白色的纪念碑，那是伟大的葡萄牙航海家达·伽马的纪念碑，他于 1498 年开拓从欧洲绕过好望角到印度的航海路线，从而驰名世界，并被永远载入史册。

好望角所在的开普敦是一座非常美丽的海滨城市，约有 200 万人口，它依山傍水，市容整洁，空气清新，是南非唯一由白人管理的城市，也是世界有名的旅游度假胜地。

旅游攻略

住宿：

①巧克力盒民宿

> **温馨提示：**
>
> ①游览开普敦最好的方式是乘坐有导游解说的敞篷大巴，全程景点包括维多利亚桌山、阿尔弗雷德码头广场和坎普斯湾等景点。
>
> ②虽然沿海岸线景色秀美，但却有巨浪涌动的危险，所以要务必在指定区域游泳，切勿只身前往，务必听从救生员的指示。
>
> ③开普敦地区的一些狒狒在与人的交往中变成食腐动物和见机行事的盗贼，所以要将所有的食物保管好，切不可对这些动物喂食，它们很狡猾。
>
> ④如果决定徒步攀登桌山，应该集体出行并务必将路线告知他人。搭乘缆车上桌山山顶，应携带可御寒的外套做准备，以防天气发生意外变化，温度骤降。

冰岛——鬼斧神工之美

外文名称： The Republic of Iceland, Islenska Lydveldid

所属国家和地区： 冰岛　　　　**地理位置：** 北大西洋中部，靠近北极圈

著名景点： 冰岛蓝湖、冰川、珍珠楼

> 冰岛仿佛就是一颗悬浮在海洋上的北欧明珠，默默散发着光芒。这里树木稀少，路两旁是一望无际的火山岩荒漠，天的尽头是一座座火山。而冰川、间歇泉、瀑布、热地温泉、冰山湖、火山岩却深深地印在记忆中，于是冰蓝、金黄、莹白、黑灰、彩虹绮丽的色彩渐渐映入眼帘，就这样一直走着，忽然有一种感觉，难道已经走到世界的尽头？

如果南极、北极没有机会到达，倒不如去冰岛看看。在这片广袤无垠的土地上，仿佛是来到另一个星球。漫山遍野的绿苔和绿草，却不见有树，让人的视野无限开阔。而且地广人稀，更让人心旷神怡。一路上，各式各样的冰雪融化的"雪水瀑布"，宛如那顺山而挂的雨帘，侧耳倾听，车辆驶过后，山涧的回声伴着哗哗的流水声，让人如身置仙境一般。当瑰丽的绿、黄、紫、红色的光带出现在空中时，那种来自心底与视觉的震撼，足可以让你铭记一生。

冰岛是一个建在火山岩石上的国家，大部分土地不能开垦，但却是世界上温泉最多的国家，所以被称为冰火之国。多瀑布、喷泉、湖泊和湍急河流。最大流锡尤尔骚河长 227 千米。瓦特纳冰川、米达冰川、霍夫斯冰川和朗格冰川是这里的四大冰川。以瓦特纳冰川和米达冰川最为著名。米达冰川位于南部，以其邻近迷人的海滩风景和特色的瀑布而著名。它仿似碧玉，又如绸缎，温柔地在岸边缠绕，依附在这个白茫茫的冰川世界中，它应该是大自然的一手妙笔，优雅、轻柔。而唯美的瓦特纳冰

川不但能给人美的视觉享受，还能在冰山湖上进行各项活动。最令人陶醉的要数乘快艇深入瓦特纳冰川的腹地，洁白的冰川把阳光映衬得格外闪亮，畅游在淡蓝色的海水中，能看到大块的浮冰漂过，让人惊讶不已。

冰岛的首都雷克雅未克处在北极圈附近，是世界上纬度最高的首都，也是冰岛最大的港口城市。人口约 19 万，这里地热资源丰富，能为城市工业提供能源。所以在这里，人们不会看到烟囱和锅炉。雷克雅未克天空蔚蓝，地面整洁，几乎没有污染。素有"无烟城市"之称。在雷克雅未克市内没有嘈杂的环境，没有拥挤的交通，没有摩天大楼，只有精致的住房、干净的街道，而且房子多涂成红红绿绿的颜色，在太阳的照射下，色彩纷呈，五彩斑斓，宁静而祥和。

旅游攻略

住宿：

①奥尔加旅馆

位于艾吉斯塔迪市中心，在环路旁边，距离艾吉斯塔迪游泳池 300 米。

②林佳斯宾馆

酒店位于冰岛东部埃吉尔斯塔第尔镇的 Route 1 公路旁。

交通：

①我国的北京、深圳、香港都有直达冰岛的航班。冰岛的几家客运公司为游客设有到各个岛屿和冰川的定期航线，夏季还有定期观光航线。

②冰岛的公共交通非常方便，从首都至全国的很多地方以及高地地区都有公车抵达。另外还有公车游览观光线路。

③冰岛有几家租车公司，可以从航空公司、旅行社租到车。

时差：与北京时间相差 8 小时。

货币：冰岛通用货币是冰岛克朗，最好选择在进入冰岛前的机场兑换好货币；冰岛所有的银行都提供外币兑换业务，也可以使用 ATM 卡直接提取本地货币。

温馨提示：

①入住的饭店通常都是含早餐的，但房间里绝对没有开水、拖鞋、洗浴用品之类的配套服务，一切要自带。

②如果可能一定要参观冰岛的制羊毛、制鱼、制虾的厂家。

③不论什么季节去冰岛，都要带上防风防水保暖的衣服，如：冲锋衣、羽绒衣、雨披和暖宝宝等，鞋子最好穿防滑防水的徒步鞋。

北海道——尽显四季之美

外文名称：Hokkaido

所属国家和地区：日本 　　　　　地理位置：日本列岛最北部

著名景点：白色恋人巧克力加工厂、札幌市大通公园、八音盒堂、天鹅湖

> 　　北海道地处日本的最北端，它没有天寒地冻的落寞，却因为有气候与地理的相辅相成，将充满生命力的海阔天空展现得淋漓尽致。处处可见的农渔牧业又给北海道带来欣欣向荣的另一番景象。当你身临此地，吹着煦煦和风，望着一望无垠的宽阔平原，流连耀眼光芒的翠绿牧草与花圃，品尝那新鲜海鲜的滋味，有一个念头闪入脑海：完美的生活就是如此吧？

　　北海道拥有广阔的山川、森林、湿原，被完整地保存在几个国家公园中，北海道还有一条日本第二大河流，最终注入石狩湾。南部有那须火山带、岛海火山带；东部有千岛火山带，因此多温泉。其季节或日夜温差变化相当大，春、夏、秋、冬四季分明。由于在北海道内设立 12 个北海道立自然公园、6 个国立公园和 5 个准国立公园，使自然环境保护得很完善，大自然一年四季保持着野生的优美环境。

　　说起北海道的风光优美旖旎，就如长卷的胶片在宽银幕中云舒风卷般地展开来。你看那宽阔的原野，带着风带着雨的雾，还有那松软的草甸子，躺在上面，幸福就会传遍全身。最美的应该是四季变化的山村风光，春樱、夏绿、秋枫、冬雪，总以不同的韵致将春、夏、秋、冬的美艳占尽，昭示着大自然无穷的乐趣。而那自诩离幸福最近的"原住民"，所透露的居旅文化，总在默默讲述着一个个动人的故事；还有那秀丽的海港城市，海天一色，一览无遗……这难道不是在天堂才能见到的美景？进入这样的境地，又如何不让人乐而忘蜀？

　　北海道还有很多值得游览的地方，北海道

最大的温泉是登别温泉，那里四周群山环抱，在狭窄的峡谷里涌出 11 种温泉，能治疗多种疾病。也可以在此游览著名的药师如来像、地狱谷、火山口褚色的绝崖喷泉等奇景；支笏湖是北海道第一大湖，湖畔耸立着之樽前山及惠前岳，均为活火山；附近的四方岭上有一熊牧场，饲养着 200 多只珍贵棕熊，并能做精彩的表演；这里还有不少滑雪场地，其中以真驹内滑雪场的设备较齐全。对初学者来说也较合适。在此滑雪可以享受无穷的乐趣。

旅游攻略

住宿：

①小樽豪华公园酒店

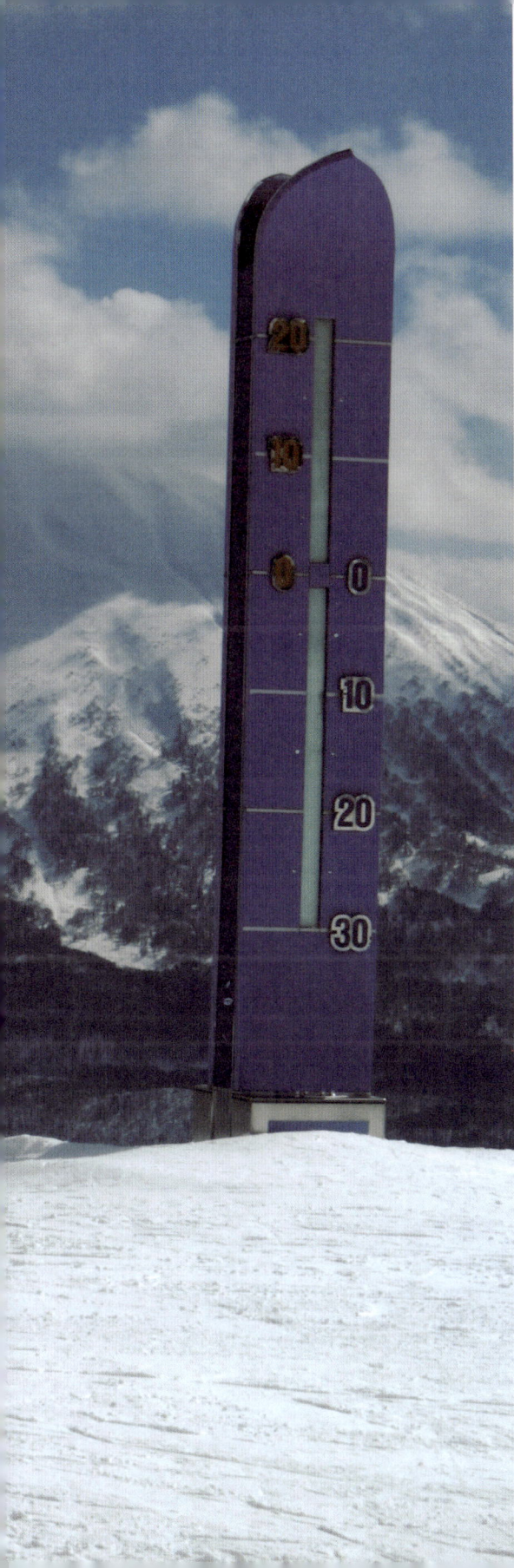

位于小樽市，楼下和大商场相连，很方便。

②东横北海道函馆站前朝酒店

离函馆火车站不到 3 分钟路程，就在朝市的旁边，地理位置非常优越。

交通：

①北海道札幌有两个机场，分别是丘珠机场和千岁机场。我国北京和上海开通直航札幌的航班，除直达航班外，还可以从东京、大阪转机。我国北京、上海、广州等主要城市可以往返大阪与东京之间。

②乘坐出租车到札幌市内大约需要 60 分钟车程。

③北海道所在的石狩平原铁路网密集，以札幌为中心，铁路通往四面八方。

时差：与北京时间相差 1 小时。

货币：北海道通用的货币为日元，北海道不流通人民币，在出发前需要将人民币兑换为日元或美元。

温馨提示：

①使用一张叫"御膳"的单人小膳桌是日本传统的用餐方式。此种小膳桌其实是一种带腿的小托盘。用餐人跪坐着用餐，主人上菜一般会对客人的饭量进行考虑，做到恰到好处，而客人凡是自己夹起来的东西，必须要全部吃干净，这是一种礼节。盛汤的碗一般选择一只手就能拿的大小，喝汤时左手端碗，直接送到嘴边，吃饭时也一样，左手端碗，全部吃完，不留颗粒。

②日本人的斟酒也很讲究，酒杯不能拿在手里，要放到桌子上，右手执壶，左手抵着壶底，但千万不能碰酒杯。

③主人斟的第一杯酒一定要接受，否则就是失礼的行为。第二杯酒可以拒绝，一般日本人不强迫饮酒。

西雅图——纯粹而不乏浪漫

外文名称： Seattle　　　　**所属国家和地区：** 美国

地理位置： 美国太平洋西北区

著名景点： 派克市场、太空针塔

> 这里不是纽约，却是世界首富的故乡；这里不是威尼斯，但处处可见湖泊海洋；这里不是巴黎，浪漫气氛仍丝毫不减；这里不是海拔最高，却有着古老的冰川。它是一个不可思议的城市，也是一个得天独厚的城市，在世界上几乎找不到第二个城市像它这样纯粹。

西雅图位于美国北部的华盛顿州金县境内，常年被青山绿水环绕，天空不时还下些或大或小的雨，难怪当地人自称这里只有两种颜色：晴天的翡翠绿，阴雨天的灰白。市区内外皆衬饰着幽静的港湾、河流、绿树，掩映着色彩丰富的街市。

来西雅图，其地标性建筑太空针塔是不容错过的重要景点。顶层观景台造型仿佛飞碟，精致美观。没有太空针塔的西雅图，就如同没有埃菲尔铁塔的巴黎一样。只要是站在西雅图的土地上，太空针塔总会进入到你的视野内。太空针塔一楼是出售各种纪念品的商店，有各类印着太空针塔图案的 T 恤和明信片，以及各

种太空针塔的模型。除明信片之外，其他物品都十分昂贵。到达二楼，你可以选择与太空针塔的布景合影，工作人员会帮你照相，并给你一张带条形码的纸条，在太空针塔顶部的自助终端能凭此将头像读取出来。你也可以选择喜欢的背景合成照片，然后可免费使用电子邮件传给自己，若是想要打印照片，你需要付较高的价格。

派克市场本来是一个农夫市场，建于1907 年。现在，鱼贩和农民只是市场的一小部分，在这里还汇集了 200 多家商店，各类生鲜蔬果供应不断，还有多种多样的手工艺品；另外，异国情调的餐厅布满大街小巷，沿街林

立。Pike Place Fish Stall 是派克市场非常知名的鱼市，也是来这里旅游的必去景点。派克市场最北端是 Victor Steinbrueck 公园，这里绿地如茵，非常广阔。这里有一家小型电影院，旁边有一栋"口香糖墙"，人们在排队买票入场时会将嘴里嚼的口香糖粘在墙上，"口香糖墙"成为了这里独特的风景。

西雅图中央图书馆建于 2004 年，由荷兰建筑师雷姆·库哈斯和美国设计师乔舒亚·拉莫斯共同设计，美观的造型、新锐的风格、复杂的结构，让这里成为世界游客游览参观的名地。整个建筑是由 11 层的玻璃和钢铁组成的，远远地看，就像耸立在市中心的钢铁巨人。顶篷是超大的凹斜采光玻璃，可提供斑驳的自然光线，双层镀膜玻璃的透光性展现出完美的采光功能。图书馆四周呈现出变化多端的力量感，抽象的结构，奇特的造型，在阳光的照射下散发出敦厚坚实的金属光芒。

旅游攻略

住宿：

①西雅图海滨万豪酒店

位于华盛顿州西雅图市中心最知名海滨区的中心地带，是商务和休闲的理想场所。

地　址：2100 Alaskan Way Seattle, Washington 98121 USA。

②西雅图万丽酒店

坐落于西雅图市中心，邻近 CenturyLink 球场、Safeco 球场、派克市场以及高档购物中心，奢华住宿彰显不凡品质。

地　址：515 Madison Street Seattle, Washington 98104 USA。

交通：

①飞机：西雅图塔科马国际机场是位于美国华盛顿州西塔科的一个国际机场。该机场主要为西雅图和塔科马两个城市以及西雅图都会区服务。拥有飞往北美、欧洲、中东以及东亚的众多航线。阿拉斯加航空将这一机场作为枢纽机场。

②火车：国王街车站位于国际区和先锋广场之间。其历史悠久，提供包括前往温哥华、塔科马、波特兰岛和斯博坎在内的许多线路。

③轻轨：票价根据距离而定，基本车费 1.75 美元，每里另加 25 美分。6 至 18 岁的青年及 65 岁或以上的长者均可享有特惠车费：青少年基本车费为 1.25 美元，每里另加 25 美分。老年人基本车费为 75 美分，每里另加 25 美分。

④公交：King Country Metro Transit 是西雅图最大的公共巴士系统，遍布整个西雅图和西雅图所在的县，车票在 1.5 美元左右。

时差：与北京时间相差 15 小时。

货币：美元。

温馨提示：

①西雅图是典型的海洋性气候，所以全年多雨、湿润，但是这里的雨不会很大，不必过于担心。

②在美国是不允许在"有屋檐"的房子里抽烟的，包括在酒店住宿时，除非你特别挑选吸烟房。露天情况下基本是可以的，一定要克制自己的烟瘾，被抓到罚金是很贵的。

③美国人讲究个人隐私，所以他们也尊重一米线。无论那一米线画着还是没画着，后一个人永远离前一个人一米开外，仿佛那条线早就刻在了他们脑子里。

第二章
不朽的文明之旅

故宫——世界上最大的宫殿建筑群

外文名称： The Palace Museum　　　　**所属国家和地区：** 中国

地理位置： 北京市中心地区

著名景点： 乾清宫、太和殿、皇极殿、午门

当你走到它的面前，不仅被它的雄伟、气势所折服。这个一直象征着皇权的皇家宫殿，应该是所有中国人的向往。只有来到它的面前，你才能去憧憬那中国古代远古的文明，并在憧憬的同时，散开那曾经的光辉历史文化，陶醉在其中，为生为中华儿女而萌生无尽的骄傲！

北京故宫，旧称为紫禁城。位于北京中轴线的中心，是明、清两朝代的皇宫，占地面积约为72万平方米，建筑面积约为15万平方米，是世界上现存规模最大、保存最为完整的木质结构的宫殿型建筑。故宫宫殿是沿着一条南北向中轴线排列，三大殿、后三宫、御花园都位于这条中轴线上，并向两旁展开，南北取直，左右对称。这条中轴线不仅贯穿在紫禁城内，而且南达永定门，北到鼓楼、钟楼，贯穿了整个城市，气魄宏伟，规划严整，极为壮观。

故宫严格地按《周礼·考工记》中"前朝后市，左祖右社"的帝都营建原则建造。在建筑布局上，整座故宫，用形体变化、高低起伏的手法，组合成一个整体。以体现封建社会的等级制度，并达到左右均衡和形体变化的艺术

效果。中国有着丰富多彩的屋顶建筑形式，不同的形式在故宫建筑中就有 10 种以上。其中三大殿的屋顶就各不相同。故宫屋顶铺满各色琉璃的瓦件，主要殿座以黄色为主，皇子居住区的建筑用绿色，其他蓝、翠、黑、紫，以及宝石蓝、孔雀绿等五色缤纷的琉璃，多用在花园或琉璃壁上。太和殿屋顶当中正中脊的两端各有琉璃吻兽，将大脊稳重有力地吞住。吻兽造型优美，既是构件又是装饰物。而一部分瓦件塑造出狮子、海马、龙凤等立体动物形象，象征着威严和吉祥，这些构件在建筑上起了装饰的作用。前部的宫殿造型雄伟壮丽，庭院明朗开阔，象征着封建政权至高无上，而后部内廷却要求庭院深邃，建筑紧凑，所以东西六宫都自成一体。

故宫建成后，经历过明、清两个王朝，至1912 年宣统皇帝逊位有 500 年的历史，历经明、清两个朝代 24 位皇帝，成为明、清两朝最高统

治核心的代名记号。在这 500 多年的历史中，包含了帝后活动、权力斗争、等级制度等。历数那让人惊心动魄的事件，如明朝正统皇帝复辟的夺门之变、嘉靖皇帝被宫女谋刺的壬寅宫变、万历四十三年梃击太子宫的"梃击案"、清初诸王大臣为确立兵权的三官庙之争、清末慈禧太后谋权力的辛酉政变等，这个古老的宫殿见证了多少传奇！

旅游攻略

住宿：

①北京东方君悦大酒店

位于东城区长安街与王府井步行街的交界处，地理位置优越。

②天安国汇酒店

位于西城区西绒线胡同，距离西单地铁站仅有 5 分钟步行路程。

交通：

从天安门经端门可到达午门，或从东华门或西华门沿东、西筒子河路前行均可到达。

时差：无。

货币：人民币。

温馨提示：

①第一次去，最好找一个专职导游，通过导游才能了解很多玄机。但如果要想仔细游览一遍，还是要自己备好功课。一定要进珍宝馆和钟表馆看。

②不要忘了带军人证、学生证、老年证等证件，这些证件在北京许多公园都相当有用。

③参观故宫不让带包，所以参观时最好不要带较大的包。当然也可以将包寄存。

白金汉宫——绝世的殿堂

外文名称： Buckingham Palace　　　**所属国家和地区：** 英国

地理位置： 伦敦圣詹姆士宫与维多利亚火车站之间

著名景点： 典礼厅、宴会厅、音乐厅

这里是艺术集成的地方，是 19 世纪前期的豪华式建筑风格，其规模之宏大比其华丽的外表更加引人注目。它承载着英国的深远历史，神圣的皇家王室为它增添了浓厚的传奇色彩，而爱德华八世的"不爱江山爱美人"更成为千古美谈。白金汉宫也是与故宫、白宫、凡尔赛宫、克里姆林宫齐名的世界五大名宫。

白金汉宫位于伦敦詹姆士公园的西边，威斯敏斯特城内，是英国的王宫。因白金汉公爵于 1703 年所建而得名，最早称白金汉屋，意思是"他人的家"。白金汉宫有 600 多个厅室，有许多精美的红木家具和绘画在里面收藏。艺术馆大厅内专门陈列英国历代王朝帝后的 100 多幅画像和半身雕像，营造出浓厚的 18 世纪和 19 世纪英格兰的氛围。宫前广场上矗立着维多利亚女王和胜利女神坐像。此外还辟有一座占地 26666.66 平方米的御花园，风景花团锦簇，美不胜收。宫内还有音乐厅、画廊、典礼厅、宴会厅等 600 余间厅室。

来到宫殿，应该先在大门外的铁栅栏前稍做停留，面对栅栏向右走过西北角，是观看宫殿的最佳角度，也是英国女王的私人套房，这里分为两部分，一部分是日常工作区，包括办公室和接见厅，由于只有这一房间的窗户是圆拱形的，所以最易从外边认出；另一部分包括卧室、藏衣室、浴室和私人餐厅。藏衣室又通过一座内部楼梯与三层楼上的一处储藏室连

力，让至高无上的女王只要站在这个楼梯上，就会成为让人瞩目的焦点。这一经典的设计被风鸟家居的白金汉宫楼梯大胆引用，呈现出无与伦比的王者风范。

旅游攻略

住宿：

①威斯敏斯特希尔顿逸林酒店

酒店坐落在威斯敏斯特的中心，可以方便地前往伦敦西区、伦敦金融城、国会大厦。

②伦敦温布利欧罗酒店

位于温布利，地理位置优越，工作人员热情友好，服务设施完善。

交通：

地铁

在【Victoria、Green Park】【Hyde Park Corner】地下，沿路标走过去。

时差： 夏季与北京时间相差 7 小时（4 月至 8 月），冬季（11 月到次年 3 月）与北京时间相差 8 小时。

货币： 当地通用的货币是英镑，带上身份证，一般大点的银行都可以兑换。

接。那层楼上还有许多盥洗室。宫内的家具摆设相当简单，家具并没有包金，也不带著名红木家具的标记，却是一些很实用的家具，唯一能显露出女王雄厚财力的痕迹，是墙壁上悬挂的油画，笔触的高深，让人惊叹不已。让人称奇的是，这些画作不仅拥有欧洲绘画大师的署名，还从王室收藏的名画中经常轮换悬挂。

离此不远的一层楼的西翼，是一间十分豪华的套房。要接待贵宾时，女王和王室成员穿过一条走廊，到女王书房，由于与白色客厅只有一墙之隔，根据女王的旨意，只稍过片刻，当一名仆役开动机关，就会让白色客厅中的客人惊奇地发现，整面墙霎时隐没于内护壁板中，女王和王室成员瞬时就会出现在面前。

根据史料的记载，虽然白金汉宫经过无数次的完善和返修，但象征权力和崇高荣耀的金色扶手楼梯和红色地毯却始终没有改变过。电影《女王》中的伊丽莎白缓缓从楼梯走下，每一步都彰显出优雅和尊贵，那种让人倾倒的魅

温馨提示：

①参观博物馆、教学及其他规定场所时，禁止使用照相机闪光灯。

②通常英国商店晚上关门较早，下午 5：30 后仍然营业的寥寥无几；但周四晚上例外，可晚至 8：00。而周六、日商店的营业时间一般为中午 11：00 至下午 5：00。

③游览途中，要随时提高警惕，要避开可疑的人士，不要与陌生人搭讪。遇到人群聚集时，要尽量避开。

克里姆林宫——世界第八奇景

外文名称： Moscow Kremlin　　　　**所属国家和地区：** 俄罗斯

地理位置： 俄罗斯的莫斯科市中心

著名景点： 格奥尔基耶夫大厅、弗拉基米尔大厅、叶卡捷琳娜大厅

> 它有独特的理念，总是喜欢把不同的思想糅合到一起，于是这里宫殿与教堂交相辉映。它汇聚了俄罗斯本土和意大利建筑师的集体智慧，成为意大利文艺复兴风格与俄国东正教精神交融形成的伟大杰作。它那永恒的金碧辉煌、缭眼的美轮美奂，使它享有"世界第八奇景"的美誉。

俄罗斯的克里姆林宫这一闻名世界的建筑群，享有"世界第八奇景"的美誉，也是旅游者必到之处。它坐落于莫斯科市中心的莫斯科湖北岸，在 11 世纪和 12 世纪之交时，博罗维茨基山岗上出现一个斯拉夫居民点，开始了克里姆林宫的雏形。其主体建筑建于 14 世纪，到 15 世纪末，克里姆林宫成为宗教权力和国家权力的所在地。18 世纪至 19 世纪，虽然首都迁到圣彼得堡，但莫斯科依然发挥着京都的作用。1918 年，重新定莫斯科为首都，克里姆林宫成为最高权力机关的工作地点。如今，俄罗斯联邦总统的官邸就在克里姆林宫。

克里姆林宫占地面积 27.5 平方米，东临红场，西依亚历山德罗夫花园，南靠莫斯科河。宫墙总体呈三角形，沿墙耸立着 20 余座精美的塔楼，长 2300 余米。宫内建筑金碧辉煌、气势磅礴。圣母升天大教堂是当年沙皇举行加冕典礼的地方，非常巍峨壮观。古典俄罗斯式的大克里姆林宫是政府举行重大国事活动的主要场所，金红色的格奥尔基耶夫大厅主要供领导人举行国事会谈。而金绿色的弗拉基米大厅则供举行签字仪式和授勋典礼使用。

在克里姆林宫里，最大的看点应该是四座建筑精美的教堂：圣母升天教堂、十二使教堂、圣额尔教堂和天使报喜教堂。它们分别建于 15 世纪和 16 世纪，由于它汇聚了俄罗斯本土和意大利建筑师的集体智慧，成为意大利文艺复兴风格与俄国东正教精神交融形成的伟大杰作。尤其是圣母升天大教堂，用黄金打造的洋葱头圆顶，是那样永恒的金碧辉煌，美轮美奂。

从远处遥望克里姆林宫，一座高耸的建筑物鹤立鸡群地被厚实的红色围墙包围着，便是克里姆林宫最大最高的建筑伊凡大帝钟楼。伊凡大帝钟楼矗立在克里姆林宫的中央，平面为八角形，高 81 米，共 5 层，建于 16 世纪初期。建筑物呈八面棱体层叠状。每一棱面的拱形窗口，置有自鸣钟。它也是古时的瞭望台和信号台。钟楼旁石座上安放着一尊用青铜铸成的大钟，它高 5.87 米，重 200 多吨，被称为世界第一大"钟王"。距钟楼不远处，还陈列着一尊由纯青铜铸造的巨型大炮，其造于

1586 年，重 40 吨，炮口的直径达 0.92 米，能容下三人同时爬进。由于它从来没有发射过炮弹，也被人戏谑为"徒有虚名的炮王"。

漫步于克里姆林宫，殿宇轩昂，教堂华美、树木葱郁、繁花竞放……幽静惬意的环境和精美恢宏的建筑共同构筑了这处绝美的城中静地。仿佛让人置身于古典的苏式油画中，眼花缭乱的美景，时时让你惊叹。教堂与宫殿的交相辉映，又营造出另一种别致独特的情调，真不负那世界建筑奇迹的美誉。

旅游攻略

住宿：

①兰玛阿尔巴特旅馆

位于克里姆林宫附近。

②莫斯科阿兹慕塔尔斯卡娅酒店

位于莫斯科，紧邻顿斯科伊修道院。

交通：

①公交：亚历山大花园地铁站电车可达。

②地铁：乘坐地铁在亚历山大花园地铁站或红场地铁站下车。

时差： 与北京时间相差 5 小时。

货币： 俄罗斯货币为卢布，俄罗斯的换汇点在街头随处可见，换汇店一般在地铁出入口都能看到。

温馨提示：

①身穿短裤或衣冠不整者不能入内。

②政府大楼、国会办公大楼谢绝游览。

③除周四以外每天 10：00~18：00 开放。

胡马雍陵——雍容大气的花园陵墓

外文名称：Mausoleum of Humayun　　　　所属国家和地区：印度

地理位置：印度首都新德里的东南郊

著名景点：胡马雍陵

在印度曾经有个帝国，在18世纪以前，这个帝国的每一位皇帝几乎都在他们身后留下若干出色的大型建筑，而胡马雍陵更是最显著的里程碑。它那威严、宏伟而不失端庄明丽的风格，巧妙整合印度和伊斯兰建筑的风格，开创了伊斯兰建筑史上的一代新风。它不仅是印度，也是世界建筑史上的精品。

胡马雍陵位于印度首都新德里的东南郊，是印度建筑在莫卧儿帝国时期到达登峰造极的杰出代表。陵墓主体建筑由红色砂石构筑，陵体呈方形，坐北朝南，四面为门，陵顶呈半圆形，四周环绕着长约2千米的红砂石围墙。陵园内棕榈、丝柏纵横成行，喷泉四溅，芳草如茵，景色非常优美，它实际上是一个布局讲究的大花园。陵园大门用灰石建造，是一处八角形的楼阁式建筑，表面用红砂石的碎块和大理石镶嵌成一幅幅绚丽的图案。整个建筑

庄严宏伟，不仅是印度也是世界建筑史上的精品。

陵园正中是其主体建筑，高约24米，它耸立在47.5米见方的高大石台上，陵体四周有大门4座，圆弧形的门楣线条柔和，四壁是分上下两层排列整齐的小拱门。陵墓顶部中央有优雅的白色大理石半球形石圆顶。这种圆顶的设计是由两个单独的拱顶组成的，一个在上，一个在下，上下之间留有间隙，外层拱顶支撑着白色大理石外壳，内层则形成覆盖下面墓室的穹窿。外层

拱顶中央竖立着一座黄色的金属小尖塔，光芒四射。其修建的方法非常引人入胜，这是一种在西亚相当长时期以来所流行的圆顶形建筑形式，在胡马雍陵墓中得以完美地应用，并在印度建筑中最先体现出来。

寝宫内部呈放射状，向两侧高22米的八角形宫室通入。宫室上面各有两个圆顶八角形的凉亭，为中央的大圆顶做陪衬，宫室两面是游廊和翼房。胡马雍和皇后的石棺安放在寝宫正中，两侧宫室放着莫卧儿王朝5个帝王的石棺，从红砂石精细的镂花、花园式的内景到四周墙壁上的拱形大门，形成典型的莫卧儿风格。人们通常认为胡马雍陵墓受波斯艺术的影响，但其底层平面图是印度的风格。它的外表大量使用白色大理石也是印度的风格，而没有波斯建筑师所惯用的彩色砖装饰。整个陵墓给人一种威严、宏伟而又端庄明丽的感觉，一扫伊斯兰陵墓过于灰暗、阴森的风格。据说亚格拉的泰姬陵就是仿照胡马雍陵墓建造的。但不管这种说法是否有据可依，二者风格上的师承关系，却是显而易见的。

胡马雍的陵墓是阿克马时代莫卧儿建筑风格发展中的一个突出的里程碑，它巧妙地融合印度建筑和伊斯兰建筑的风格，开创了伊斯兰建筑史上的一代新风。

圣天使堡——传奇百变的陵寝

外文名称： Castel Sant' Angelo　　　　　**所属国家和地区：** 意大利

地理位置： 古罗马台伯河畔

著名景点： 圣天使堡、圣天使桥

> 它在历史上一直担当着多种角色，但一直与皇室的命运息息相关。当你游完圣彼得大教堂，沿着圣彼得广场，一直走几百米，就可以到达圣天使堡。行走在这片土地上，让你想不到的是，脚下竟有一条暗道从圣彼得大教堂一直通向圣天使堡。以供教皇在必要时候逃跑。它成为电影《天使与魔鬼》的故事启发点。

圣天使堡位于台伯河畔，其实这里是公元 139 年建成的一座皇帝陵园。圣天使堡还是罗马的要塞，由于罗马曾多次受到外族人的侵袭，使得这个坚固易守的建筑多被用作防御性堡垒。城堡外建有方形城墙，城市四角有突出的堡垒，至今还留有成堆的大理石圆球炮弹和古代的武器。据说公元 590 年，罗马发生瘟疫，这座城堡上出现用剑驱散瘟疫的天使，由此而得圣天使城堡之名。城堡上圆下方，外围墙则是五角星形。其造型坚固伟岸，似乎任何力量都无法摧毁，但在经历近 2000 年的岁月中，城堡经历多次破坏和修复，与初建时已经有很大差异。

圣天使堡最早是哈德良皇帝的陵墓，传说是由哈德良皇帝亲自设计。这一浩大的工程始建于公元 135 年，于公元 139 年竣工，哈德良皇帝死后一年才与其妻子和养子在这座陵墓入葬。哈德良陵墓的地基是边长 86.3 米的正方形，上面建造着一个高 21 米，直径 64 米的圆柱体，其上则是土质的巨大圆形陵墓。陵

墓的顶端是驾驶着青铜四马战车的哈德良皇帝雕像。此后，直至公元 217 年的卡拉卡皇帝，这里安放着许多皇帝及皇室人员的遗体。圣天使堡前方的圣天使桥上，有 12 尊手持耶稣受难刑具的天使雕像，是文艺复兴时期大师贝尼尼的杰作。在圣天使堡基座上的圆形建筑，其正门正对着圣天使桥。在天使铜像和城堡圆形平顶之间，有一方形建筑，其一面城壁与城堡正门处于同一平面，登上城堡，能从露台眺望周围的罗马景观。

圣天使堡在许多艺术作品中都能见到它的踪影，如《达芬奇的密码》《罗马假日》、歌剧《托斯卡》，而在让人惊悚的小说《天使与魔鬼》中惊心动魄的故事情节发生在梵蒂冈，

其中有一处场景就在圣天使堡，影片中囚禁神父的地方，一位手提长剑的天使在城堡上伫立着，其剑身指向下方，那里应该是一位皇后为亡夫建造的寝陵之处。

圣天使堡不仅曾是皇家的陵寝，而且曾在历史上做过皇家的监狱。这里曾经拘禁过布鲁诺。由于临近梵蒂冈，圣天使堡还曾被教皇作为避难场所。城堡内设教皇厅，有密道与梵蒂冈教皇皇廷相连。如今的圣天使堡已作为博物馆，并成为当地旅游的景点之一，吸引着诸多慕名而来的游客。

旅游攻略

住宿：

①多米兹亚圣安杰利宾馆

位于圣彼得大教堂附近，距离圣天使桥和圣天使堡仅几步之遥。

②马里威酒店

位于罗马的核心区，靠近圣彼得大教堂和罗马广场。

交通：

地铁：A 线 Lepanto 站下车，沿向南的大道直行，到卡维尔广场右转。

时差： 与北京时间相差 6 小时。

货币： 意大利货币是欧元，可在银行、邮局或外币兑换柜台兑换外币。

温馨提示：

①适合的前往时间是 4 月、5 月的春天和 9 月、10 月的秋天，此时气温适中，阳光普照，并且是看著名的罗马落日的最佳时节。

②圣天使桥上有很多小贩售卖各种假冒伪劣商品，建议不要上当。

③建议用城市通票，门票单买约 12 欧元。

西夏王陵——东方金字塔

外文名称：Western Xia imperial tombs　　　　所属国家和地区：中国

地理位置：宁夏回族自治区银川市西夏区贺兰山东麓

著名景点：西夏陵园、西夏博物馆

在美丽的贺兰山脚下，曾经孕育过光辉灿烂的王朝。在历史长河中，它们不甘于空间的约束，慢慢地整合到整个的华夏民族中。它们曾经有史无前例的城堡和陵园，但如今仅存夯土陵台、残垣断壁和一片瓦砾。即便岁月夺去它耀目的光彩，但不屈的骨架，仍然显示出西夏王朝曾经的不可一世。这个素有"东方金字塔"之称的地方依然是人们向往的地方。

西夏陵是西夏历代帝王陵墓所在地。又称为西夏帝陵、西夏王陵，这座曾经的西夏王朝历代皇帝的寝陵，虽然曾遭到毁灭性的破坏，但其骨架尚存，严谨的布局，宏伟的规模，残留的陵丘，仍然显示出西夏王朝特有的时代气息和风貌。随着岗丘垄阜的自然起落，在50余平方千米的范围内，布列着9座帝王陵墓和200座王侯勋戚的陪葬墓。一座座黄色的陵台，像一座座小山丘那样高大，连绵不断地铺满贺兰山下。在阳光的照映下，蓝的天，绿的树，黄的地，棕色的荒草，蓝灰色的贺兰山，鲜明的艳色更为这座古墓增添了瑰奇。

西夏王陵有"东方金字塔"之称，这里曾矗立着用汉文、西夏文刻的歌颂帝王功绩的石碑。碑亭后是月城，南墙居中为门阙。经门阙入月城。这里曾放置着雕刻着文官、武官的雕像。月城之北是陵城，陵城南神墙居中有门阙，经门阙入陵城，陵城西北为塔式八角形建筑的陵台，陵台是陵园的主体建筑，外部有砖包砌并附有出檐，为砖木瓦结构。上下各分为9级、7级、5级不等。低层略高，往上层层收分，夯土实心砖木混合密檐式结构，且偏

离中轴线矗立。而在我国古代传统陵园建筑中，陵台一般为土冢，起封土作用，位墓室之上，但西夏陵台建在墓室北 10 米，不具封土作用，这在中国建筑史上史无前例。唯可惜的是，这史无前例的建筑如今仅存夯土陵台、残垣断壁和一片瓦砾。

为现当年神韵，陵区现已设置了声光装置，每当夜幕降临，万籁俱寂，从地上发射出的灯光呈蓝、黄两色，照在神墙、角楼、陵台上，仿佛让人置身于神话的世界，游客可以乘坐马车从东面进入陵区，对陵园遗址进行游览，观看"西夏王"等介绍西夏历史的激光影片。也可以去西夏博物馆，这里是中国第一座以西夏皇家陵园为背景，真实形象地揭示了西夏王朝的兴衰历史，让你更深刻地去体会西夏曾经的光辉历史。

旅游攻略

住宿：

①宁夏天豹大酒店

位于银川市清和南街、银川新汽车站旁，交通快捷便利。

②银川昊源宾馆

位于银川市兴庆区裕民巷，东邻京藏高速公路，西邻银川商城、新华百货。交通便利，购物方便。

交通：

①客车：市区没有直达景区的旅游车，可以包车前去。

②公交：银川市区北门旅游汽车站、南门汽车站及南关清真寺均有发往西夏王陵的旅游班车。由银川新月广场发往西夏王陵，沿途经过中山公园北门、人民广场、火车站等站点。

③自驾车：去西夏陵较为方便，由市区内北京路向西到头，丁字路口向南拐入 110 车道，直行 10 千米即可到达。在景区停车场的面积很大。

④飞机：附近有银川河东机场，距机场约 50 千米。

⑤火车：距银川火车站约 20 千米。

时差：无。

货币：人民币。

温馨提示：

①西部地区早晚温差较大，要带毛衣、外套、厚外套、遮阳帽。在旅游途中要注意防感冒。

②由于气温差别大，可能会出现水土不服的症状，去旅行需要有一个良好的身体状况，并携带有关药物及一些常备治病药物。

③甘肃是水果之乡，虽然吃水果是一大乐事，但千万不要吃完水果后再喝热茶，以免造成腹泻。

西庸城堡
——天堂与地狱如此之近

外文名称：chillon

所属国家和地区：瑞士

地理位置：瑞士边境城市蒙特勒附近的日内瓦湖畔

著名景点：监狱、瞭望塔、城堡主塔

西庸城堡位于瑞士边境城市蒙特勒附近的日内瓦湖畔，大约三分之二属于瑞士，三分之一属于法国。"西庸"在法文中是"石头"的意思，也许它的得名应该来源于它所在的那块凸出湖岸的巨岩。它不但有着悠久的历史，而且依山傍水，自然景色异样别致。仿佛是漂浮在波光水影中的童话宫殿。

从古罗马起，西庸城堡就是来往于法国和意大利的交通要道，13 世纪至 14 世纪时，这里属于意大利王族萨伏依家族的领地，后来，著名设计师梅尼耶受第二代萨伏依伯爵聘请重新设计改建了城堡。作为家庭避暑行宫，西庸城堡内部古朴的房间里展示着当时使用过的物品，各种刀、银剑、器皿、头盔等。虽然笨拙，但足以让人回味当时贵族的生活。城中的礼拜堂里，通过幻灯重现过去的壁画，用手挡住光线，就能看见模糊实际的壁画。走上迷路般的台阶，就可以到屋顶。西庸城堡的特点还在于它四面的风光。它东面依山，西面临水，一面是美丽的莱芒湖，一面是意大利古老的大路，呈现着迷人的双重景色。从湖面上看，它仿佛是童话中的宫殿漂浮在波光激影中。

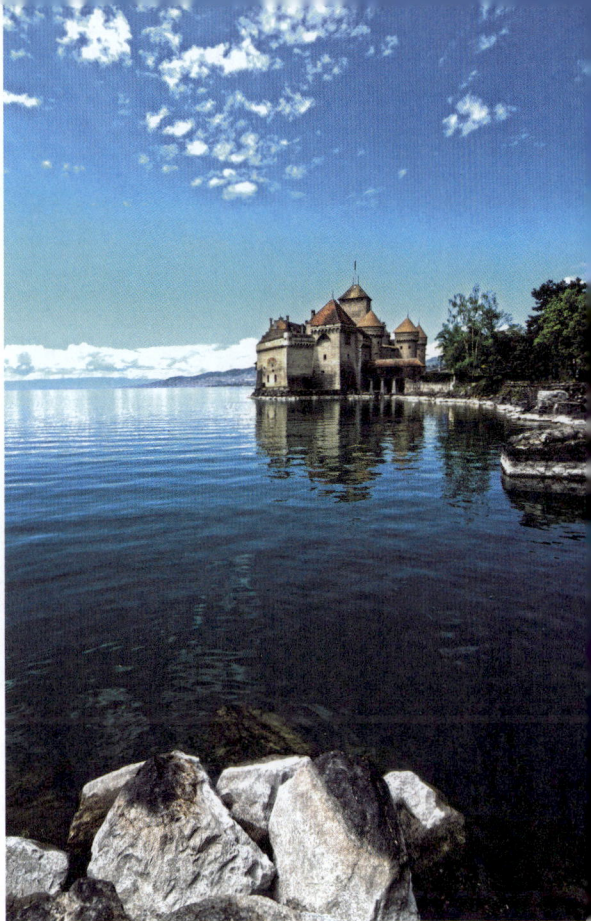

城堡内建筑包括庭院、大厅、瞭望塔、城堡主塔、卧室、监狱等，其中以监狱最为著名。全部用岩石建成的监狱，曾在当年最多监禁 200 名左右的囚犯。1532 年，日内瓦圣维克多修道院院长博尼瓦由于主张日内瓦独立，而被用铁链锁在石柱上达四年之久，直到 1536 年 3 月 29 日瑞士人攻占古堡后，他才被释放。1861 年英国著名诗人拜伦在西庸城堡参观时，听闻到这段悲惨的历史，写下著名的《西庸囚徒》，并在石柱上留下他的签名，因此也使西庸城堡而名扬天下。

从地牢中出来，穿廊过室爬楼梯到楼上，那里是萨瓦公爵和夫人们生活的天堂。卧室里摆放着华丽的家具，油亮亮地闪着光芒，仿佛是女仆刚刚擦过。而被烟火熏得黑黑的壁炉也似乎正燃烧着温暖。茶壶安静地吊在壁炉旁，随时等待宾主享用下午茶点。还有大木桶里洁白的装饰布，也仿佛受了主人的命令，等着主人请最尊贵的客人前来洗澡。这里充满着贵族的生活气息，与刚走过的地牢形成鲜明对比，让你不禁感叹，原来天堂与地狱的距离是那么近，近得只需要三五分钟就可跨越。为独立而战的博尼瓦却耗费四年时光！

美丽的西庸城堡将继续保持着现今古朴的样子，向游客们诠释着它眼中的历史，而与瑞士自然风光融为一体，有着悠久历史的西庸城堡，又多么值得在那里细细品味历史！

旅游攻略

住宿：

①蒙特勒莎啦啦酒店

酒店位于蒙特勒老城区，距离大湖和蒙特勒火车站只有 500 米远。

②布里斯托尔及水疗布里斯托尔酒店

酒店位于里维埃拉海岸，俯瞰着日内瓦湖，享有阿尔卑斯山全景，距离蒙特勒市中心有 2 千米。

交通：

①飞机：瑞士国际航空公司有航班往返于苏黎世和北京等地。

②火车：在火车站坐公交车到维托站下车即可。

③汽车：可选择搭乘汽车（蒙特勒及沃韦出发）至夏兰站下车。

④搭乘渡轮（洛桑、蒙特勒及沃韦出发）至夏兰码头区域。

时差：与北京时间相差 7 小时。

货币：当地使用的货币为瑞士法郎，可在机场附近兑换。

温馨提示：

①门票：成人 12 瑞士法郎，学生 6 瑞士法郎。

②营业时间：11 月至次年 2 月，10：00~16：00；3 月至 10 月，9：30~17：00；4 月至 9 月，9：00~18：00。

③城堡内提供中文讲解器。

加的夫城堡——极为细致的奢华

外文名称：Cardiff Castle　　　　所属国家和地区：英国

地理位置：威尔士省府的中心

著名景点：时间房、阿拉伯屋

> 它曾经见证过 2000 多年的历史，是 1066 年威廉征服英国后，建立的第一个诺曼城堡。从此它就与英国贵族有着扯不断的联系。它是那么被英国贵族宠着，重修它用 20 年的时间，即便是一间房间也有装修 18 年的历史！如此精心的呵护，让它为曾经的英国贵族提供了最奢华、精微细致的服务。

加的夫城堡坐落于威尔士省府的中心，其历史可追溯到公元 1 世纪的罗马人的到来，有着近 2000 年的历史。其迷人的童话般的塔楼里有着华丽、精美的室内装饰。1868 年，该城堡曾进行过大规模的重修，建筑师威廉·伯吉斯对城堡进行了很多新哥特式的改造，包括其华丽的维多利亚风格的内饰，此工程持续 20 年之久。现如今的加的夫城堡集阿拉伯式、哥特式、古希腊式等众多艺术风格于一身，承载着威尔士上千年的历史。

装饰后的加的夫城堡有上百个房间，主要建筑内奢华极尽。这里有专门供成年男士使用的房间，时间是整个房间的主题，图案、物件以及装饰色彩均从不同程度表现一日、一周与一年的时间变化。房间内有可存储 40 瓶威士忌的酒柜和存储 200 支雪茄的烟柜，男士们如果用完餐后可以齐集到此来品尝美酒与雪茄。为表示拒绝女人入内，还在门厅的屋顶特意安装一个魔鬼雕像。城堡内还设有称为阿拉伯的屋，用来专供女士餐后享用咖啡。但实际上整间的房屋却采用土耳其式的装修风格。屋顶结构复杂，形成藻井，并绘有大量的精美图案。窗户上有色彩鲜艳的彩色玻璃。这里还有专供

女士们保存香料和化妆品的橱柜，当年保存着来自世界各地的化妆品和香料，其中有许多是来自遥远的中国。

在城堡内，最豪华的房间是侯爵本人的卧室。里面设有当时最豪华的卫生间。这里的浴室在 100 年前就可以如现在的浴室一样放进热水与冷水。墙上绘满了精美的壁画，而窗上不是安装精美的木制窗花，就是用彩色的玻璃装饰。另外，城堡内的最大一间房间既可以作为舞厅也可以作为大餐厅。宽大的房间内铺满了橡木地板，屋顶与墙壁上同样充满奢华的装饰与色彩。据说当年侯爵先生为此房间耗尽心机，装饰一间房间竟然用了整整 18 年时间，并由专门从意大利请来的设计师主持装修。

历史已经成为过去，但它却留下难以抹去的光彩，让这个城堡充满着无限丰韵。如今的加的夫城堡已成为威尔士最重要的历史建筑，是皇室、政府、公民举行盛大仪式的场所。

旅游攻略

住宿：

①塔内斯酒店

酒店紧邻威尔士国家博物馆及加的夫国际舞台。

②城市中心假日酒店

位于卡迪夫市中心，距离千禧球场仅几步之遥，而且只需要几分钟就可以到加的夫城堡。

交通：

①飞机：加的夫国际机场位于加的夫市中心西部。能提供飞往英国其他地区的50多个目的地的直达航班。

②巴士：可以乘坐往返于机场和中央火车站的巴士去往市内。周一到周六每小时一班。周日及节假日每两小时一班。

③市内交通：公交及火车是加的夫主要的交通方式。而出租车也是公共交通的一个重要组成部分。

时差：夏季与北京时间相差7小时（4～8月），冬季（11月到次年3月）与北京时间相差8小时。

货币：当地通用的货币是英镑，带上身份证，一般大点的银行都可以兑换。

温馨提示：

①通常英国商店晚上关门较早，下午5：30后仍然营业的寥寥无几；但周四晚上例外，可晚至8：00。而周六、日商店的营业时间一般为中午11：00至下午5：00。

②游览途中，要随时提高警惕，要避开可疑人士，不要与陌生人搭讪。遇到人群聚集时，尽量要避开。

埃菲尔铁塔
——首都的瞭望台

外文名称：Eiffel Tower（英文）
La tour Eiffel（法文）
所属国家和地区：法国
地理位置：法国巴黎战神广场
著名景点：瞭望塔

法国是一处浪漫的国度，这里的人们追求自由、民主，用独特的理念建立了一座在巴黎任何角落都能看到的巨塔。它曾经被误解过，受到冷落非议，但在第一次世界大战中，它在无线电通信联络方面做出巨大贡献，而被人们肯定，并成为巴黎标志之一。如今它和纽约的帝国大厦、东京的电视塔同被誉为西方三大著名建筑。

埃菲尔铁塔坐落在塞纳河南岸马尔斯广场的北端。于1887年1月26日动工，1889年5月15日开放，距今已经有100多年的历史。1889年适逢法国大革命100周年纪念，为隆重庆祝，法国政府决定在巴黎举行一次空前规模的世界博览会，从而展示法国文化和工业技术方面的成就，并建造一座象征法国革命和巴黎的纪念碑。本来筹委会希望建造一所有雕像、碑体、庙堂、园林的古典式纪念群体，但在700多件应征方案中，结构工程师古斯塔夫·埃菲尔的设计，一座象征机器文明，并在巴黎任何角落都能望见的巨塔脱颖而出。浪漫的法国人给铁塔取了一个"云中牧女"的美丽名字，并以设计人埃菲尔的名字命名，还在塔下为埃菲尔塑造一座半身铜像。

说埃菲尔铁塔是"首都的瞭望台"，也的确如此。它设有上、中、下三个瞭望台，同时能容纳上万人。三个瞭望台视觉的感受不一样，当然也会有不同的情趣。一个世纪以来，大约每年有300万人登临塔顶，俯瞰巴黎市容。最高瞭望台离地面274米，走完那1652级阶梯，需要差不多一个小时，当然也可以使用电梯登高。这里最宜远望，全巴黎尽在脚下，会让你感觉嘈杂的巴黎忽然静下来，幻化成一幅巨大的地图，条条小巷条条大道划出无数根宽窄不同的线。当白天视野清晰时，可以眺望到60千米以外的地方。

中层瞭望台离地面115米。在这里能看到巴黎最美的景色。从这一层向外眺望，绿荫中的卢浮宫，淡黄色的凯旋门城楼，白色的蒙马圣心教堂，都能清晰可见。使巴黎成为一幅色彩斑斓、立体丰盈的画卷。傍晚则见夜色阑珊，翠映林荫，繁灯似锦。那些交织如网的街

灯，仿若雨后珠网，粒粒晶莹。这一层还有一个装潢考究的全景餐厅，终年都会顾客盈门，必须要提前预订座位才行。

最下层的瞭望台面积最大，非常宽敞。设有电影厅、会议厅、餐厅、邮局和商店等各种服务设施。那穿梭来往的人群，仿佛就置身在闹市中，却忘记身临在 57 米的高空。从这里观赏近景最为理想。南面战神广场的大草坪、北面夏洛宫及其飞溅的喷水池、塔脚下静静流淌的塞纳河水和法兰西古老建筑，构成一幅令人难忘的风景画。

如果说巴黎圣母院是古代巴黎的象征，那么，埃菲尔铁塔就是现代巴黎的标志。这个独具特色的建筑，已渗透至法国人的血液中。

旅游攻略

住宿：

①埃菲尔左岸酒店

酒店位于巴黎核心区，只需要几分钟便能到达埃菲尔铁塔和战神广场。该酒店靠近卢浮宫和凯旋门。

②德比阿尔玛酒店

酒店位于巴黎核心区，在埃菲尔铁塔附近。

交通：

①乘坐很多公交车可到达。

②地铁 6 线 BirHakeim 站。

时差：与北京时间相差 7 小时。

货币：法国通用欧元，可以在巴黎的飞机场以及各个银行兑换货币。

温馨提示：

①埃菲尔铁塔开放时间为每年 9 月 1 日到次年 6 月 9 日。

②电梯开放时间为 9：30 ~ 23：00，阶梯开放时间为 9：30 ~ 18：30。

③6 月 10 日到 8 月 31 日电梯及阶梯开放时间均为 9：00 ~ 24：00，第三层瞭望台只在夏季开放。

④楼梯门票：成人 3.8 欧元，25 岁以下 3 欧元；3 岁以下儿童免费。

⑤电梯门票：成人第二层 7.3 欧元、第三层 7.5 欧元、顶层 10.7 欧元，12 岁以下儿童第二层 2.3 欧元、第三层 4.1 欧元、顶层 5.9 欧元。

圣索菲亚大教堂——土耳其的城市坐标

外文名称：Holy Wisdom，Sancta

所属国家和地区：土耳其　　　　　地理位置：伊斯坦布尔清真寺广场

著名景点：壁画装饰、中央圆顶

各种文明曾在伊斯坦布尔轮番上阵，层层沉淀，最终垒出一座底蕴深厚的大城市。而圣索菲亚大教堂就是这个城市中最杰出的代表。如今屹立在老城区中心地带的圣索菲亚大教堂，作为伊斯坦布尔的城市坐标，构成伊斯坦布尔令人难忘的城市边际线。这座气势磅礴的建筑，成为来这儿旅游的许多游人的直奔目标。

圣索菲亚大教堂位于现今土耳其境内，坐落在蓝色清真寺对面，有近 1500 年的历史，以其巨大的圆顶而闻名于世。1453 年被土耳其人占领后，改建成为清真寺。圣索菲亚大教堂是集中式建筑，南北长 71.0 米，东西长 77.0 米，布局属于以穹隆覆盖的巴西利卡式。四面体量相仿但有侧重，中央穹隆突出，前面有一个大院子，正南入口有两道门庭，末端有半圆神龛。

圣索菲亚大教堂特别之处在于平面采用希腊式十字架的造型，创造了巨型的圆顶，而且室内没有用柱子支撑。君士坦丁大帝请来的数学工程师们发明出用扶壁、拱门、小圆顶等设计来支撑和分担穹隆重量的建筑方式。以便在窗间安置又高又圆的圆顶，让人们仰望美好的天境。中央大穹隆的穹顶离地 54.8 米，直径 32.6 米，通过帆拱支撑在四个大柱上。其横推力由东西两个半穹顶及南北各两个大柱墩来平衡。穹隆底部密排着一圈 40 个窗洞。教堂内部空间饰有金底的彩色玻璃镶嵌画。装饰的墙壁、地板、廊柱都是五颜六色的大理石，拱门、飞檐、柱头等处以雕花装饰，圆顶的边缘有 40 具吊灯。教坛上镶有银、玉石和象牙，

大主教的宝座用纯银制成，祭坛上悬挂着金银与丝混织的窗帘。当步入大教堂内部，高不可攀的圆形穹顶和气势恢宏的大理石柱给人带来一种强烈的视觉震撼，而四周窗户透进来的自然光线给幽暗的教堂营造了迷幻感。

由于叛乱的烧毁和地震等自然灾害，使圣索菲亚大教堂经历无数次重修，尤其是公元532年，查士丁尼大帝投入32万两黄金、一万工人，并花费6年光阴装饰圣索菲亚大教堂。当时教堂是城市的中心，圣索菲亚大教堂的大圆顶离地55米。在17世纪圣彼得大教堂完成前，圣索菲亚大教堂一直是世界上最大的教堂。

虽然圣索菲亚大教堂经历1500多年的风霜，但今天依然保存完好。这座金碧辉煌、高56米，被誉为"世界第八大奇迹之一"的圣索菲亚大教堂，足以使伊斯坦布尔成为世界名城。圣索菲亚大教堂也是2008年北京奥运火炬传递在伊斯坦布尔的起跑点。

旅游攻略

住宿：

①瓦里苏丹考纳吉酒店

酒店坐落于伊斯坦布尔市中心极好的位置，非常靠近马尔马拉海和城市主要景点。

②皇帝西奥德拉酒店

酒店坐落于伊斯坦布尔市中心，设有一个屋顶餐厅，能欣赏到圣索菲亚大教堂的景致。

交通：

①飞机：我国北京有直达伊斯坦布尔的飞机。

②机场大巴：机场快速大巴"哈瓦斯"就可以到塔克西姆。

③地铁：机场设有地铁可直达公交总站或市里其他的公交车站。

④电车：乘坐路上电车TRAM在旧城区苏丹阿梅特区站下。

时差：与北京时间相差6小时。

货币：土耳其一般使用土耳其里拉，可以在机场附近兑换。

温馨提示：

①土耳其人非常好客，待人热情友好，非常慷慨大方。即便遇到最贫穷的农民也会尽其所有善待来客，主人会一直劝饮劝食，如果客人因不好意思而拒绝，反而会惹主人不悦。好客的人民除了在物质上尽其所有，让客人满意，他们还会想尽办法与客人聊天，即使存在一些语言障碍。

②这里的咖啡馆很普遍，即便在最小的村庄也能看到，男人们在咖啡馆聊天，品尝咖啡，玩一种民族双陆棋。尤其在伊斯坦布尔，人们还会在咖啡馆抽水烟。

巴黎圣母院——旷世的哥特式建筑杰作

外文名称：Notre-Dame de Paris，Notre-Dame Cathedral

所属国家和地区：法国　　　　地理位置：巴黎市中心西岱岛上

著名景点：钟楼

> 它曾经见证过巴黎的历史变迁，也见证过拿破仑的加冕、拿破仑三世的婚礼。而维克多·雨果的著名小说《巴黎圣母院》，则吸引不少人爬上钟楼去寻找钟楼怪人。这个法国哥特式建筑的旷世杰作，有着无与伦比的历史价值和地位。而如今你来到这里，碰到旺季时，竟需要排一两个小时的队。

巴黎圣母院大教堂位于法国巴黎市中心，属于哥特式建筑形式，是法兰西哥特式教堂群里面非常有关键代表意义的一座。它始建于1163年，由巴黎大主教莫里斯·德·苏利决定兴建，历时180多年，于1345年全部建成。是法国历史上最辉煌的建筑之一，有着无与伦比的历史价值和地位。它闪烁着法国人民的智慧和人们对美好生活的追求与向往。著名

的法国作家维克多·雨果曾在他的小说《巴黎圣母院》中对圣母院做过最充满诗意的描绘。在今日，圣母院依然是法国哥特式建筑的旷世杰作，而且几乎保持着最初的原始风貌。

巴黎圣母院教堂内极为严谨、朴素、肃穆，几乎没有什么装饰。进入教堂内部，有无数的垂直线条引人仰望，数十米高的拱顶在幽暗的光线下，隐隐约约地闪闪烁烁。教堂正

厅顶部的南钟楼有一口大钟，重达 13 吨，敲击时钟声洪亮，使全城可闻。北侧钟楼则有一个 387 级的阶梯，从钟楼能俯瞰巴黎如诗似画般的美景。呈现在眼前的是欧洲古典及现代感的建筑物，塞纳河静静地流淌，一艘艘载着游客的观光船穿梭在塞纳河上。如果站在塞纳河畔，远远地眺望高高矗立的圣母院，巨大的门四周布满了雕像，一层接着一层，石像越往里越小，所有的柱子都挺拔修长，与上部尖尖的拱券连成一气。中庭又窄又长又高，从外面仰望教堂，那高峻的形体加上顶部耸立的尖塔和钟塔，那是一种向蓝天腾升的雄姿。

建于 1370 年的巴黎圣母院后院，不但是整组建筑的终端，而且还创造一种影响到每一部位结构的动感，从肋状构架到高低脚拱都是这种动感的最有力体现，高低脚拱半径达 15 米左右，别具一格的后殿建筑是哥特式建筑的杰出之作。在巴黎圣母院内还有一个地下考古墓室，从巴黎圣母院前面一个不惹眼的楼梯就能进入，这里收集了从罗马时代开始的这个城市的遗迹。在这里，你永远不会觉得自己身处于世界上最繁华的城市之一的中心。

巴黎圣母院的主立面是世界上哥特式建筑中最和谐、最美妙的，水平与竖直的比例近乎黄金比 1∶0.618，装饰带和立柱把立面分为 9 块小的黄金比矩形，显得十分匀称、和谐，为后世的许多基督教堂的楷模。

旅游攻略

住宿：

①提姆卢浮宫酒店

酒店位于巴黎市中心，紧邻卢浮宫博物馆。

②巴黎圣母院酒店

酒店位于波尔多。

交通：

①地铁：L4；L1，11；L10；L7，14 都可到达。

②区域快线 RER：B、C 线。

③公交：乘坐 L24，47 线路。

时差：与北京时间相差 7 小时。

货币：法国通用欧元，可以在巴黎的飞机场以及各个银行兑换货币。

温馨提示：

①去巴黎圣母院最好从教堂的北门步入，一进门就能看见绚丽夺目的 3 个玫瑰画窗。

②每个月第一个星期一和第三个星期三下午 14∶30 有免费中文讲解。

③巴黎圣母院两边的商店也很有名气，能买到很多精美的纪念品。

圣彼得大教堂——人类艺术的瑰宝

外文名称：Basilica di San Pietro in Vaticano

所属国家和地区：梵蒂冈　　　　　地理位置：圣彼得广场

著名景点：圣彼得雕像、"哀悼基督"的雕像、浮雕

> 一座教堂的修建竟花费了120年，许多艺术家将毕生的心血倾注于此。这座人类艺术的瑰宝，也是全世界第一大圆顶教堂。在教堂的内部拱形的殿顶、高大的石柱和墙壁上到处是精美细致的浮雕、色彩艳丽的图案和栩栩如生的塑像。装饰之华丽，可以让人窒息，让人惶恐不安。

圣彼得大教堂位于梵蒂冈，它是全世界第一大圆顶教堂。在圆穹内的环形平台上能环俯视教堂内部，欣赏圆穹内壁大型镶嵌画，而且在教堂正中的圆穹顶部可眺望罗马全城。在圆穹内壁的大型镶嵌画中，米开朗基罗"哀悼基督"的雕像等最为著名。圣彼得大教堂的建筑风格具有明显的文艺复兴时期提倡的古典主义形式，主要特征是希腊式的石柱式和罗马式的圆顶穹窿及平的过梁相结合。

圣彼得大教堂是一座长方形的教堂，外观宏伟壮丽，正面宽115米，高45米，以中线为轴两边对称立在中间。两侧排着四根方柱，柱间有五扇大门，二层楼上有三个阳台，中间一个小祝福阳台。造型非常传统，整栋建筑呈现出一个拉丁十字架的结构，圣彼得大教堂门前立着圣彼得高大的雕像，他面带微笑，神情自若，脸上的皱纹、头上的缕缕卷发、下巴上的撮撮胡须和身上的层层长袍无一被雕琢得逼真、细腻。如果把头发和脸上涂上真实的颜色，肯定会被当作真人。

大教堂左边的大门有皇家卫队守卫，他们是梵蒂冈的国家军队，身穿黄蓝红三色条纹的古代骑士服装，手握长戟，威风凛凛，但让你想不到的是，作为梵蒂冈的国家军队，他们都是瑞士人。走进大教堂先要经过一个走廊，走廊里带浅色的白色大理石柱子上雕有精美的花纹，长长的走廊里从左到右的拱顶上有很多人物雕像，整个黄褐色的顶面布满立体花纹和图案，再通过一道门，才进入教堂的大殿堂。

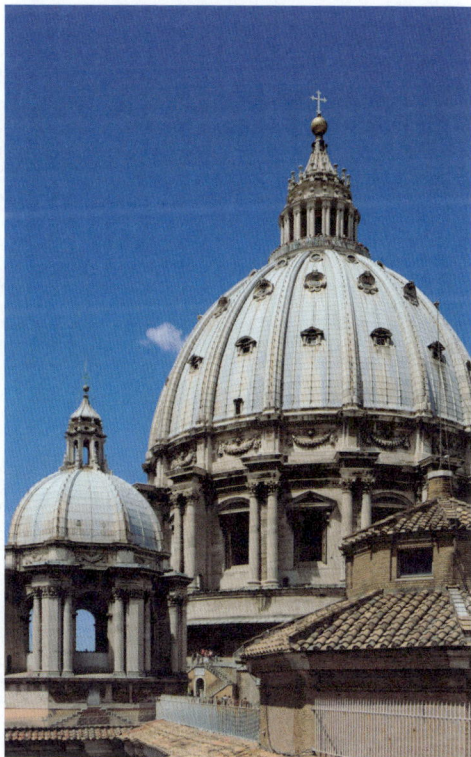

殿堂长 186 米，总面积 1.5 万平方米，能容纳 6 万人，教堂内部用大理石砌筑而成，里面所有的画像都是用不同颜色的大理石拼接而成的图，浩大的工程使得教堂内部光线既幽暗又金碧辉煌，让人感觉神秘莫测。身置于殿堂内，你会为它的宏伟感到惊叹。拱形的殿顶、高大的石柱和墙壁到处是精美细致的浮雕、色彩艳丽的图案和栩栩如生的塑像。用彩色大理石铺成的地面光亮照人。教常内部装饰之华丽，可以让人窒息，让人惶恐不安。圣彼得大教堂不仅是一座富丽堂皇值得参观的建筑殿堂，它所拥有多达百件的艺术瑰宝，更被视为无价的资产。

圣彼得大教堂是人类历史上不朽的建筑艺术瑰宝，它不愧是一座伟大的艺术殿堂。这座用了 120 年时间修建的大教堂，倾注着许多艺术家的毕生心血。

旅游攻略

住宿：

①梵蒂冈利莱斯景酒店

酒店就在梵蒂冈圣彼得大教堂旁边，并在楼顶设有屋顶露台，能看到圣彼得大教堂美景。

②罗马公寓酒店

位于圣彼得大教堂前的一栋有历史的建筑内，靠近梵蒂冈博物馆。

交通：

①机场：梵蒂冈最近的机场是意大利罗马的费米奇诺国际机场。

②火车站：梵蒂冈设有火车站，通过铁路连接到罗马城内。

③公共汽车：可乘公共汽车到达梵蒂冈。

时差： 与北京时间相差 7 小时。

货币： 当地通用的货币是欧元，目前国内的大多数支持货币兑换的银行都可以换到欧元。

温馨提示：

①进入教堂内必须要衣冠整齐，并要经过严格的安检，短裤、裙子需要过膝，男女装的袖子需要过肩。入口的附近有厕所。

②教堂前左边门处能租借到中文语音导览器，需要押护照，租金约 7 欧元。也可以请一个中文导游，约 20 欧元。

③教堂地下是圣彼得及众多教皇的陵墓，需要提前预约，并得到特许后才能参观。票价为 13 欧元。

凡尔赛皇家园林——西方园林的奇迹

外文名称： Palace and Park of Versailles

所属国家和地区： 法国　　　　　**地理位置：** 法国巴黎西南郊

著名景点： 人工大运河、海神泉、拉冬娜喷泉

> 为了这项工程，路易十四曾经把森林外迁，改变数条河流的流向，并制造巨大的抽水机把塞纳河水抽到 15 米高用来建造喷水池。动用全国有名的园艺家、建筑家、雕刻家、工艺家、画家，以及数万人力昼夜建造，接近 50 年的时间，终于建造成这个举世瞩目的大型皇家园林——凡尔赛皇家园林。

这里本来是一个小村落，曾是路易十三在凡尔赛树林中建造的狩猎宫。由路易十四于 1661 年改造成一座豪华的王宫，宫内装饰以油画、雕刻及挂毯为主，配有 17 世纪和 18 世纪工艺精湛、造型超绝的家具，陈放着来自世界各地的珍贵艺术品，以及从古老的东方远涉重洋而至的中国古代精美瓷器。透过落地的大窗户，眼前就会呈现梦境般的凡尔赛后花园。

要问这座皇宫的精髓所在，除了奢华无尽、金碧辉煌的宫殿装潢和珍贵藏品外，凡尔赛宫花园绝对称得上是惊艳。园内树木花草全为人工雕琢，非常别具匠心。每一棵树每一片叶都极讲究，呈现出整齐的几何图案。小坡缓缓而上，园林的设计衬托出宫殿的壮丽巍峨。宫殿与园林相映成趣，相得益彰。漫步于园林中，恍若让人们遁入仙境瑶池、世外桃源。于是就会让人从心底不由发出感叹，如此壮观、精美的园林、宫殿不愧为欧洲最美的皇宫。无论是宫殿的规模与地位，还是花圃园艺的精美绝伦、丰富多彩，每一处细节都值得细品品鉴。尤其是对于摄影爱好者来说，即便在这里待一天也不会觉得烦腻，无法抑制的喜悦也会让你忘却疲劳。

整座花园以富丽堂皇的凡尔赛宫为中轴起点，最先看到的是中轴线上的海神喷泉，它的南面是橘园和温室，北面是拉冬娜喷泉，花园总面积达65万平方米，非常辽阔。行走其间，步步见景，让人忍不住惊叹。站在花园入口的广场瞭望，满目的苍翠、绚彩，一望无际。运河、瀑布、水池、喷泉、鲜花、树木、雕塑、园艺等元素构成这处高雅美丽的皇家旷世胜境。顺着阶梯走下去，美丽的花圃静卧在两旁，里面竞相绽放着五颜六色的花卉。美轮美奂，散发着迷人的芳香。抬头远望，中轴线不远处的绿化带上有一条长约1.6千米的十字形人工大运河。被两旁茂密树林簇拥着，仿佛是一条银丝带镶嵌在碧野中。蓝天、碧水、绿树成荫，繁花锦簇，再加上悠然嬉戏的天鹅、海鸥和野鸭，真是梦想中的天堂。

精致奢华的凡尔赛宫，充分展现了欧洲古典园林的艺术魅力，当之无愧成为法国乃至欧洲的园林典范。

旅游攻略

住宿：

①凡尔赛特里亚农宫，华尔道夫阿斯托里亚

酒店位于圣马克高尔夫俱乐部和巴黎高等商学院附近。

②水星凡尔赛城堡酒店

地址：19 rue Philippe de Dangeau

交通：

①我国有从北京、上海、香港、广州直达法国巴黎戴高乐机场的航班。

②可购买一种凡尔赛宫的门票和SNCF（法国国营铁路公司）车票合二为一的车票，有效期一天，在圣拉扎尔火车站、蒙巴那斯平乘坐开往凡尔赛宫的火车即可到达。

时差：与北京时间相差7小时。

货币：法国通用欧元，可以在巴黎的飞机场以及各个银行兑换货币。

> **温馨提示：**
>
> ①法国是一个讲究文明礼貌的国家，尤其是对女性谦恭有礼。法国人见面打招呼，最常见的方式是握手。
>
> ②法国人见面行吻面礼，一般以两次为限，男士之间不须行吻面礼，只需要握手即可。但女士只有在不认识对方的情况下才握手，否则，在一天中第一次见和道别是需要吻对方脸颊的。
>
> ③法国人喜欢花，生活中离不开花，特别是探亲访友，应约赴会，总要带一束美丽的鲜花。

波士顿公园——自由之路的起点

外文名称：Boston Common

所属国家和地区：美国 　　　地理位置：金融区和灯塔山附近

著名景点：富兰克林公园、石溪国家保留地

相比其他古典园林，波士顿公园的年龄不是很大，但也见证了美国的历史。这个典型的英式花园，是很难得的城市绿洲。波士顿公园与其他公园一样，同样上演着林荫蔽空、花草茂盛、水秀，处处有点缀的景观，但与其他公园不同，它还是一个难得的历史纪念碑聚集地，并为人们提供最佳的休闲娱乐场所，人们经常看到表演家、音乐家、演说家在此表演。

波士顿公园创建于 1634 年，是美国波士顿市中心的一个公园，也是美国最古老的城市公园之一。其占地面积 20 万平方米，周围是特莱蒙街、灯塔街、公园街、博伊尔斯顿街和查尔斯街。北侧为灯塔山。波士顿公园是绿宝石项链的一部分，绿宝石项链从波士顿公园向南延伸到罗克斯伯的富兰克林公园，皆由弗雷德里克·劳·奥姆斯泰德所设计。主要公园还有沿着查尔斯河的河岸休闲公园，其他公园则散布在全市。主要的公园与海滩都靠近城堡岛、查尔斯镇或沿着南

波士顿、东波士顿和多尔切斯特的海岸线。其中富兰克林公园是最大的公园，包括阿诺德植物园、动物园和石溪国家保留地。在建完初期时，波士顿公园已经划定，供士兵操练、散步、游戏等户外活动，以及供居民放养奶牛。直到奥姆斯特德于 1910 ~ 1913 年全面改造波士顿公园后，自然式布局的大草坪、大树，任由人自由漫步，享受那田园般的风光。

波士顿公园是典型的英式花园，是城市中难得的绿洲。公园里不但林荫蔽空，花草茂

盛，而且池塘处处，有天鹅船供客悠游。园内还有青年铜像、青铜喷泉、鹿园和露天音乐台等。波士顿公园内有很多景观，而且也是一个难得的历史纪念碑聚集地。乔治·F.帕克曼曾给这座城市留下500万美元用于维护波士顿公园，1912年为纪念帕克曼，在这里建有帕克曼音乐台。波士顿公园作为一个公共开放的公园，也为人们提供了一个在此进行休闲娱乐的场所。人们经常看到表演家、音乐家、演说家在此表演。

波士顿公园所在地波士顿是一座书香浓郁的大学城、文化城。在波士顿及其四周有60多所大学。两所美国著名的名校哈佛大学和麻省理工学院就坐落在这里，给波士顿带来浓厚的文化底蕴。而于1881年成立的波士顿交响乐团，也是波士顿文化的名片。

旅游攻略

住宿：

①科普利广场波士顿公园酒店

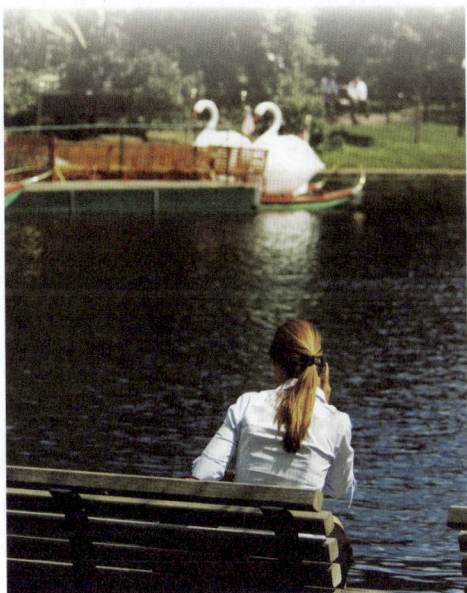

酒店的位置很好，与波士顿后湾火车站和地铁站仅有一个街区之隔，距波士顿公园直线距离约1.4千米。

②耐塞罗金普敦酒店

酒店和历史悠久的谷仓墓地隔街相对。距离波士顿公园直线距离约0.2千米。

交通：

①地铁：可乘坐地铁红线，轻轨绿线至Park Street站下车或乘坐轻轨绿线至Boylston站下车。

②公交车：可乘坐公交多条线路直接到达。

时差：与北京时间相差13小时。

货币：当地通用的货币是美元，在美大部分机场和中心车站等地都有兑换点，一般旅游地也有兑换地点。

温馨提示：

①当地人比较禁忌询问隐私问题，尤其是工薪或妇女的年龄等。在当地要注意遵循西方女士优先的习惯。

②不要携带大量现金，尽可能使用信用卡或旅行支票等。货币兑换时要注意，人民币直接兑换的汇率不高，如果用银联卡直接取可能更划算些。

③美国境内自来水基本都可以直接饮用，因为美国人不习惯喝开水，宾馆里一般没有烧开水装置，需要时要在餐厅询问。

④不要在公共场合吸烟，如果有吸烟需求，可以去吸烟区。夜间自由活动时要结伴而行，不要太晚回酒店，为防突发事件，最好带上酒店卡片和紧急联系通讯录。

⑤公园内自由之路的起点之处有一个信息台，可以领取自由之路的相关景点介绍。

悉尼歌剧院——翘首遐观的恬静修女

外文名称：Sydney Opera House

所属国家和地区：澳大利亚　　　地理位置：澳大利亚悉尼市贝尼朗岬角

著名景点：音乐厅、歌剧厅

　　悉尼歌剧院分为三个部分：歌剧厅、音乐厅和贝尼朗餐厅。这些"贝壳"依次排列，前三个一个贴着一个，依抱着面向海湾，最后一个却背海湾侍立，仿佛是两组打开盖倒放的蚌，高低不一的尖顶壳用白格子釉瓷铺盖外表，在阳光照耀下，远远望去，既像竖立的贝壳，又像两艘巨型白色帆船，在蔚蓝的海面上飘扬着，故有"船帆屋顶剧院"之称。

悉尼歌剧院位于澳大利亚新南威尔士州的首府悉尼市贝尼朗岬角。是一座综合性的艺术中心，也是澳大利亚的象征性标志。在现代建筑史上被认为是巨型雕塑式的典型作品，被联合国教科文组织列入《世界文化遗产名录》。悉尼歌剧院不仅是悉尼艺术文化的殿堂，也是悉尼的灵魂。不管在清晨、黄昏或星空，还是徒步缓行或是出海遨游，它都可以收放自如地随时为游客展现不同多样的迷人风采。

歌剧院白色的屋顶是由 100 多万片瑞典陶瓦铺成，在经过特殊处理后，就不会怕海风的侵袭，屋顶下方就是悉尼歌剧院的两大表演场所，音乐厅和歌剧院。音乐厅是悉尼歌剧院最大的厅堂，可容纳 2679 名观众，通常用于举办室内乐、交响乐、舞蹈、歌剧、爵士乐、流行乐、合唱等多种表演。此音乐厅最特别之处是由澳洲艺术家 Ronald Sharp 设计建造，位于音乐厅前方的大管风琴，号称全世界最大的机械木连杆风琴，由 1.05 万个风管组成。此外，建筑整个音乐厅所使用的木材均为澳洲木材，忠实体现澳洲人自由的风格。

歌剧厅比音乐厅要小，拥有 1547 个座位，舞台面积 440 平方米。主要用于舞蹈、歌剧和芭蕾舞的表演。其内部的陈设华丽、考究、新颖。为避免在演出时墙壁反光，墙壁一律用暗光的夹板镶成。天花板和地板是用本地出产的桦木和黄杨木制成，弹簧椅蒙着红色光滑的皮套。这样的装置，可以使演出出现圆润的音响效果。舞台配有两幅法国织造的毛料华丽幕布，其中一幅图案用红、粉红、黄 3 色构成，仿佛万道霞光普照大地，称之为"日幕"；另一幅用绿色、棕色、深蓝色组成，好像隐隐挂在云端的一弯新月，称之为"月幕"。舞台有 200 回路灯光，由计算机控制，还装有闭路电视，使舞台监督对台上、台下的效果一目了然。壳体开口处旁边另立的两块倾斜的小壳顶，形成一个大型的公共餐厅，名为贝尼朗餐厅，每天晚上接纳 6000 人以上。

悉尼歌剧院是世界上最著名的歌剧院之一，也是最年轻的世界文化遗产之一。每年举行的表演大约 3000 场，约 200 万观众前往共襄盛举，成为全世界最大的表演艺术中心之一。

旅游攻略

住宿：

①悉尼海港青年旅馆

从环形码头步行 5 分钟即到。屋顶露台可远眺悉尼歌剧院和悉尼海港大桥。

②悉尼达令港福朋喜来登酒店

酒店处于市中心，打车几分钟就可到达歌剧院。

交通：

①公交：乘坐公交线路，在环形码头站下，步行即可到达。

②轮船：距离悉尼歌剧院很近的码头是环形码头，步行即可到达。有 6 班轮船在这里停靠在码头，可以根据行程选择不同的轮船。

时差：与北京时间相差 2 小时。

货币：当地使用的货币为澳元，机场和各大银行均有兑换处，但人民币一般不兑换，美元可以兑换。

温馨提示：

①剧院参观无须提前预订门票，但演出套票和后台参观必须提前预订。

②后台参观有人内参观的条件限制，建议穿着平底鞋进入后台参观。

③门票可在底层平台悉尼歌剧院商店的参观游售票处购买。

第三章
购物天堂之旅

香港——应有尽有的东方之珠

外文名称：Hong Kong　　　　　**所属国家和地区**：中国

地理位置：中国华南，珠江口东侧，濒临中国南海

著名景点：尖沙咀、铜锣湾、香港会议展览中心

香港有"购物天堂"的美誉，也是去香港行程所必不可少的。香港商场一年四季都有折扣活动，尤其是每年12月至隔年农历年三十之间的"圣诞新年大降价"。越接近圣诞节，回馈和打折就越多，是捡便宜过年的最佳时机。

香港是国际大都市，仅次于伦敦和纽约的全球第三大金融中心，与美国纽约、英国伦敦并称"纽伦港"。香港云集世界上绝大部分著名品牌，从顶级殿堂级，到中低档超市级，香港应有尽有、琳琅满目。而且99%都会有可观的差价。来到香港，几乎所有的女性同胞都会被大名鼎鼎的莎莎所倾倒，它俨然已经成为低价名牌化妆品的代名词。莎莎在香港的店铺遍布各个购物中心，其中旺角、铜锣湾的多家莎莎店营业到23点。其化妆品价格便宜的程度以雅诗兰黛为例，在香港莎莎店里一般是香港雅诗兰黛专柜的7～8折，等于内地专柜的6～7折。

如果热衷于购买名牌手袋，又想最省时间、最省钱，香港的ISA绝对不能错过。ISA在香港有7家分店，都在交通最方便的地方开设，例如铜锣湾、尖沙咀地铁出口旁。经营Burberry、Hugo Boss、Armani、Ferragamo等国际名牌。如果既想购买大牌奢侈品又没钱，就可以考虑到香港米兰站购买二手包，价格是原价的五分之一，甚至会更低，还可以淘到明星的二手货。如果你对以上都不感兴趣，倒不如去香港的书店看看。虽然香港被人批评为文化沙漠，但香港的书店着实很多。能买到很多冷门书籍，如前卫艺术、边缘文学、经典电影、美术杂志、严肃哲学等。由

于利润微薄，通常在租金较低廉地铺的二楼、三楼，甚至是十一楼找到。

人们都知道，在香港购买珠宝黄金不用缴付消费税和关税，每克黄金平均下来要比内地少几十元甚至上百元。在九龙、尖沙咀至旺角一段弥敦道两旁，珠宝饰品店比比皆是，流光溢彩，灿烂夺目。而在六福珠宝，周生生、周大福、谢瑞麟等珠宝金行，琳琅满目，异彩纷呈。在香港岛上的环德辅道中、铜锣湾轩尼诗道和皇后大道中，也是弥漫着浓浓的珠光宝气。

这样一个应有尽有的"购物天堂"怎么不会使你乘兴而去，满意而归？

旅游攻略

住宿：

①香港 360 旅馆

位于香港九龙，离九龙地铁和柯士甸都很近，交通方便。

②香港东隅酒店

位于香港太古城，位置偏远，但交通方便。

交通：

①飞机：香港国际机场是世界十大航空港之一。

②火车：香港港铁开通往返内地与香港的城际铁路客运列车，九龙火车站，有三条直通车线，分别为北京线、上海线及广东线。

③巴士：九龙火车站设有公交车总站、出租车及小巴站，可往返于香港各主要区。也可以转乘出租车或机场巴士往返香港国际机场。

④轮船：香港水上客运十分发达，内地与澳门等多个地方都开设抵港的客舱。24 小时全天开放，每 15 分钟一班。

时差： 无。

货币： 当地通行的货币为港币，当地设有许多兑换机构，银行、机场、酒店、街头兑换店均可兑换。

温馨提示：

①香港国际机场，需要乘客很早到达机场等待航班。但在等候的过程中，香港国际机场会提供免费的上网服务。

②香港部分百货公司、商店、便利店及贴有银联标识的特约商户接受人民币付款消费。

巴黎——无与伦比的浪漫情调

外文名称：Ville de Paris（法语）Paris（英语）

所属国家和地区：法国　　　　地理位置：法国北部

著名景点：埃菲尔铁塔、卢浮宫、凯旋门、塞纳河畔、巴黎圣母院

> 有人说它昂贵，有人说它冷漠，也有人说它混乱，而它最完美的写照应该是时尚与浪漫共存。或许是它深邃的历史文化，或许是它骨子里的浪漫，使你在巴黎购物时，感觉到的是享受。走在香榭丽舍大街上的化妆品和时装店中，能让人感受最深刻的不是销售商品，而是在引导潮流、推展理念。

巴黎位于法国北部盆地的中央，横跨塞纳河两岸，是世界上繁华的都市之一。它是法国的政治、文化和经济中心。巴黎有驰誉全球的香水，被称之为"梦幻工业"，被法国人视为国宝，法国还是美食之国。当然更有特色的还是在法国购物，在法国购物可以用疯狂形容，而从大街小巷中散发出的艺术浪漫，让你即便是狂热购物，也无法淡忘那份优雅。不管是漫步在风景垂悬贩蒙马特高地，还是穿梭于拉丁区那迷宫似的狭窄小巷，都会使逛街购物洋溢着浓烈的艺术色彩。

香榭丽舍大道是巴黎最大、最美观的街道，它横跨巴黎市区，集浪漫与流行于一身，是巴黎乃至世界闻名的高级购物区。很多明星及富家名媛都喜欢来此消费购物。大道旁琳琅满目的橱窗里，摆满各种潮流服饰、名牌皮包、各式精品及高级珠宝，让人目不暇接。Cartier、Dior、LV、Chloe等高级品牌均在此街。而且在每年的夏季及冬季的某段时间，香榭丽舍大道还会有打折的活动。蒙田大道是购买高级时装的天堂及首选，那里是巴黎著名的时装街。Gianfranco Ferré、Escada、

Calvin Klein、Thierry Mugler 等众多名牌都能在这里找到身影。

春天百货由 3 栋大厦组成，27 层的大型购物商场，店与店之间或相邻或隔街相望，由天桥把它们连成一个整体。有超过 100 万种的琳琅满目商品，以及 3000 多个购物迷们最喜爱的知名品牌。商场细分为女装店、绅士店和家庭用品店等。女装店出售新潮女装及皮包、婚纱、珠宝首饰等；绅士店专卖男性用品，从高级西服、皮鞋、衬衫到内衣内裤等一应俱全；家庭用品店则全是家居用品，大到家具，小到日用餐具，应有尽有。

这里不但商品齐备，而且有着人性化的服务。每天国际部都为顾客提供个性化的迎宾服务，有通晓 10 多种语言的多语服务团，让身在异乡的外国游客享受在家一样的轻松心态。春天豪华世界浓缩了蒙田大街、凡登广场和圣安娜大街的各种时尚精品，使人流连忘返。当你结束购物后，还可以走上高耸的露台，放眼鸟瞰，就会把巴黎市的整个景致尽收眼底。

旅游攻略

住宿：

①艺术巴黎酒店

位于蒙帕拿斯区，热情、干净。

②凯悦丽晶酒店

位于凯旋门附近，交通便利，大部分景点乘地铁可直达。

交通：

①飞机：我国北京、上海、武汉、广州都有直飞巴黎的航班，往返很便利。法国有两个民航机场，戴高乐国际机场和奥地利机场。乘坐飞机时要注意机票的机场代码。

②火车：可以乘坐火车去巴黎，需要先乘坐北京至莫斯科的班车，然后再从莫斯科转乘前往巴黎的国际列车；或是从莫斯科转乘前往科隆的列车，然后搭乘"东方快车"前往巴黎。

时差：与北京时间相差 7 小时。

货币：法国通用欧元，可以在巴黎的飞机场以及各个银行兑换货币。

温馨提示：

①巴黎是国际大都市，当然不可能避免有盗窃之类的事，尤其是在购物街区，还要提防那些超级帅哥窃贼。

②巴黎很多地方，比如餐馆、会议室、展览馆及火车车厢等场所是禁止手机响铃的，在进入以上场所之前，应该将手机调至振动。在餐厅内不宜大声喧哗。

③巴黎很多地方不允许吸烟，如机场、博物馆，包括一些咖啡馆，一般都会在醒目的地方贴有标志。基本的原则是在户外能吸烟，室内要看标志。

纽约——多彩与实惠共存

外文名称：New York　　　　所属国家和地区：美国

地理位置：美国沿大西洋海岸的东北部

著名景点：时报广场、自由女神像、大都会博物馆

> 它是一座世界级的国际大都市，对全世界有着深远的影响力，形象地说，当它打一个喷嚏，全球的经济、金融都会随之而颤抖。并在全球媒体、教育、政治、娱乐与时尚界起引领的作用。它那高耸的摩天大厦、繁盛的霓虹灯以及纽约城中永不停息的喧嚣生活，让这个现代化的城市充满挫折和激动，就仿佛是一块磁铁上吸引着爱它与恨它的人。

纽约位于美国东北纽约州东南哈德逊河口的华盛顿特区和波士顿中间，由于紧邻着哈德逊河，使得纽约市享有航运的便利，并快速发展成为一个贸易重镇。纽约城区大多坐落在曼哈顿、长岛和斯塔滕，由于土地狭小，使得人口的密度很高。

纽约市是全球的购物天堂，市区景色赏心悦目，包括这里的人、新潮时装，纽约特有的个性化商店乃至顶级零售店。在第六大道和百老汇之间，你可以找到想要的一切。你可以到每一个角落去发掘无尽的珍品，从罕见的书籍到量身定制的珠宝。沿着第五大道，从洛克菲勒中心到 57 街，能看到经典的纽约百货商店与华丽的国际设计师时装店，那里有顶级的设计师为名人设计服装，并一直引领着当今的时尚潮流。而旗舰店本身就是一个个充满传奇色彩的观光景点。向左或向右转进 57 街，就可以进入更高端的区域。这里的麦迪逊大道，高度奢侈、高度发达，正是这条时间走廊的代名词，57 街和 79 街之间的奢华之行，能看到大量经典的法国、意大利和美国时装店。

纽约知名的 Woodbury Common 精品折扣购物中心一直受到旅客的广泛青睐，目前

拥有超过 220 家品牌店，是世界上最大的品牌直销中心。每天都有上千种国际大牌商品以 3 ～ 7 折的价格售卖，也是 Chanel 全球唯一的直销店。

在纽约不管身在何处都能看到一种叫作消费者的连锁商店，在这里买东西，要比别处便宜不少，在店中也许看不到商品，但在店里的书上，顾客能查到自己想要的物品，通过电脑检索，很快就会把东西送到你的手中。纽约还有一种叫作 1 美元的小商店，主要经营小商品，标价一般不超过 1 美元，店里的商品大多来自中国。

在纽约还随处可见旧货店、美酒和摇滚乐成衣。每当夜幕临近，广告映照、车水马龙，繁华的景象让你忍不住惊叹，在这个天下最富庶、应有尽有的国际大都市，是吃，是喝，是玩，是乐，还是大肆购物，自己尽情选择吧！

旅游攻略

住宿：

①纽约国际酒店

位于纽约上西区，交通比较方便，整体卫生条件也不错。

②亚洲酒店 - 法拉盛

位于皇后区的法拉盛，一家华人开的酒店。

交通：

①飞机：纽约有三大机场，肯尼迪国际机场、纽瓦克自由国际机场以及拉瓜迪亚机场。从中国起飞前往纽约的国际航班一般会在肯尼迪机场降落，有少部分降落在纽瓦克机场。我国的北京、上海、天津、广州有直达纽约的航班。

②火车：纽约区有两大火车站，纽约中央火车站和宾夕法尼亚车站。

③客车：美国火车票很贵，所以乘坐长途巴士旅行是个很好的选择。国际的大巴士公司的车往返纽约周边及各大城市。也可以选择中国城里中国人经营的廉价巴士公司，不用网上订票，可以现到现买。

时差：与北京时间相差 12 小时。

货币：美国的货币为美元，在机场、外币兑换处、火车站、部分银行、美国运通卡旅游办事处都可兑换外币。

温馨提示：

①纽约的治安不是很好，所以应该避免只身行走在夜里。白天也不要到偏僻的地方去。一定要确保自己的安全。万一遇到抢劫，应该拨打 911 报警电话。

②纽约虽公认为世界的中心，但这里始终是一个各式各样的人、各种族混杂居住的地方。穷有穷的活法，富有富的活法，可以在这里吃到几十美元的大餐，也可以吃到一美元的比萨。

③来美国一定要坐地铁，这是纽约的生命线，不同地铁站根据站点不同氛围，会采取不同的设计。

洛杉矶——天使之城的诱惑

外文名称： City of Los Angeles

所属国家和地区： 美国　　　　　　　　**地理位置：** 加利福尼亚州

著名景点： 比佛利山庄、迪斯尼乐园、好莱坞、圣塔莫妮卡海滩

> 这是一座以千万栋一家一户的小住宅为基础的城市，绿荫丛中，鳞次栉比的庭院式建筑，造型精巧，色彩淡雅，风格迥异，如散珠般遍布于平地山丘上。市中心有十几幢数十层高的楼。高速公路与城市街道纵横交错，四通八达，密织如蛛网。它集大都市气派、旖旎风光、繁华宁静于一身，是美国西部海边一座风景秀丽、璀璨夺目的海滨城市。

洛杉矶濒临浩瀚的太平洋东侧的圣佩德罗湾和圣莫尼卡湾沿岸，背靠绿意郁郁的圣加里埃尔山。是美国最大的州加利福尼亚的最大城市，也是最重要的经济中心。洛杉矶拥有全球知名的各种专业和文化领域机构，是全球经济、文化、科技、媒体、国际贸易中心城市之一。

洛杉矶还是一个完美的购物天堂，如果你想以最合理的价格选取最好的顶级商品，洛杉矶应该就是不二之选。洛杉矶市拥有 280 多个不同的名牌服饰，不管是休闲时尚还是庄重典雅，都能让你找到自己喜爱的服饰。很多世界知名的商店都处在第 7 大道和第 9 大道之间。罗迪欧大道在国际上最有名，是洛杉矶最时尚、最高档、最昂贵的商业街。这里汇集众多世界顶级大师的设计作品，所有名牌服饰与珠宝都能找到最华丽的展示所，是优雅、精致、迷人及质量上乘的标志。

在洛杉矶，好莱坞大道应该是最佳的购物之处，那里满街排着各种的服饰和礼品店，尤其是在正中央的好莱坞高地中心，是最热闹的区域。从时尚的服饰维多利亚的秘密和 Gap 到昂贵优雅的名牌路易威登和蔻驰，可以任由你选择。除了服饰店外，好莱坞大道的唱片行

Virgin Megastore 提供最新的影片和唱片，很受音乐爱好者的青睐。如果带着自己的孩子，应该去参与 Build-A-Bear Workshop 里的活动。但如果所需要的是美容商品，就可以去 Origins、Sephora 或 Aveda。位于洛杉矶棕榈泉附近的卡巴松大卖场，有洛杉矶地区最有名的品牌 outlet，这里大约有 120 家专卖店，低至六五折至三五折的优惠，使得游客

很容易在这血拼。这里是美国西部最大的名牌折扣购物中心，也是世界最大的名牌折扣购物中心，被旅游界公认为折扣购物中心的佼佼者。

洛杉矶还是美国的娱乐文化中心，明媚的阳光、一望无垠的沙滩、峰秀地灵的比佛利山庄以及引人入胜的迪斯尼乐园、闻名遐迩的"电影王国"好莱坞……使洛杉矶成为一座举世闻名的"旅游城"和"电影城"。

旅游攻略

住宿：

①珊瑚海滩汽车旅馆

酒店位于好莱坞，离环球影城很近。

②希尔顿洛杉矶圣盖博酒店

在圣盖博市内，是国际知名连锁酒店。

交通：

①飞机：洛杉矶国际机场是世界上最繁忙的航空港之一，从北京、上海、广州每天都有直达至洛杉矶的航班。

②火车：联合车站位于市中心东北方向，这里有来自其他州的远距离列车，加州州内中型城市之间的列车，也有近郊列车的 MTA，驶向市中心的地铁红线、市区巴士等。

③巴士：贯穿全美路线的灰狗巴士，停在洛杉矶市中心东边车站。

时差：与北京时间相差 12 小时。

货币：洛杉矶通用货币为美元；洛杉矶设有兑换外汇货币处，并设有兑换机。

温馨提示：

①洛杉矶部分地区的治安状况较差，如果在晚上使用自动取款机时要小心，确认安全后再使用。不要带着大量现金长时间待在一个地方。尽量不要在晚上上街。住在宾馆里不要给陌生人开门。

②目前在洛杉矶 ATM 机上都能使用银联卡，根据取款当时的汇率，将人民币换成美元。手续方便，不同的银行规定也不同。而且某些免税店不时会有针对银联卡的活动，刷银联卡可以获赠小礼品。

米兰
——时尚之都的狂热

外文名称：Milano

所属国家和地区：意大利

地理位置：意大利的西北方

著名景点：艾玛努埃尔二世长廊、维多利奥、米兰主教大教堂、斯卡拉歌剧院

这里曾经是前西罗马帝国首都，是一座名副其实的文化古城，不管在艺术、文化、经济还是其他方面，它都一直走在世界的前列，它拥有世界半数以上的时装著名品牌，是世界四大时尚之首，也是全球设计师向往的地方。因为它拥有最时尚、最前沿的时装，也使得它成为购物狂热之都。

米兰位于伦巴第平原，作为著名的历史文化名城，米兰曾为前西罗马帝国的首都，伦巴国首都。米兰作为全世界最发达的地区和GDP最高的地区之一，是欧洲南方重要的交通要点。不但是意大利最大的都会城市，也是世界最大的都会区之一。并因艺术、设计、时装、建筑、歌剧、绘画、足球、经济、旅游、商业、金融、媒体、制造业等闻名于世。米兰控制了世界上百分之四的艺术珍品，世界设计与时尚界最有影响力的城市，欧洲三大都会区之一。米兰拥有世界半数以上的时装著名品牌，所有世界著名的时装品牌均在此设立机构，半数以上的时装大牌总部设在这里。是世界上四大时尚之都之一，也是全球设计师向往的地方。

由于米兰被誉为"世界四大时装之都之一"，就使得购物成为最重要的内容。米兰的时装种类繁多，风格各异，特点鲜明，制衣技术精良，对不同消费者都可以满足需求。米兰是追求高级与时尚时装的购物者的天堂，而购物几乎是米兰人的狂热嗜好，并会不惜重金。许多产于当地的货品，比其他城市便宜很多，再加上退税，就更划算了。

在米兰购物，细细品味你会发现，最最享受的不是买到什么，而是在店中橱窗外欣赏各式精品。那丰富而漂亮的款式，绝对会让来到这里的女孩子流连忘返。其中最著名的地段当属称为黄金四角区的地段，由S.Andrea大街，Borgospesso大街，Montenapoleone大街以及S.Andrea大街而绕成的区域，这里几乎云集了世界的名牌。

意大利每年都会迎来夏季打折和冬季打折，这两个时期是在购物狂们大会半年后，出

来 high 一下的时间。不管是夏季还是冬季的打折，意大利的全国都进入欢乐的打折期，米兰当然也不例外。小到路过的服装店，大到百货商场，都会"齐刷刷"地开始降价。夏季一般从 7 月开始持续到 8 月中旬，冬季则是 1 月和 2 月。总之，当看到街边店铺铺天盖地贴着"saldi"的字样，那就是打折开始了。

眼望着那如潮的人海，行走在这个时尚却充满古韵的文化艺术之都，浏览那时尚、高雅的精品商品，你钱包里的钱怎么能不蠢蠢欲动？

旅游攻略

住宿：

①米拉诺中央创意酒店

位于中央火车站附近，距离地铁和火车站都非常近，也很方便去往各个景点。

②贝尼纳宾馆

位于中央火车站附近，紧邻地铁站，可以选择多种交通工具。

交通：

①飞机：米兰有三个机场，马尔彭萨机场、贝尔格莫机场和利纳特机场。我国的北京有直达米兰的航班。

②火车：米兰的铁路交通网络发达，共有 8 个火车站，以米兰中心火车站为首。

③公路：一号高速公路从北到南纵贯意大利，从斯福尔扎堡城前的卡斯特罗广场，有开往里米尼、阿尔卑斯山湖泊地区的长途巴士，也有开往伦敦、巴黎等欧洲城市的 66KaC。

时差：与北京时间相差 7 小时。

货币：米兰货币是欧元，可在银行、邮局或外币兑换柜台兑换外币。

> **温馨提示：**
>
> ①米兰是时装之都，在社交场合穿套装会显示你的身份和地位。如果被邀请到家里做客，穿一些时装是比较合适的。如果被邀请吃饭带上一个小礼物会显得更加有礼貌。
>
> ②米兰的夏天很热，需要多饮水补充身体的水分。不要在阳光下停留时间过长。

悉尼——艺术珍宝的聚集地

外文名称：Sydney

所属国家和地区：澳大利亚　　　　　地理位置：澳大利亚东南沿海地带

著名景点：悉尼歌剧院、维多利亚女王大厦、悉尼大桥、悉尼邦迪海滩、达令港

在它的身上或许更能看到澳大利亚那种建立在与逆境抗争的人们、丛林匪徒和勇敢士兵之上的文化，所以它繁华、奔放、庄严。它是大自然的宠儿，受着无比优越的恩赐，它依山靠海，拥有太多的地貌资源。而悉尼人充分发挥他们的智慧，将它打扮成一位婀娜多姿的超级名模。那慵懒的海湾及充满传奇色彩的海滩走秀，让它成为当之无愧的南半球纽约。

悉尼位于澳大利亚东南沿海地带，是大洋洲、澳大利亚及南半球第一大港口和城市，世界公认十大最繁华的国际大都市之一。也许悉尼是上天的宠儿，很少有哪个城市如它这般拥有得天独厚的自然恩惠。它拥有太多的地貌资源、海滩、岛礁、半岛，依山靠海，伴随着丰富多彩的海岸线从东南方向拥抱着悉尼城，而西北是山地和平原，使得悉尼拥有建筑一个城市最有利的天然因素。而悉尼人也充分借助其智慧优势，让现代建筑与自然和谐共生，在有限的空间里建造出一个多彩多姿的宜居都市。

悉尼不但有着得天独厚的自然优势，有世界著名的港口和 70 多个光彩熠熠的海滩，还有节庆活动、美味佳肴和终年不断夜以继日的娱乐节目。悉尼还是购物者的理想去处，市区的假日市集是悉尼最有名的集市，集市位于乔治街和 Atherden Street 交叉口，有 100 多个摊位，主要出售饰品、珠宝、木雕、玩具、香水、陶瓷器、手工艺品等。到悉尼旅游者大多喜欢来这里逛逛，买点纪念品。而且在岩石区还有不少小酒吧、露天咖啡座之类的店，逛累了可以吃点东西，喝点饮料，随便看看街上的

风景。

位于帕丁顿市场的牛津街，整个广场附近有 200 多个摊位。出售饰品、珠宝、皮制品、手工艺品、各种杂货等。有时还会有些街头艺人当街表演。建于 1898 年的维多利亚女王大厦，里面有近 200 家店铺，出售手工艺品、纪念品、古董以及各式时装、衣帽，是悉尼外型最壮观、规模最大的百货商厦。

悉尼，带你到处淘宝的同时，它还会为你提供享受不尽的阳光、沙滩和海浪的机会，因为从市区驱车不久就能抵达风光旖旎的太平洋海岸。

旅游攻略

住宿：

①悉尼斯艾斯特旅馆

位于市中心，离环形码头、达令港都很近。

②悉尼机场宜必思快捷酒店

位于悉尼机场旁边，10 分钟就可以到机场。

交通：

①飞机：悉尼金斯福德史密斯机场，位于市中心以南，我国北京、广州、上海等城市都有直飞悉尼的国际航班。

②出租车：从市中心打车到机场车程 15 ~ 25 分钟。也可以乘坐机场巴士和机场快线，价格要比出租车便宜许多。

③火车：中央车站是悉尼与澳洲各城镇的铁路转运中心，在这里可以转乘火车到澳洲其他各个旅游城市。

④班车：澳大利亚灰狗公司是较大长途客运公司，乘坐长途汽车价格还是蛮让人接受的。

时差：与北京时间相差 2 小时。

货币：当地使用的货币为澳元，机场和各大银行均有兑换处，但人民币一般不兑换，美元可以兑换。

温馨提示：

①在飞机场、巴士站、地铁站、火车站、电影院或商场等公共场合，不能高声谈笑。

②办事情、买东西要注意排队，在提款机或银行等一些地方排队时，要注意跟前面的人保持一定的距离。

③乘坐火车一定要买票，虽然火车上没有人查票，但偶尔会有火车巡检员，当发现逃票时，就会被处以几十倍票价的罚款，并记录在案，如果再犯就会有被吊销签证的可能，还可能终生再没有机会去澳大利亚。

伦敦——顶级购物之城

外文名称： London　　　　**所属国家和地区：** 英国

地理位置： 英格兰东南部

著名景点： 白金汉宫、伊丽莎白宫、威斯敏斯特大教堂、大英博物馆

它位于英格兰东南部的平原上，曾经是古罗马人于 2000 多年前建立的城市，古老的泰晤士河默默浸灌它，让它在漫长的岁月里，沉淀下深蕴的文化气息。由此也让它变得如此温文儒雅。它是英国的政治、经济、文化、金融中心，与美国纽约、法国巴黎、日本东京并列为世界四大城市。它就是被人们称为"雾都"的伦敦。

伦敦堪称世界潮流发源地，也是顶级购物之城。全城多达数千家的商店，商品种类繁多到让人无法想象，从时尚前卫的街头店铺到世界顶级设计师的品牌专卖，处处可见。一流的音像店、书店应有尽有。你可以在名牌专卖零售店中好好奢侈一把，还可以在众多跳蚤市场中尽情享受淘精品的乐趣。距离地铁站最近的跳蚤市场是诺丁山门。这里曾是伦敦嬉皮士的圣地，有许多珠宝、古玩、钱币以及古代的服饰，是世界上最大的古董跳蚤市场。而利物浦街却以美食和时尚服饰家居而闻名。各种工艺品、按摩香料制品、珠宝首饰、书籍、二手书、CD 和怀旧服饰都可以在这里找到。

伦敦有许多不同的购物地点，在伦敦各区散布，其中种类最齐全、商品最多的牛津大街和摄政街，也是伦敦首屈一指的购物街。每年圣诞节前都会举办点灯仪式，这边的商店很多都是各地的连锁店，尤其是牛津街上的店面，

货品最齐全。沿着牛津街向西走还会看到邦德街，这里是设计师品牌服饰的集中地。在邦德街，各种国际名牌的服装都在此设有店面。邦德街有新老之分，老街是 Cartier、Tiffany 类的钟表店、古董店和珠宝店，是伦敦最昂贵的地方。新街是时尚和奢侈品的天下，这里是全世界明星的采购站，所以经常看到成群逛街的记者。

沿着牛津街向东走可以看到一条交叉的路——托特纳姆法院路，这里是电视、计算机和视听产品集中地，一间接着一间的店铺，使购物者更方便比较产品和价格。接着托特纳姆法院路的南边是查令十字路，这里是书店专门区，除了主流书店外，最特别的应该算旧书店和各种专门书店。有特殊兴趣的读者到这里来绝对不会失望。

英国最高级的百货公司是哈罗德百货公司，这里云集世界顶级奢华品牌，深受各国皇室成员和大牌明星的喜爱。走进哈罗德的大门，其装饰极尽精致奢华，满眼看到的是珠光宝气，让人恍若隔世。公司一流的服务给你带来无比快乐和高贵的体验。

旅游攻略

住宿：

①维亚梅夫斯酒店

酒店位于维多利亚和威斯敏斯特，交通很便利，步行可到一些景点参观。

②兰开斯特酒店

酒店位于牛津街布鲁斯伯里，交通方便。

交通：

①飞机：伦敦有五个机场，其中希思罗和盖特威克为国际机场，我国的北京、上海和香港每天都有直飞伦敦希思罗的航班。

②火车：伦敦是全球铁路网最密集的城市，有十几个火车站，分布在伦敦不同的区域中，所有的火车站都会与地铁相连。

③客车：伦敦有长途巴士开往全国各地，既便宜又方便，甚至还有开往欧洲大陆的，比如荷兰阿姆斯特丹、法国巴黎的巴士，比火车要便宜。

时差： 夏季与北京时间相差 7 小时（4～8 月），冬季（11 月到次年 3 月）与北京时间相差 8 小时。

货币： 当地通用的货币是英镑，带上身份证，一般大点的银行都可以兑换。

温馨提示：

　　①作为金融中心，伦敦是全世界最贵的城市之一，如果吃一份麦当劳或肯德基套餐，大概是 60 元人民币，如果去餐厅吃中餐或西餐，一个人大概需要 100 多元人民币。

　　②英国人永远都很礼貌，但并不代表他们真的表示道歉或者认同你。

　　③英国人每时每刻都在自嘲和说冷笑话，不要太当真。

　　④英国人很热心，遇到困难尽管寻求帮助，特别是老人。

首尔——传统与时尚的交融

外文名称： Seoul Special City　　　　　**所属国家和地区：** 韩国
地理位置： 韩国西北部，朝鲜半岛中部
著名景点： 昌德宫、景福宫、N首尔塔、乐天世界、东大门、明洞、狎鸥亭

在许多国人看来，韩国由于距离我国近、签证容易、购物场所多且价格合理，要出国旅游购物，韩国是很好的选择。而去韩国购物，首尔应该是首选。这里有巍巍耸立的南山，有蔚蓝碧彻的汉江，有古老庄重的宫殿，有鳞次栉比的高楼大厦，有繁华的商业街……这个古雅与时尚并存的地方定会让你品味不一样的感受。

相比于国内，韩国的珠宝可谓是领先时尚、款式多样、质优价廉，尤其是一些国内没有的样式，独特精致、美不胜收。销售地区一般分为3处，百货商店、以LLOYD、miniGOLD为代表的中低价珠宝专卖店和零售店，还有为新婚夫妇准备的批发商街。一般百货商店品质保证方面最为安全可靠，并集多种高级珠宝品牌店，为重视质量保证和喜欢品牌的消费者提供自由的空间。但是从满意度、款式多样、高级等方面来看，批发商街要优先些。而珠宝零售店款式样多，多适合于青年层的需要。以狎鸥和清潭洞为中心的江南地区是高价珠宝及品质保证享有较高知名度的珠宝批发街。大型商街内数十个小店铺经销着款式众多的各类珠宝，并在时尚和设计方面遥遥领先。

明洞这个在韩剧和综艺节目中频繁露脸的韩国代表性购物街，许多中国人都不会陌生。那里有着无数想要去首尔购物女生的梦。琳琅满目的精品店里摆着充满韩范且时尚的各式各样的小玩意儿，街边的小店里鱼蛋糕让人垂涎欲滴，而精致的韩国特色小吃和小点心，无不在勾起你想要将这一条街横扫的购物欲望。在黎大两条主路和无数小胡同里全部是小店，那里的衣服搭配得很靠谱，都是一些颜色特别全、剪裁得很合体且不很贵的类似通勤装的衣服，非常实用。

仁寺洞位于首尔的市中心，是韩国一条著名的文化街，有着浓郁的韩国传统文化气息。仁寺洞云集着韩国服饰店、古代美术品画廊、韩国古董店铺和陶瓷工艺品店。而且这里还有很多极具韩国风味的传统小吃店，游客在

这些传统小吃店内，还能欣赏到充满韩国传统韵味的演出，尤其对于那些想要一睹韩国传统文化风采的人来说，仁寺洞应该是首选之处。

旅游攻略

住宿：

①南山宾馆

位于明洞街对面，离南山塔不远。

②大王子饭店

位于明洞，出门就是地铁 4 号线 2 号出口，马路对面是明洞商圈。

交通：

①飞机：仁川国际机场目前提供所有飞向首尔的国际航班。从我国几乎所有省会城市都能直飞仁川机场。

②火车站：首尔有 4 个火车站，分别是首尔火车站、龙山站、永登浦站、清凉里站，其中首尔火车站是最重要的火车站。

③客车：首尔有 5 个长途车站，高速汽车客运站、东首尔客运站、Central City 客运站、上凤客运站和南站客运站。

时差： 与北京时间相差 1 小时。

货币： 首尔当地通用的货币是韩元，机场的各换汇银行、市区内的各换汇点都能兑换。

温馨提示：

①韩国饭菜普遍偏辣，如果不能吃辣可选择菜名带土豆的，一般都不辣。吃饭时尽量不要点菜单上没有的菜品，价钱可能会贵得吓人。

②到首尔购物旅行免不了会去韩式传统餐馆吃饭，或去韩屋参观，在一些场合需要脱鞋，一些经济型酒店甚至会要求客人进入房间时要换拖鞋，所以要特别注意脚和袜子的卫生。

③在首尔晚上最好是结伴出行，由于韩国男性嗜酒，所以在夜间的路上，会遇到喝得酩酊大醉的人冲着你横冲直撞，胡言乱语，遇到这种情况，最好迅速离开，以免发生冲突，惹上不必要的麻烦。

东京——齐备物品的首选地

外文名称：Tokyo　　　　　所属国家和地区：日本

地理位置：本州岛关东平原南端

著名景点：东京晴空塔、东京迪士尼、东京塔、银座、东京巨蛋、秋叶原、新宿

这里有五光十色的夜生活，有日式庭院的清幽，有错综复杂的地下铁线路，有行色匆匆的上班族，有最繁华的商场，日本天皇居住在这里。它是日本的政治中心，是亚洲最重要的金融中心。这里人口密集，寸土寸金，从高空俯瞰，它仿佛是一个巨大的棋盘，上面密密麻麻地分布着高楼大厦，或许放眼望去的一个地方，就是你的购物天堂!

东京位于日本本州岛东部，是日本最大的城市及首都，为亚洲最主要的世界级城市。2014年东京的GDP排在世界第一位；城市排名位居世界第三位，仅次于纽约和伦敦。在世界500强总部数量也为世界第二。

在东京，鞋、饰品、化妆品和小家电是东京购物的四大热点，代官山、涩谷及青山是东京的三个主要特色街头时装店聚集地，是由一些流行性较强的店家构成，也是年轻人购物的天堂。邻近上野车站有条打着"物美价廉"招牌的商业街，街上大约集中着500多家各类商铺，出售包括鞋类、衣服、化妆品、海鲜、南北货等。在日本东京JR中野站出口对马路有条商业街，那里有各种各样的商店，电器、电脑、化妆品、服装、金银首饰、二手名牌等应有尽有。

新宿是日本具有代表性的繁华街区，家电零售店、百货商店、大型书店等星罗棋布，热闹非凡。来东京一定要逛新宿的伊势丹、三越百货、高岛屋等老牌商场。在连接这些商店的地下通道里，能淘到意想不到的便宜货。位于JR新宿站南口附近的MYLORD促销多，而新宿东口的松本清是人气最旺的化妆品店，不仅有人气化妆品、护肤品，也有国际大牌产

品，另外，在地下街 Sub-nade 可以找到很多时尚服装小店和药妆店。

银座是日本最繁华的购物中心，最耀眼大牌专卖店、最老牌的百货全在此聚集。这里有著名的松坂屋、三越等大型高档商场，店内世界各大顶级品牌齐全，而且典型的日本化的东西非常多，许多都是本土品牌，做工精致，货品高档。

秋叶原位于东京东区的下町，原是一条电器街，坐国铁山手线和地钱日比谷线均能到达。秋叶原街共有 500 多家电器商店，几乎都在销售日本各电器公司生产的各种家电产品。这里从最新式的收录机到最豪华的冰箱、电视，从电脑到音响，厨房电器及各种电器用品的零件，都能买得到，而且价格也比较便宜。整条街上每天都是人声鼎沸。

旅游攻略

住宿：

①新宿太阳道广场饭店

酒店距离新宿火车站只有 300 米，临近高岛屋等购物中心。

②东京湾希尔顿酒店

酒店位于东京迪士尼度假村。

交通：

①飞机：东京有成田国际机场和羽田国际机场两大机场，成田机场主要负责国际航班，羽田机场主要负责国内航班，也肩负少量以亚洲地区为主的国际航班，我国北京、上海、大连、青岛、西安等城市均有直达东京的航班。

②机场巴士：乘利木津巴士成田空港线，从机场出发到东京市区内多个主要车站都有路线。

③出租车：从成田机场乘坐出租车前往东京市中心。费用较贵。

时差：与北京时间相差 1 小时。

货币：当地流通的货币是日元，东京市内只要标有"両替商"的银行或店铺都可以兑换，在羽田机场和成田机场也有兑换点。

温馨提示：

①东京的消费很高，一碗面 500 日元，出租车起步价大约 700 日元。一个面包 100 日元左右。由于消费过高，所以去东京应该准备好充足的财力。

②大部分日本人关心的是消费税是否上涨、日足有没有进世界杯这样的事，所以一般去日本比较安全，而且日本人民也是比较友好的。

③公共场合要保持安静，非吸烟区域不能吸烟，乘电梯靠左，有序排队，不要边走边吃东西。

法兰克福——放松心情的购物之旅

外文名称：Frankfurt、Frankfurt am Main　　　　**所属国家和地区**：德国

地理位置：美因河右岸与莱茵河的交汇点

著名景点：法兰克福大教堂、老歌剧院、雕塑品博物馆

它是个既传统又现代的城市，现代化的摩天大楼与维护完好的古老建筑构成赫然的对照，它努力保留着旧城区的风味，特别是古老的休闲区。而作为国际化的城市，众多著名的博物馆、一流展览场地和无数景点，再加上古老的建筑、不计其数的文化古迹，和绝佳的购物条件……让来到这里的人，不管是旅游观光还是商务旅行，都不会感到丝毫沉闷。

位于美因河右岸的法兰克福，临近莱茵河与美因河的交汇点，坐落在陶努斯山南面的大平原上。作为德国第五大城市，法兰克福不仅是重要的国际金融和展览中心，而且还有便利的交通和丰富的文化生活。如今，这座国际大都会是欧洲中央银行，德意志银行、中央银行和全球 300 多家金融机构的所在地。使得这座拥有 1200 年历史之久的历史商业和贸易城市，成为欧洲最重要的金融中心之一。

作为国际性的大都市，法兰克福为消费者提供了多种购物选择。在这里，你可以买到做工精良的德国手表，也可以购买到国际一线品牌的服饰箱包。同时还能购买到年轻设计师的时尚作品。法兰克福的购物区十分集中，有品牌齐全的大商场，也有大型的服饰连锁店。近年来，许多新兴时尚小主店也在这个城市活跃起来。

法兰克福城内的购物中心，采尔购物长廊和采尔步行街是最繁华的购物地段。这里既有普通商品也有名牌商品。尤其是衣服品种繁多，应有尽有，不仅在周六，采尔步行街在任何时间都是德国人气最旺的购物街。在歌德大街，可以买到国际顶级设计品牌的产品。那些豪华的商店为顾客提供最名贵的商品，仅仅看看商店中的那些展示窗已经够享受了。如果逛累了，想喝点什么或想吃点什么，再往前走几步就到了弗茉斯巷的美食天地。

距离法兰克福仅 50 分钟路程的威特海姆购物村，位于 Romantic Road 入口处。这座精品购物村汇集着德国与国际精品品牌的换季家居用品及时装，并且提供低至建议零售价四

折优惠。超过110多家精品专卖店提供独家折扣优惠，全年开放，是每位游客游览线路之外的时尚购物场所，能为非欧盟居民提供免税购物，在这里能让你买到心仪的全球热门品牌。

在德国这个经历过大起大落的国度里，法兰克福同它的国家一样，是一个充满复兴之翼的城市，身处这座城市，可以给自己一次心灵放松的机会。

旅游攻略

住宿：

①莱昂纳多酒店

位于美因河畔，法兰克福市中心。

②法兰克福机场城际酒店

位于法兰克福机场，有班车很方便。

交通：

①飞机：法兰克福的莱茵－美茵国际机场是欧洲的第二大航空港，从我国北京、上海和成都（每周二、周五、周日）都有往返班机。

②火车：机场火车站在1号机场大楼，从机场火车站乘坐轻轨至法兰克福总站。去往德国其他城市，可以在机场火车站的旅游中心取票。

③市内交通：城区列车、市内列车、近郊列车以及市内公共汽车票在法兰克福运输联合会范围内是通用的，并且以总站为中心实行区间制。

时差：与北京时间相差7小时。

货币：法兰克福通用的货币是欧元，在机场和主要的火车站均设有外汇兑换处。

温馨提示：

①从总体上看，法兰克福还算是一个安全的城市，但是要避免夜晚独自在火车站附近出没，因为火车站对面就是红灯区，那里聚集着贩毒者和吸毒者。晚上要远离地铁站的醉汉，虽然有巡逻的警察，但还是应该注意安全。

②法兰克福的消费水平与德国其他城市相比，处于中等略高水平，在吃饭方面不会有太大的花销，大概只需15欧元就可以在一个中等水平的餐厅饱餐一顿。

迪拜——梦幻般的购物天堂

外文名称：Dubai　　　　　　所属国家和地区：阿联酋

地理位置：阿拉伯半岛东部，波斯湾的南边

著名景点：朱美拉清真寺、哈利法塔、帆船酒店、世界群岛

迪拜这个梦幻般的天堂，是阿拉伯联合酋长国里人口最多的酋长国，它的经济实力在阿联酋也排在第一位。70% 左右的阿联酋非石油贸易集中在迪拜，所以迪拜也被称为阿联酋的"贸易之都"，也是中东地区的经济和金融中心。

迪拜是有名的购物天堂，去迪拜旅游，购物已经成为一种必然。在迪拜购物甚至会更优于香港，拥有很多大型的购物中心，世界奢侈品牌应有尽有，更有许多其他城市买不到的商品。价格比香港还便宜，而且迪拜还是免税区。在不同的时段，迪拜还会举行一些降价活动，许多大型的商场在这期间都会打折。除了名牌店和免税店，迪拜更吸引人的便是它久负盛名的香料和黄金。

迪拜有着规模惊人的购物中心，是全球室内面积排名第一的购物娱乐场所，也是迪拜的酒店业、零售业及休闲中心。有 150 多家餐饮店、1200 家零售店、一座五星级酒店以及数不胜数的休闲店铺。迪拜购物中心是时尚品牌最大的聚焦地，其 40877 平方米的时装大道堪称一大亮点，这个购物中心里还设有一座室内主题公园、一座游弋着鲨鱼的水族馆、一座可以同时放映 22 部电影的影院和一个溜冰场。此外，千万不能错过全球最大的室内黄金市场。

如果想在迪拜购买品牌商品，最适合的地方应该是马基曼购物中心，作为迪拜最受欢迎的商场之一，巴基曼购物中心最新的扩建让购物者也有更多的选择。在追求时尚的迪拜，锦衣华服不可或缺，一排排令人难忘的精品时尚店，绝对值得你驻足片刻。越来越多的品牌开始进驻这家商场，使这里成为一座名副其实的名牌购物天堂。巴基曼购物中心还拥有数不胜数的化妆品、香水和珠宝首饰，还可以让儿童在娱乐世界和娱乐城中尽情嬉戏。马基曼购物中心是迪拜夏日购物节的主要赞助商，在活动最如火如荼的月份中，在这里会看到数不胜数的商品。

迪拜机场免税店是世界上最大的机场免税店，琳琅满目地摆着各类名牌巧克力、椰枣、化妆品、名牌香水和最新科技产品，服务质量之高备受称道。时装、黄金珠宝、图书也能在这里找到。在离开迪拜的时候，提前到机场再好好充实一下自己回程的行囊吧！

旅游攻略

住宿：

①阿玛尼迪拜酒店

酒店位于哈利法塔内，设计很独特。

②凯悦酒店

酒店位于老城区，距离海鲜市场、香料市场和黄金市场非常近。

交通：

①我国从上海出发可以搭乘阿联酋航空，每天 1 班；北京也开通迪拜的往返航班，每周一、二、三、五、日，可以直接前往；在广州也可乘坐中国南方航空的班机或阿联酋航空的班机直飞迪拜；在昆明也可乘坐中国东方航空公司的航班每周一、三、六前往。另外还可以在香港转机前往。

②市内公交：迪拜的多数公交为梅塞德斯奔驰，有 10 个站位和 51 个座位，均有空调。

③出租车：在迪拜乘坐出租车是最普通的出行方式，市内有多家出租车公司全天 24 小时运营。

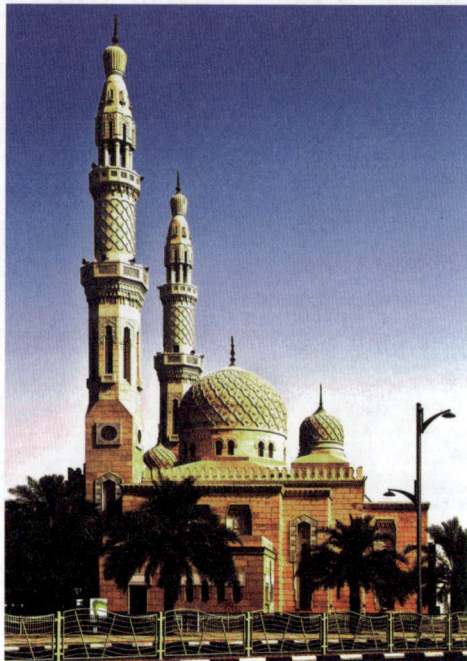

时差： 与北京时间相差 4 小时。

货币： 在当地使用的货币是迪拉姆或美元，兑换不是很方便，最好在国内将人民币兑换成美元。

> **温馨提示：**
>
> ①很多东西在迪拜购买要比国内便宜很多，特别是高档化妆品、香水、名牌服装，比国内至少便宜一半。迪拜的商场在商品的品质种类、娱乐设施、餐饮和环境等各方面的条件都是世界一流，不仅可以把它看作购物场所，也可看作提供独特休闲、体验生活的目的地。
>
> ②迪拜的免税区达 9000 平方米，各种迪拜的纪念品、土特产一般都在人民币数百元以内，而且机场的免税店也是各种奢侈品牌的集中营。在那里购物，可以刷卡，迪拉姆、美元都收，在迪拜机场还有许多中国售货员，购物没有语言障碍。

第四章
神秘的自然之旅

西藏阿里——群山环绕的高原

外文名称：Ngari Prefecture　　　　所属国家和地区：中国
地理位置：青藏高原北部，羌塘高原核心地带
著名景点：古象雄王国遗址、冈底斯山

> 如果说西藏是"世界屋脊"，那么阿里便是"世界屋脊的屋脊"；如果说西藏是"人类之谜"，那么阿里是"人类谜中之谜"。这个人迹罕至的地方，不管是荒凉还是美都是极致的。从"雪山围绕的普兰"到"岩石围绕的达扎"，再到"湖泊围绕的日土"，仿佛就是开在沙漠中的三朵水莲花，甘于孤独而苍凉，冷眼俯瞰着世间的繁华。

　　阿里地区位于中国西南边陲、青藏高原西南部，西藏自治区西部。前往阿里深处的路上，有着起伏变化的地貌，车窗外一侧偶尔有湖泊、草甸、羊群掠过，而另一侧永远是高山般的沙丘一座连着一座。山脚下有星星点点的沙棘，路上看不到一棵树，但在土地的深处，却从来不缺乏生命的光顾。

　　普兰位于阿里地区的南部，在众多普兰雪山之中"冈仁波齐"是人们所熟知的名字，它与周围的山峰迥然不同，仿佛是一枚直插入云霄的橄榄，而它的主峰更酷似金字塔，四壁非常对称，所以藏民们又称它为"石磨的把手"。远远望去，整座山宛如用水晶砌成一般，辉煌而庄严。

　　从普兰北上，顺着狮泉河沿日阿公路往南行 255 千米，便抵达世界闻名的扎达土林。穿行其间，仿佛是在众多巨人的脚掌内绕着打圈，于是就会让人不禁怀疑，是否误入某个神秘的大峡谷？面对这一望无际灰褐色的土林不由感叹，这真是这片大地上一种伟大的时间艺术。时间仿佛是一双巨大的手，曾大刀阔斧地来过扎达，并带走海洋和湖泊，只留下莽莽苍苍的泥土和层层叠叠的沟壑排成的"森林"，于是你能亲眼看到沧海是如何变成桑田。

距扎达县城18千米的所布让区象泉河畔，坐落着古老的古格王朝遗址。整座城堡建在一座300多米高的贡土坡上，被众多土林远远近近地环抱其中。地势险峻，王宫、佛塔、庙宇、洞穴、碉楼有序布局，自下而上，依山迭砌，直逼长空，气势恢宏。由于是取自周围土林的黏性土壤建筑而成，所以使古老城堡的断壁残垣与脚下的土林浑然一体，让人很难分辨究竟何为土林、何为城堡。每当朝霞初起或夜幕降临时，在土林的映衬下，古格遗址就会透射出一种残缺美、悲壮美。

旅游攻略

住宿：

①拉萨凯拉斯酒店

位于西藏自治区首府拉萨市最具民族特色的繁华地段。

②拉萨丹杰林扎夏客栈

客栈位于拉萨市城关区，距离大昭寺步行约3分钟。

交通：

①飞机：西藏阿里昆莎机场，机场距狮泉河镇45公里，有民航大巴直达。

②客车：叶城往返阿里地区首府所在地狮泉河镇大约40小时。平时四五天一趟班车，旺季会有加班车。

③包车：包车是大多数去阿里的游客首选的交通方式。最好在出发前，与司机商量好，列出详细的行车路线，包括每个要去的景点，再提出去某些景点可能要加钱。

④搭车：去阿里旅游，也可以尝试搭便车前往目的地。但要做好思想准备和带好足够的衣服，在这偏远且地广人稀，且很多地方路况很差的地方，搭车不是很容易。

时差：无。

货币：人民币。

温馨提示：

①前往阿里注意带伞，防晒、防雨。

②前往阿里的旅途路况较差且漫长，要注意安全，并携带好足够的御寒衣物，还要购买适量的饮水和食物。

③阿里地区海拔高，空气含氧量低，凡是心肺功能不佳或严重贫血、高血压患者不宜进入。大部分人刚进入时，都会出现轻微的高原反应，但很快就能恢复、适应，大可不必过分担心。可在拉萨市内购买"红景天""西洋参口服液"及氧气袋等，以防意外事故发生。

尼罗河——孕育文明的母亲河

外文名称：Nile River　　　　所属国家和地区：非洲

地理位置：非洲东北部

著名景点：萨卡拉金字塔、太阳船博物馆、开罗老城

它是世界上最长的河，有非洲"主河流之父"的称呼，它是那样地奔流不息，穿越金色的撒哈拉大沙漠，浩浩荡荡地流向地中海。它孕育了埃及文明，创造出人类的奇迹，创造了金字塔，所以埃及人把它称为"母亲河"。每年 6 月 17 日或 18 日，埃及人都为尼罗河猛涨举行盛大欢庆活动，称为"落泪夜"。由此可以看出埃及人对尼罗河深深的感情。

尼罗河发源于非洲西部的高地，经非洲东部与北部，从南向北，奔流而下。它贯穿埃及全境，急匆匆地穿行于崇山峻岭之间，穿越金色的撒哈拉大沙漠经过六道湍急的瀑布后，缓缓进入一条狭窄的河谷，浩浩荡荡地流向地中海。在临近入海口的地方，尼罗河分出多条支流，形成扇状，冲出一片绿草如茵、土壤肥沃的三角洲，就在这片三角洲谷地诞生了埃及文明。

这一地区的人民创造出灿烂的文化，在人类科学历史的发展中做出了杰出的贡献。几千年来，尼罗河每年 6 ~ 10 月定期泛滥，8 月河水上涨最高时，就会将河岸两旁的大片田野淹没，之后人们会纷纷迁往高处暂住。10 月后，洪水消退，给这片地方带来尼罗河丰沛的土壤。于是人们就会在这些肥沃的土壤上栽培小麦、棉花、水稻、椰枣等农作物。在干旱的沙漠地区形成一条"绿色走廊"。所以就会在埃及流传着"尼罗河是埃及的母亲""埃及就是尼罗河"等谚语。而尼罗河的确是埃及人民的生命源泉，她不但为沿岸人民积聚了大量财富，也缔造出古埃及文明。6700 多千米的尼罗河创造了金字塔，创造了人类的奇迹。

后来埃及和英国政府先后在这里建筑两座水坝，从而使尼罗河不再泛滥，并在上游形成长达 500 千米的纳塞尔湖。1902 年建成的旧坝，距城 5000 米多，坝长 2152 米，高 53 米，水库蓄水 10 亿立方米，可浇灌 16 万平方米农田，发 34.5 万千瓦电；1970 年 7 月完工的阿斯旺高坝，长 3400 多米，高 110 米，在中国的三峡大坝建成前，是世界上最大的水坝。也是埃及人引以为荣的大坝。高坝具有防洪、浇灌、运输、发电的综合效益，每年可供给 740 亿立方米灌溉用水，发电 100 亿度。

如果能在开罗停留一晚，一定要去乘"法老船"畅游。在尽情欣赏尼罗河两岸美景的同时，可享受埃及特色美食与肚皮舞。令你在短暂的几小时内品尝到埃及别样的滋味。如果你对尼罗河本身充满兴趣，可以去开罗北的坎塔尔，在那里尼罗河分成两路，一路向东北方向，经拉希德入海；一路向西北方向，从杜姆亚特入海。到达地中海后两股河水又重新交汇，却走过了埃及境内 1517 千米的流程，让人不禁想到"分久必合，合久必分"在尼罗河得以应验。

旅游攻略

住宿：

①凯特拉特金字塔度假村

度假村位于金字塔附近。

②开罗厄尔尼诺博格诺富特酒店

酒店位于尼罗河中桑普岛上，紧挨着开罗塔。

交通：

①飞机：开罗国际机场位于开罗市东北，是进出开罗的主要国际通道，我国北京有直通开罗的班机。

②火车：拉美西斯火车站是开罗最主要的火车站，可以通往埃及多个大城市。发往阿斯旺和亚历山大方向的多数列车在此发车。

③五星级游轮：游轮一般停靠在尼罗河岸边，船上有运动房、游泳池、自助餐厅、台球厅等，性价比较高，是不可错过的体验。

时差：标准时间与北京时间相差 6 小时，夏令时与北京时间相差 5 小时。

货币：当地流通的货币是埃及镑，可以在当地的钱庄兑换。

温馨提示：

①不论是在街边还是景区，在埃及几乎找不到免费的厕所。所有的厕所至少收 1 埃镑/每人。

②坐车一定要确认拿下行李后再付钱，另外，很多时候你的支付很难拿回找零，所以尽量用零钱。

③开罗的金字塔是外国游客最容易上当受骗的地方。最好坚持自己玩自己的，才不会上当受骗。

珠穆朗玛峰——俯瞰生命的地方

外文名称： Mt.Qomolangma　　　　**所属国家和地区：** 中国

地理位置： 青藏高原喜马拉雅山脉的主峰

著名景点： 珠穆朗玛峰

　　这里是全世界最高的地方，有着独特的自然环境和地理优势。它似乎是上天放置人间的一座巨型玉塔，那么雄壮、那么傲然、那么圣洁地俯瞰着世间。在它的面前，你或许感觉到自己是如此渺小，但你绝对会被它无与伦比的气势所感染，给心灵最真切的洗涤。但谁能想到，这里曾经是一片海洋，并在强烈的造山运动下，不断地成长着。

　　位于我国与尼泊尔两国边界的珠穆朗玛峰，它的北坡在我国青藏高原境内，南坡在尼泊尔境内，其高度为 8844.43 米，是喜马拉雅山脉的主峰，也是世界上最高的山峰。呈巨型金字塔状。珠峰不仅巍峨宏大，而且气势磅礴，在它周围 20 千米的范围内，山峦叠嶂，群峰林立，地形极险峻、环境非常复杂，是那样威武雄壮，昂首天外。珠穆朗玛峰山顶终年覆盖冰雪，冰川面积达 1 万平方千米。峰顶有600 余条冰川，最长 26 千米，每当旭日东升，在红光照耀下，巨大的山峰绚丽多彩，此外，还经常出现许多奇特的自然景观。其北坡主要

为高山草甸，4100 米以下河谷里有灌木及森林，山间有藏熊、孔雀、雪豹、长臂猿、藏羚羊等珍禽奇兽。

　　珠峰地区及其附近的高峰气候复杂多变，即使在一天之内，往往也是变化莫测，更不用说一年内的翻云覆雨。峰顶最低气温常年在零下三四十摄氏度，在山上的一些地方终年积雪不化，冰塔、冰川、冰坡。峰顶空气稀薄，空气的含氧量只有东部平原地区的四分之一。七八级大风经常刮起，而十二级大风也不少见。风吹积雪，四溅飞舞，渲染着茫茫天际，是如此壮观、绮瑰。9 月初至 10 月末是雨季

过渡至风季的秋季。在此期间有可能出现较好的天气，是登山的最佳季节。1989 年 3 月，珠穆朗玛峰国家自然保护区宣告成立，在 3.38 平方千米的保护区内，珍稀、濒危生物物种极为丰富，其中国家一级保护动物有 8 种，如喜马拉雅塔羊、熊猴、灰叶猴、金钱豹等。

据科学家们的考定，珠峰所在的喜马拉雅地区原是一片海洋，在漫长的地质年代，从陆地上冲刷来大量的泥沙和碎石，堆积在喜马拉雅山地区，形成这里厚达 3 万米以上的海相沉积岩层。之后，由于强烈的造山运动，使喜马拉雅山地区受到挤压而猛烈抬升，据测算，平均每 1 万年大约升高 20 ~ 30 米，直到现在喜马拉雅山仍然处在不断上升中。

旅游攻略

住宿：

①日喀则藏隆大酒店

酒店地处西藏日喀则繁华闹市中心，环境舒适优雅。

②聂拉木东山大酒店

酒店位于樟木镇迎宾路，是集住宿、娱乐、餐饮、会议等功能于一体的政府接待专用酒店。

交通：

①飞机：日喀则和平机场距市区约 43 千米，之后换乘汽车。

②汽车：从拉萨西郊客运站乘坐班车前往日喀则，再转车到定日，然后在定日拼车到绒布寺。

③包车：在日喀则包车前往珠峰。

时差：无。

货币：人民币。

温馨提示：

①珠峰大本营有一个 30 米左右高的小土包，是观看珠峰的最佳地点，可以提前向当地人询问日出日落的时间，可千万不能错过。

②从拉萨出发有很多正规旅行社都可以组团到珠穆朗玛峰，但切记不要在街头、火车站、旅馆找那些业务员报名，以免乘坐黑车。

③去珠峰拼车、拼客或纯玩，一定要签订国家旅游局颁发的正规旅游合同，才能使出行有安全保障。

阿尔卑斯山脉——大自然的宫殿

外文名称：Alps

所属国家和地区：横跨意大利、法国、奥地利、德国、瑞士、斯洛文尼亚等七个国家

地理位置：欧洲中南部　　　著名景点：萨加玛塔峰、圣母峰

它是欧洲最高大的山脉，有着常年积雪的峰顶，有着浓密的山林和山间的流水……它似乎过于情意绵绵，连绵不断地跨过七个国家，形成独具特色的风光。于是在它周围你会看到优雅安静的小山村，也会找到中世纪的小镇。自然的优势造就了它迷人的景致，而这里的人们更喜欢用鲜亮的色彩打扮它。

阿尔卑斯山脉位于欧洲南部，平均海拔3千米左右，呈一弧形东西延伸长约1200千米，最高峰勃朗峰海拔4807米，是欧洲最大的山脉，阿尔卑斯山脉山势雄伟、风景幽美，许多高峰终年积雪。这里水力资源丰富，许多欧洲的大河都发源于此，阿尔卑斯山地冰川的作用形成许多湖泊，莱芒湖是最大的湖泊，另外还有苏黎世湖、四森林州湖、马焦雷湖、博登湖和科莫湖等。浓密的树木、清澈的山间流水和晶莹的雪峰共同组成了阿尔卑斯山脉迷人的风光。成为度假、旅游、疗养的胜地。

行走在高速公路上，远望阿尔卑斯山仿佛是穿着翻云滚浪的大裙子，裙角轻轻一勾就呈现出一串串高高矮矮的山峰。山尖白雪皑皑，在阳光下云蒸霞蔚，光辉灿烂。无边无际的丘陵芳草碧连天，树林、山岗、田垄像一条长龙延延而伸。山的脚下有大片的牧场，靠着山势泛出一片平整的黄绿。繁星般的小野花白的、紫的、黄的仿佛是一片片五彩斑斓的锦缎，白花黄花的奶牛在绿草地里悠闲踱步，而尖顶红瓦的住家小屋就在这姹紫嫣红的花海上漂浮着。更有一些不知名的小河小湖，颜色是那晴空般的蓝，雪山也会来凑这片完美的景致，将自己的倒影忙忙而立。蒲公英、芦苇草、各色不知名的野花、大伞盖似的老树浓荫，整整齐齐舒舒坦坦地围着明镜般的湖面，湖面上顺风滑过鲜红明黄的三角帆，在青山绿水间，仿佛是行着一块块灿烂的宝石。

如此美丽的画卷让你忍不住想更深入地走近，一两个转折，一片葱茏中，蓦然就是一个

中世纪的小镇，小街是用鹅卵石铺成，整洁干净，用白松皮包起的木舍在阳光下泛出起伏的波纹，屋檐下挂着串串腊肉，后院里堆着整整齐齐冬用的劈柴，镇上家家户户都养花，鲜花里里外外开得热闹，就连牛棚的窗沿上也会摆着大花盆，粉红黛绿的一片。

望着这古朴宁静又仿似大花园般的小镇，让你忽然顿觉阿尔卑斯有这么多令人迷醉的色彩，并不仅是大自然独赐给它更多的优厚。虽然自然气候决定了阿尔卑斯山有比别处更优越的自然条件，而这里的人更懂得如何用鲜艳夺目的色彩来打扮自己的家园。

旅游攻略

住宿：

①日内瓦中心码头宜必思酒店

酒店位于日内瓦的市中心，距离火车站仅 200 米。

②阿拉加里酒店

酒店位于洛桑的中心地带，距离中央车站仅 50 米。

交通：

阿尔卑斯山脉山区的交通很发达，海拔 2112 米的圣哥达山口、2009 米的辛普朗山口、海拔 1370 米的布伦纳山口，一直以来就是南北交通的要道。法国和意大利在 1871 年在塞尼山开凿第一条铁路隧道，后又建成多条；1922 年竣工的意大利和瑞士间的辛普朗隧道，是世界上最长的隧道之一；勃朗峰下的公路隧道，长 11.6 千米；圣哥达隧道长 16.3 千米，于 1980 年建成，是世界上最长的公路隧道。

时差： 不同国家的时差不一样。

货币： 阿尔卑斯山所横跨的国家众多，要根据所处的国家在当地兑换使用的货币。

> **温馨提示：**
>
> ①春季，阿尔卑斯山春天的积雪开始融化，山间的清泉、百花齐放的草地，成为健行者的天堂，是登山的好去处。
>
> ②夏季时间为自 6 月至 9 月初，冬季阿尔卑斯山的滑雪季于圣诞节前到 4 月底。

刚果河——野性的探险

外文名称：Congo River   **所属国家和地区：**非洲

地理位置：横跨刚果共和国全部领土、刚果和中非共和国大部分、赞比亚东部、安哥拉北部及坦桑尼亚和喀麦隆的一部分

著名景点：博约马瀑布、圣安娜大教堂

> 这里拥有非洲最炎热、湿润的气候，最浓密、广袤的赤道热带雨林，还有可爱的鸟类和充满野性的走兽，来到这里，仿佛要完成一个长长的探险之梦。刚果河看上去似乎是宁静的，但又能在远远的地方听到它急促的呼吸，听见河水湍急奔流的声音。这样就会想着，这个野性与平静并存的地方，又该为自己设计什么样的探险之旅？

刚果河位于中西非，是非洲中西部最大的河流之一，名列全非第二位。刚果河的上游卢阿拉巴河发源于扎伊尔沙巴高原，最远源谦比西河位于赞比亚境内。刚果河自源头至河口分上、中、下很不同的三段。上游的特点是多湖泊、河流、险滩和瀑布；中游有 7 个大瀑布组成的瀑布群，称为博约马瀑布；下游分成两汊，形成一片广阔的湖区，称为马莱博湖。刚果河的水量非常丰富，有多种鱼类和鳄鱼。南半球赤道附近的地理位置让这里终年气温较

高，有丰富的雨量，经常从深夜到清晨一直下大雨。

在刚果河流域相当一部分地区以赤道气候占优势，有广阔的常绿林，无论林区的哪一边都与稀树草原带相邻接，使得森林与草原常常难以察觉分辨。它们以镶嵌的方式混淆在一起，形成较罕见的森林侵入草原。此外，巨大的河流还形成非洲最大的生物地理屏障，比如黑猩猩和倭黑猩猩被刚果河隔断，黑猩猩只有在刚果河北才有，而倭黑猩猩只能在刚果河南

才会发现。其他许多动物也显示出类似的地理分布模式。

位于刚果河下游北岸的布拉柴维尔与扎伊尔首都金沙萨隔河相望，是刚果民主共和国的首都。这里四季常青，椰子、芒果、旅人蕉绿荫如盖，成行成队，是一座有"花园城"之称的美丽的热带雨林城市，并有不少富有非洲特色的自然及人文景观。

圣安娜大教堂位于波多－波多广场南端，由法属赤道非洲总督费利克斯·埃布埃根据保罗·比耶希主教的倡议决定建造，是刚果最大和最著名的教堂。教堂由法国建筑师罗歇·埃雷尔设计，融汇欧洲哥特式建筑与非洲茅屋顶特色，呈尖拱结构的内部好像是十指相对，顶部高达 22 米。教堂屋顶全部由产自法国的绿色孔雀石覆盖，在阳光的照耀下熠熠生辉。教堂中的圣母与圣安娜、圣约瑟夫像均由波多－波多画校创始人、法国画家皮埃尔·洛兹绘制，由著名雕刻家伯努瓦·高农戈雕刻完成。

旅游攻略

住宿：

①迈克尔的酒店

酒店位于刚果共和国。

②大西洋宫酒店

酒店位于刚果共和国。

交通：

由我国去刚果首都布拉柴维尔，可以从北京、广州或香港乘埃塞俄比亚航空公司的航班，中途经停埃塞俄比亚首都亚的斯亚贝巴转机前往布拉柴维尔。也可以从北京、上海、广州或香港乘法国航空公司的航班，中途经停巴黎转机前往布拉柴维尔市或黑角市。布拉柴维尔马亚马亚国际机场有出租车通往市内。

时差： 与北京时间相差 7 小时。

货币： 刚果货币为刚果法郎，简称刚郎。

温馨提示：

①那里仍过着与世隔绝的原始部落生活。俾格米人，平均身高不足 1.4 米，被称为"矮人国"。如果到这里游览时，一定要遵守他们的习俗、规矩，不要对别人的身高鄙视和嘲笑。

②刚果河流域主要的流行病有疟疾、艾滋病、麻风、血吸虫病、锥虫病、结核、丝虫病、镰状细胞贫血等，要注意防蚊虫和个人卫生。

海螺沟冰川——"瑶池仙境"的体验地

外文名称： Hailuogou　　　　　**所属国家和地区：** 中国

地理位置： 四川省甘孜藏族自治州东南部

著名景点： 日照金山、雪谷温泉、冰川倾泻、原始森林

　　这里是亚洲东部海拔最低的现代冰川发现地，不但有飞溅雄壮的冰川，而且原始森林内蕴藏着大流量的沸热温冷矿泉，有世界上最大的瀑布。或许上天太宠爱它，这还不足，还要给予它大面积的原始森林和高的冰蚀山峰、大量的珍稀动植物资源。于是在这个奇妙的地方，你会有身临"瑶池仙境"的感触。

　　海螺沟位于贡嘎雪峰脚下，有亚洲东部海拔最低、最容易进入、离大城市最近的现代海洋性冰川。是高山沸、热、温、冷与生态完整的原始森林为一体的综合型旅游风景区。晶莹的现代冰川从高峻的山谷铺泻而下，飞溅起的千百万朵雪浪花，把寂静的山谷点缀成冰清玉洁的琼楼玉宇。险峻的冰桥、巨大的冰洞，让人仿佛置身于神话中的水晶宫，特别是高达1000多米，宽约1000米举世无双的大瀑布，瑰丽非凡，比著名的黄果树瀑布要大出10余倍。晴天月夜，景象万千，令人见后终生难忘。

　　除了海螺沟奇特的冰川风景外，蕴藏在原始丛林中的热温泉也是让人心怡的地方。如果说大冰瀑显得如此遥不可及，在雪中实实在在地泡温泉应该是很好的享受。在海拔2660米处的温泉二号，被当地人民称为"热水沟"，从地表的石缝中终年不断地涌出热泉，水温高达83度以上，日流量达8900吨，如果不是亲眼所见，谁能想象得出在这天寒地冻的高原上竟有"天上瑶池"？经化验后，此泉属碳酸氢钠型中性优质医疗热矿泉，可以治疗多种疾病，并有奇效。该处已经建有 10 个大小不等的露天温泉池和一个 200 平方米的露天温泉游泳池。温泉周围是茂密的原始森林，风景非常优美。特别是冬季至此，可以在这里一边赏雪景，一边泡温泉，如果再遇到降雪，在热乎乎的露天温泉里悠然地透过氤氲升腾的水汽，欣赏雪花飘飞的奇景，眼望着四周银峰耸立、白雪皑皑，真是身临"瑶池仙境"。

红石是大自然赠送给贡嘎山地区最珍稀的物种之一，在燕子沟、海螺沟、雅家埂、南门关沟等景区分布着大面积的红石滩。每一块石头都被红色苔藓披上一件美丽的红色外衣。在河流的两岸，红石大量堆积，成群的红石变成一种流动的红色，与清冽的流水相伴顺流而下，让人感叹大自然的神奇造化。

旅游攻略

住宿：

①海螺沟冰川温泉度假村

度假村位于海螺沟二号营地，属核心景区内。

②海螺沟冰川饭店

饭店位于甘孜州泸定县磨西镇中部，是一所五星级饭店。

交通：

①成都启程：从成都至海螺沟可以在新南门汽车站乘坐班车前往。

②磨西镇启程：从磨西镇可以直接进入海螺沟风景区。

③三营地启程：从三营地到观景台，可以乘车直到索道售票处。也可乘坐四川特有的滑竿到观景台。

④四姑娘山启程：从四姑娘山可直接到海螺沟。

时差：无。

货币：人民币。

温馨提示：

①高山气候易变，要注意随身携带防雨御寒衣物，不要穿塑料鞋、高跟鞋以及裙子、短裤上冰川。

②冰雪反射阳光较强，最好配戴墨镜保护眼睛；冰川上紫外线较强，应准备遮阳帽和防晒霜。

③观赏大冰瀑时，严禁跨越冰川警戒线。

④进入冰川前要通过砾石区和松散层陡坡，要注意脚下踏稳并要谨防高坡坠石。进入冰川城门洞，要警惕冰崖滑塌，如果发生跌进冰裂缝、冰上滑倒或掉入冰洞等事故，请不要惊慌，应该听从导游指挥组织救护。

科罗拉多大峡谷——大自然的鬼斧神工之作

外文名称：the Grand Canyon　　　　**所属国家和地区**：美国西部
地理位置：亚利桑那州西北部的凯巴布高原上
著名景点：胡佛水坝、布莱斯峡谷国家公园、米德湖

> 1890 年美国作家约翰·缪尔在这里游历后感慨地说："不管你走多少路，看过多少名山大川，你都会觉得大峡谷仿佛只能存在于另一个世界，另一个星球。"也的确如此，它就是大自然的奇迹，被大自然精心雕刻的峡谷，会勾起你不甘的心，试图要将它遍处穿行，它除了给你惊奇，更有意想不到的绮丽色彩。

美国的科罗拉多大峡谷位于亚利桑那州的西北部，科罗拉多高原西南部。大峡谷大致呈东西走向，形状极不规则，像一条桀骜不驯的巨蟒蜿蜒曲折地匍匐在凯巴布高原之上。科罗拉多河在谷底汹涌向前，形成两山壁立，一水中流的壮观景象。其雄伟的地貌、浩瀚的气魄，奇突的景色，慑人的神态，举世无双。1919 年，威尔逊总统把大峡谷地区辟为"大峡谷国家公园"。

站在峡谷边缘，惊异会在你心中油然而生，这片土地是如何被大自然用鬼斧神工的创造力开辟而成的。层层断面斑斓而露，峭壁下的深渊深不可测，虽然周围有护栏围挡，但是你还会被深渊那诡秘的魔力而心惊胆寒，不敢去正视它。于是你会怀疑自己是否走到地狱之门，又如何再敢向前迈一步！或是真感觉自己走到世界的尽头，那么孤单单地把整个世界抛在身后，于是一种难以名状的震慑撞击着你的心灵。

大峡谷岩石是一幅幅地质画卷，它反映出不同的地质时期，在阳光的照耀下变幻着不同的颜色。魔幻般的色彩吸引着全世界无数旅游者的目光。由于人们从谷壁可以观察到从古生代至新生代的各个时期的地层，所以也被誉为是一部"活的地质教科书"。大峡谷两岸都是红色的巨岩断层，大自然独具匠心的创造力镌刻得层峦叠嶂、岩层嶙峋，夹着一条深不见底的巨谷，卓显出无比苍劲的壮丽。更让人称奇的是，这里的土壤虽然大都是褐色，但当阳光普照时，岩石的色彩会依太阳光线的强弱时而呈现出深蓝色、时而是赤色，时而又是棕色，变幻无穷，彰显出大自然的斑斓诡秘。这时的七彩缤纷的大峡谷宛若仙境一般苍茫迷幻，迷人的景色让人流连忘返。峡谷的结构与色彩，特别是那磅礴的气势和瑰丽的魅力，是任何画家和雕塑家都无法模拟的。

除去峡谷雄伟壮观的一面，那里还有许多千回百转的通幽曲径，两崖壁立千仞，夹持一线青天的景色不仅让人惊叹，也会让人觉得前面就是当关之勇夫。另外的一些由水流冲击而成的岩穴石谷，色彩通红如火，形状千奇百态，每一处岩石都好像是一幅精美的画。站在岸边，谷地深处的科罗拉多河的涓涓细流，几乎遥不可见。很难想象这细小的黄水是从大峡谷的主要创造者峡壁的岩石里面流出。大峡壁上的岩石分层清晰完整，是研究地壳形成的活标本。也是了解地质知识乃至了解地球的生动课堂。

旅游攻略

住宿：

①威尼斯人大酒店

酒店位于拉斯维加斯大道中心地段。

②金字塔酒店

酒店位于拉斯维加斯大道上。

交通：

①公园内有班车提供大峡谷北面和南面之间的交通，该公交服务在每年的 10 月 15 日终止。

②出租车：每日 24 小时有出租车到大峡谷机场。

时差： 夏季与北京时间相差 15 小时，冬季与北京时间相差 16 小时。

货币： 当地通用的货币是美元。兑换汇点主要集中在市中心及机场，许多银行也提供换汇服务。

温馨提示：

①大峡谷国家公园内的住宿床位有限，在每年的旅游旺季都会人满为患，一定要提前预订。

②旺季一般在 7 月，园内、园外比较近的旅馆都会住客满满，价格要比一般旅馆稍贵，但在一种寄宿的经济旅馆约 100 美元一晚，可住四人，有热水冰浴和卫生间，相当干净舒适，但是不提供免费早餐。

图尔卡纳湖——跳跃的碧玉

外文名称：Lake Turkana　　　　所属国家和地区：肯尼亚

地理位置：肯尼亚北部　　　　　著名景点：湖心小岛、火山群

你若是走在广阔无垠的沙漠中，忽然听到水涛翻浪的声音，并邂逅停泊的渔船，随后便看到一望无际的宝绿色水面，你会怀疑自己是不是在梦境，或者是出现了幻觉，仿佛自己就是在海边。若是能够在天空俯瞰它美丽动人的面容，你会情愿坠入到这似真似幻的梦境中，让时间在此刻暂停。

肯尼亚的北部是一片广域的沙漠，这里因为降水稀少，比较干旱，农作物难以生长存活，只稀疏生长一些荆棘和灌木丛，所以当地人以游牧或者半游牧业为生。当然，如果你乘飞机经过这片天空，透过窗户俯视，你会发现底下有一颗巨大而又美丽的水晶珠在了无人迹的荒野上跳跃，它就是非洲著名的内陆湖泊——图尔卡纳湖，又名碧玉湖。

图尔卡纳湖是东非裂谷带上众多湖泊中的一个，湖区像一条玉带呈条带状，南北总长256千米，向北可抵达埃塞俄比亚边界，东西宽50～60千米，面积约6400多平方千米，湖南海拔375米，它不仅是肯尼亚境内最大的湖泊，也是世界上最大的碱水湖之一。

图尔卡纳湖处于干旱地区，注入湖泊的水源有限，湖泊周围的侵蚀程度比较弱，因而到今天它仍然处于孤立隔绝的状态当中。由于湖水不能外流，形成了一个面积巨大的碱水湖泊，湖水的滑腻感非常强，有很强的去污能力。据说在很久远的时期，图尔卡纳湖和尼罗河是连通的，在后来的地壳运动变化中，它们逐渐被隔离开来，失去了联系。如今的图尔卡纳湖，最深的区域在南部，最深地方有120米。湖心有3个并列的小岛，小岛被翠绿的草丛所覆盖。碧绿的图尔卡纳湖色泽明丽，水性清凉，让人不可思议的是，除含盐度高的南部湖水可以提取盐类之外，其他浅水区的湖水只是略带碱味，可以当作饮用水食用。尤其是湖区内的水生物非常丰富，鱼类更是繁多众杂，鱼的体型也非常大，有的鱼约数米长，有100多斤重。湖区盛产鲤鱼，鲤鱼个头大、数量多，长达10多米的鲤鱼发怒可顶翻湖中的木船。

图尔卡纳湖是由地壳断层陷落造成的，湖区四周分布着众多火山。它们都是熄灭已久的"死火山"，像巨大的圆锥一个个傲然挺立在高原之上，非常的醒目壮观。由于在火山昔日喷发的影响下，这里的地表已经形成了一层很厚的暗棕色土壤，土层营养丰富，再加上湿热的气候，有利于植物生长。茂密的树木和牧草生长在火山山腰及湖滨地区，香蕉、芭蕉、青藤架、芒果树、椰子树、棕榈树等，满山遍野，随处可见。成群成群的羚羊、斑马、野鹿等动物栖息在树木、草丛之中。白天，湖区四周一片寂静；黄昏，羚羊纷纷钻出草丛，斑马追逐嘶叫着来湖滨饮水，湖畔顿时变得热闹起来。

旅游攻略

住宿：

①肯尼亚舒适套房酒店

酒店部分客房内设免费瓶装水，淋浴设施，书桌，茶／咖啡机，冰箱等设施，加上设计装饰温馨舒适，定能带给住客宾至如归的感受。

②三角洲酒店

酒店内设施繁多，夜总会，会议设施，吸烟区，礼宾接待服务，接送服务等都已配备。

交通：

①航空：肯尼亚有三个国际机场：位于内罗毕的肯雅塔国际机场、蒙巴萨的莫伊国际机场、额尔多雷特的威尔逊机场。广州有直达内罗毕的航班。

②公路：肯尼亚的路况差异极大，在偏远地区会非常差。长途汽车多为中巴，固定票价，人满发车。去国家公园游览则必须参加当地的SAFARI，包食、宿、车和门票，可以自行选择天数和路线，有一定的自由度。

③铁路：肯尼亚只有一条铁路，由乌干达通往蒙巴萨港，是英国殖民时代修建的。铁路穿越查沃国家公园，乘坐列车饱览非洲草原的壮丽景色绝对是令人毕生难忘的经验。但季节不同列车班次也有不同，要提前预订。

时差：与北京时间相差5小时。

货币：肯尼亚先令，机场有兑换点。

温馨提示：

①肯尼亚疟疾、伤寒、霍乱和艾滋病等疾病发病率较高。应随身带一些防治药物。外出活动应注意防蚊防晒。

②穿着要得体，不穿过于怪异和紧身的服装。尽量着便于室外活动的休闲旅游服，鞋子要耐穿，袜子要略厚，并戴上遮阳帽。

③晚上尽量不要出门，白天最好不要步行出门，即使出门应结伴而行。

布莱德河峡谷——欢乐的河流

外文名称：Blyde River Canyon　　　　　所属国家和地区：南非

地理位置：南非姆普马兰加省

著名景点：伯克幸运壶、上帝之窗、布莱德河峡谷

它不是世界上最大的峡谷，但它是世界上保护最好的峡谷。峡谷长 26 千米，平均深度约 762 米，峡谷两岸的山地被亚热带作物覆盖，十分引人注目。乘船畅游在峡谷河流当中，会有野生动物来摇动你的船，充满着新鲜和惊讶。

布莱德河峡谷自然保护区位于克鲁格国家公园西边，是仅次于姆普马兰加国家公园的观光景点。与 1000 米高的大峡谷和布莱德河交织在一起的壮观景色，没有人不为此惊叹。在南非，也只有这里才可以享受到如此壮丽和谐的景观。布莱德河意为"欢乐的河流"，以其为中心的布莱德河峡谷自然保护区，面积达 3 万平方千米。尤其是伯克幸运壶、上帝之窗、布莱德河峡谷等景观，更是让人惊叹不已。

伯克幸运壶，位于布莱德河与 Treur 河交汇的地方。相传从桥上向瀑布的旋涡里投掷硬币，并许下自己的愿望，就有可能实现。在这里既设有自然保护区，还设有问讯处、商店和小博物馆。保护区内设立了 3 条徒步游览路线和约克眺望点。新娘的面纱瀑布是这里最浪漫的瀑布，位于萨贝尔河的南边区域。游客到达这里需要在原始森林中步行 10 分钟。这里的杜尔史顿鳟鱼的数量很多，每年 10 月都会举办庞大的鳟鱼节，来此钓鳟鱼趣味无穷。里斯本瀑布形状如半圆形，小瀑布连连，十分美丽。

上帝之窗是位于保护区南端陡坡边的一个眺望点，每当天气晴朗时把窗帘拉起，从这里

向下看，可俯瞰到 1000 米以下的景观，此时你就会明白什么是人间仙境。离此不远，还有一座峰顶岩，巨大的花岗石组成的岩柱，从长满蕨类植物的深谷中耸起，俨然就是一柱擎天柱，壮丽而奇异。

布莱德河峡谷是河流冲刷龙山山脉，下切陆坡而自然形成的，三座圆锥巨岩是峡谷最清楚的目标，它们排列组成的状似圆形茅草屋遥遥相对，俨然是矗立的三姐妹，壮观绮丽！布莱德河在山区刻画出的峡谷，十分深邃，给人以惊悚的感觉。在河谷的上方设有很多观景台，可以让你从不同角度观览这里的风貌。这里旅游是免费的，但有严格的时间限制。峡谷有 800 多米长，瀑布、奇石等景观层出不穷，还有千年滴水穿石的奇特景观，无不让人惊叹大自然的绮丽手法。

旅游攻略

住宿：

①布莱德河野外小屋

完善的设施，精美的装饰，这些都可让您在住宿期间感受到更多愉悦。

②恩加马帐篷狩猎小屋酒店

酒店为顾客配备了一系列的设施和服务，旨在让各位住客能够享受更多舒适与便捷。洗衣服务，保险箱，餐厅，家庭房，接送服务等设施都已配备，可供住客使用。

交通：

①航空：南非有九个主要机场，众多的航班连接着南非主要的城市，还有定期航班和包机服务使来访客人能够方便地抵达其他城市和游览胜地。

②火车：火车分为两个等舱，有多种列车，包括 transOranje、trans-NatalEspress、trans-karooExpress 及最负盛名的 Bluetrain 豪华快车，值得一试，2 岁以下全免，2-11 岁半价。

③客车：长途汽车有数家公司经营，等级也有不同，有 Greyhound、Translux（豪华型）、Transtate 等。每天都有到各大城市的旅游班车。

④出租车：出租车多数无法在街上拦车，需用电话叫车，夜间加乘。左侧行车，南非的公路网四通八达，且铺设完善，非常适合开车旅游，也有露营车出租。

时差：与北京时间相差 6 小时。

货币：当地通用的货币是南非兰特，需要先兑换美金再兑换南非兰特。

温馨提示：

①南非的河流、湖泊中，有的有血吸虫，应避免直接饮用或在陌生水域中游泳。

②注意防止疟疾，防蚊虫叮咬，预备几种防蚊虫的用具，备一些效果好的杀虫剂。

③南非是世界上艾滋病感染人数最多的国家之一，来南非前最好先了解一下相关的防治方法。

安赫尔瀑布——壮观的高落差瀑布

外文名称： Angel Falls　　　　　**所属国家和地区：** 委内瑞拉

地理位置： 南美洲委内瑞拉

著名景点： 安赫尔瀑布、卡奈马

> 1935 年，一位名叫吉米·安赫尔的飞行员为了寻找黄金，驾机飞越南美的委内瑞拉高地，他在飞越德弗尔山时，发现了一些瀑布。两年后，吉米·安赫尔又飞回来，想做一次更接近瀑布的观察，但不幸的是他的飞机坠毁，陷入一片沼泽地中，他与同伴花了 11 天的时间奋力穿过热带丛林到达瀑布处。虽然吉米·安赫尔没有找到黄金，但却发现了世界上最高的瀑布，即后来的安赫尔瀑布。

安赫尔瀑布位于委内瑞拉玻利瓦尔州圭亚那高原卡罗尼河支流丘伦河上，它在高山峭壁之间盘桓，凌空垂下，激起的珠玉，飞溅在满山谷。在阳光的照耀下，时常会看到一道绚烂的彩虹架在水雾上。当月亮爬上高空后，柔媚的月光如给瀑布披上轻纱，仿佛是谁抛出的皎练，与这条飞奔的银龙嬉戏玩耍。瀑布下坠的气势仿若追风逐电，势不可当。隆隆轰鸣之声，似飞龙清啸，回响在整个山谷。瀑布两旁山石嶙峋，古树参天，藤葛缠绕纠结，使瀑布在壮丽中又添肃穆之美。

在安赫尔瀑布下游有个叫作"卡奈马"的地方，这里也是瀑布众多，景色迷人。委内瑞拉政府在这里开辟旅游区，修建一条可以做喷气客机起降的跑道。首都加拉加斯附近的迈克蒂亚国际机场，有两次班机每天飞往这个瀑布区。在"卡奈马"欣赏完"斧头瀑布"等风景点之后，可以乘游艇逆卡奥河而上，去参观"安赫尔瀑布"。还可以到丛林中去做远足旅行，访问印第安村落，了解印第安人捕鱼狩猎的原始生活。这里还有很多私人小飞机出租，可以乘飞机前往观赏。虽然从飞机上听不到瀑布的轰鸣声，但透过蓝天白云，能看到飘然而出的那条雪白的白练。飞机盘旋穿行在峡谷中，进入"探险"的境地，所以如果你要乘飞机浏览瀑布，可以得到一张特制的"勇敢的探

险者"证书。

卡奈马国家公园是委内瑞拉最大的公园，面积达 3 万平方千米，这里有开阔的草地和一望无际的热带雨林，还有众多的瀑布群，被誉为"瀑布之乡"，这里还有长达 70 千米的河道，河面最宽处有近 2 千米，最窄处为 20 多米，是真正的自然漂流河道。由于完全没有经过人工修饰，更保持着原始的特色。两岸全是茂密的原始森林，山峰也很壮观。沿途能看到阿恰大瀑布群，水量大、水面宽阔、水流湍急，仿佛是千万头猛兽相互扭打着从高 100 米的空中翻滚下来后，猛烈跌入深渊，激起巨大的浪涛。深山幽谷中雾气蒸腾，这里山峦起伏，浓林密布，加之众多的瀑布更使得景色越加壮观、秀丽迷人，是观赏瀑布的佳境。

旅游攻略

住宿：

①丽都中心丽都酒店

酒店位于加拉加斯的黄金地段，毗邻市区内的各大主要景点。

②亚历克斯酒店

酒店位于委内瑞拉加拉加斯。

交通：

去瀑布最常规的两条路线，一是从奥尔达斯港飞到安赫尔瀑布，另一条是从委内瑞拉过去，也是乘坐小飞机。但是从加拉加斯前往这两个地方，多数人前者是选择坐飞机，后者一般是乘坐大巴。

时差：与北京时间相差 12.5 小时。

货币：当地通用的货币为主权玻利瓦尔，可以在机场兑换。

温馨提示：

①瀑布在旱季的时候水量较小，不过常年有雨，所以不必担心瀑布断水。

②委内瑞拉近年来经济状况不佳，社会治安有所恶化，以谋取钱财的偷盗、绑架、持枪抢劫等犯罪活动呈上升趋势。一些不法分子会以审查证件为名对旅委人士实施非常拘留和敲诈勒索，遇到此类事件，只要本人持有合法身份证和居留证，应与之交涉，切忌满足其不合理要求。

③委内瑞拉人十分讲究社交场合着装整齐，即使天气比较热，在正式场合下，男女都要穿西服，系着领带，穿上皮鞋。

东非大裂谷——地球表皮上的一条大伤痕

外文名称：East African Great Rift Valley

所属国家和地区：非洲　　　　地理位置：非洲东部

著名景点：图尔卡纳湖、马塞马拉国家公园、塞伦盖蒂国家公园

> 这里是地球上最大的断层陷落带，被人们称为"地球表皮的一条大伤痕"，这里曾经是人类发祥地之一，有着数不清的湖泊。曾经活动过的火山所形成的风化物，堆积成肥力非常强的暗棕色土壤。再加上良好的气候，使得草森繁茂、果树漫山遍野，成群的斑马、野鹿、羚羊又为它增添了无限的生机。

当你乘飞机越过浩瀚的印度洋，进入东非大陆的赤道上空时，从飞机窗口向下俯视，会在地面上看到一条硕大无比的"刀痕"，一种惊异而神奇的感觉令人油然而生。这就是著名的"东非大裂谷"，也称为"东非大峡谷"。这条大裂谷相当于地球周长的1/6，景色壮观、气势宏伟，是世界上最大的裂谷带，也被人们形象地称之为"地球表皮上的一条大伤痕"。古往今来不知有多少人为之倾迷。

在没有见到东非大裂谷之前，很多人凭自己的想象认为，那里肯定是一条黑暗、狭长、恐怖、阴森的断涧，会有怪石嶙峋、荒草漫漫、了无人烟。然而身置于此竟会发现，眼前呈现的是另一番景象。远处茂密的原始森林覆盖着连绵的群峰，山坡上长满盛开着的淡黄色、紫红色花朵的仙人球、仙人掌。近处广袤的草原上散落着密密郁郁的灌木丛。花香阵阵，野草青青。草原深入的几处湖泊湖面水波闪光，山水之间飘荡着白云，裂谷底部平平整整，坦坦荡荡，林木葱茏，牧草丰美，生机盎然。

裂谷底部是一片开阔的原野，有20多个狭长的湖泊，仿佛是一串串晶莹的蓝宝石在谷地散落着。中部的纳库鲁湖和纳瓦沙湖是鸟类等动物栖息之地，也是肯尼亚重要的野生动物保护区和游览区。其中海拔1900米的纳瓦沙湖是裂谷内最高的湖。南部的马加迪湖产天然碱，是肯尼亚重要矿产资源。北部图尔卡纳湖

是人类发祥地之一。在这里曾经发现过 260 万年前古人类的头盖骨化石。

图尔卡纳湖是东非裂谷带上许多湖泊中的一个。由于图尔卡纳湖是因断层的陷落而形成，有许多座火山在湖区的四周耸立着。这些早已熄灭的"死火山"，仿佛是傲然挺立在东非高原上的一个个巨大的圆锥，显得非常壮观醒目。这些火山曾在昔日多次喷发，所形成的火山风化物已经堆成一层厚厚的暗棕色的土壤。土质有非常强的肥力，而且气候温热，使得农作物很适合生长。火山山腰及湖滨地区生长着茂密的牧草和树木，鲜嫩的青藤架、碧绿的芭蕉、香蕉丛，巨大的椰子树、棕榈树、芒果树等，漫山遍野，比比皆是。草丛、树木中栖身着成群的斑马、野鹿、羚羊等动物。湖区的白天四周一片寂静，但到黄昏后，斑马追逐嘶叫着来湖滨饮水，羚羊纷纷钻出草丛……顿时使湖畔变得热闹起来。

旅游攻略

住宿：

①朴岛酒店

酒店位于肯尼亚的瓦塔穆。

②海王星海滩度假村

度假村位于肯尼亚班布里海滩的银色沙滩。

交通：

从内罗毕坐车到东非大裂谷，一路上交通不拥堵，但山路崎岖，遇下雨天时注意行车安全。

时差： 与北京时间相差 5 小时。

货币： 当地使用的货币是美元和先令，在机场附近有兑换的地方，但汇率高，且收手续费。

温馨提示：

①在众多非洲艺术品中，尤其以石雕、木雕、手工编制品、各类绘画以及蜡染纺织品最为突出。

②东非木雕艺术既是传承文明的载体，又是文化的精髓，用乌木雕刻的精良作品，既有玉石般的珠宝光泽，又有青铜般的尊贵气质。

③肯尼亚气候早晚较凉，注意不要感冒，去景点应该带件较厚的衣服，要遵守景点规则，注意安全。

岩塔沙漠——神秘莫测的沙漠幽灵

外文名称： Pinnacles Desert

所属国家和地区： 澳大利亚　　　　**地理位置：** 澳大利亚西部

著名景点： "鬼影"岩塔

> 这里人迹罕至，是一片不毛之地的沙漠，处处荒凉，处处死寂，只有那呜咽着的如泣如诉的风，不甘心地卷起流沙，那金黄的黄沙中，林立着无数塔状的岩塔，形态各异的岩塔在茫茫的沙漠里星罗棋布地罗列，使人感觉怪异而神秘。它似乎有着诡秘的生命，不知不觉中来到人间，而后在某一个时间又会消失。神秘莫测的岩塔成为澳大利亚西部难得的奇观。

岩塔沙漠位于澳大利亚西部的西澳首府珀斯以北约250千米处。在临近澳大利亚西海岸的楠邦国家公园内。这片不毛之地的沙漠荒凉处，岩塔林立，人迹罕至。平时只有风卷流沙，金黄一片，处处都是死寂，只有那呜咽的风如泣如诉。这里地形崎岖，地面布满石灰岩。由于在沙漠中林立着无数塔状孤立的岩石而得名。岩塔形态各异，在茫茫的黄沙上星罗棋布，壮观的景色使人感觉怪异而神秘。

每个岩塔的形状不同，有的像蜂窝，有的表面比较平滑，有的一簇岩塔酷似散放在那里的巨大的牛奶瓶，等着送奶的人前来收集。还有一组名为"鬼影"，中间的那根石柱好像是死神，而它的四周围着众鬼在无奈地听着它说教。这里有趣的是，许多岩塔也都名如其形，但不像"鬼影"那样使人毛骨悚然。例如"大袋鼠""门口""园墙""骆驼""臼齿""象足"或"印第安酋长"等。

岩塔附近的珀斯国王公园建于1890年，总面积400.6万平方米，要大于纽约中央公园、澳大利亚有名的植物园及公园。这里的原始灌木仍保留着珀斯建市时的原始状态。珀斯国王公园位于珀斯市西面，距离市中心 1.5 千米，在那里可以俯瞰到天鹅河和整个珀斯的美景。公园内有大片的公共烧烤设施和草坪，供人们休闲娱乐。公园里约有 80 种鸟类和 319 种植物，植物包括蜡菊、山龙眼、袋鼠爪、尤加利花等珍奇品种，是名副其实的花的世界，花的海洋。繁多的植物，让人仿佛回到了原始时代，每年的 9 月至 11 月是珀斯公园的春季，此时鲜花盛开，那里的野花节在世界享有盛名，野花品种达 3000 多种。凭借着其大片的绿地、独特的野花和多样的灌木植物，每年来这儿的游客有 500 万以上。成为西澳最受欢迎的旅游胜地。

旅游攻略

住宿：

①珀斯市国际青年旅舍

旅舍位于珀斯市中心地带，地理位置优越，交通便利。

②珀斯市中心假日酒店

酒店位于珀斯市中心，靠近珀斯火车站。

交通：

①飞机：从我国的香港和广州有直飞珀斯的航班。珀斯机场有免费地图提供。

②公交车：市内有 bluecat、redcat、yellowcat 三种不同的公交车，市内的景点基本都能到达。

③地铁：当地的地铁也很方便。要注意不管是乘坐公交车还是地铁，下车时要在站旁的按钮上按一下，否则无法打开车门。

时差：无。

货币：当地使用的货币为澳元，机场和各大银行均有兑换处，但人民币一般不兑换，美元可以兑换。

> **温馨提示：**
>
> ①公园基本是免费的，美术馆、博物馆以及相应的公共场所都是免费的，人们可以随便在这些地方学习、徜徉、逗留。
>
> ②这里的夜生活比较丰富，夜晚比白天人气更加兴旺。咖啡厅、酒吧、赌场、饭馆、戏院、电影院、歌剧院数不胜数。能满足不同人的需求。

亚马孙雨林——热带雨林的奇迹

外文名称：Amazon Rain Forest

所属国家和地区：南美洲　　　　地理位置：亚马孙盆地

著名景点：玛瑙斯野生热带雨林、黑河、布雷维斯峡湾

> 这里是一个热带的奇迹，它远离都市的尘嚣和人类商业、工业文明，使得这片热带丛林成为一座返璞归真的孤岛绿洲，是当今世界保存最大最原始最好的热带雨林。它覆盖着南美洲 700 平方千米的土地，成为一个绚丽多姿、丰富多彩的植物王国，也是一个博大精深、波澜壮阔的动物世界。

位于南美洲亚马孙盆地的亚马孙热带雨林横越了巴西、秘鲁、哥伦比亚、厄瓜多尔、委内瑞拉、玻利维亚、苏里南及圭亚那。占据世界雨林面积的一半，是全球最大及物种最多的热带雨林，被人们称为"地球之肺"。

亚马孙热带雨林中蕴藏着世界最多样最丰富的生物资源，植物、鸟类、昆虫及其他生物种类多达数百万种，其中许多科学上至今尚未记载。在繁茂的植物中有各类的树种包括月桂类、香桃木、金合欢、棕榈、巴西果、黄檀木及橡胶树。主要动物有海牛、红鹿、美洲虎、水豚等，还有多种猴类，有"世界动物王国"之称。

哥伦比亚的亚马孙热带雨林是一片广袤的地域，那里炎热、潮湿、大树参天。植物不计其数，动物种类繁多，阳光很难透过茂密的树冠，形成一个稠密的网。2000 万的土著人世世代代以亚马孙河流域为家，他们把森林作为唯一赖以生存的家园，甚至从未与现代社会接触，并有一些赤身裸体的印第安部落至今尚不为世人所知。由于这片茂密的雨林里生长着各类动植物，就会有着各类的危险，对于冒险家们来说，这里是上天赐予他们的乐土，即使明知危险重重，也是那样趋之若鹜。而对于动植物学家来讲，亚马孙森林则是他们眼中的天然博物馆，在那里进行资料及标本采集是再好不过了。

布雷维斯峡湾是亚马孙河最迷人的支流之一，这条狭窄的水道蜿蜒贯穿赤道附近的森林，由 1000 个小岛组成。各种神奇的动植物遍布在岛上，出了峡湾后，视野一片开阔，那便是亚马孙河的入海口。古城贝伦是人类进入

神秘的亚马丛林的门户，也是巴西人守卫亚马孙广阔领土的重要军事要塞。直到现在，亚马孙地区任何栽培和萃取的木材、家用产品仍然需要经过贝伦才能走向贸易市场。在这里你能感觉到丛林植物浓稠的味觉、裹挟着赤道无风带湿漉漉的空气、蟒蛇鳄鱼的凶猛表情、在即将冲入大西洋前的最后模样以及土著部落被遗忘的历史等所有的亚马孙气息。

亚马孙热带雨林是一部深邃博大的书，也是一组宏伟壮阔的交响曲，它的美丽、神奇、丰饶，即便是妙笔生花，又怎么能表达得如此完美呢？

旅游攻略

住宿：

①马瑙斯凯撒商务酒店

酒店位于马瑙斯的市中心，距离城市的工业区仅有 10 分钟车程。

②马瑙斯公园套房

地址：Avenida Coronel Teixeira，1320A。

交通：

①飞机：南美洲的主要国家和主要城市都设有国际机场，如巴西首都巴西利亚，智利首都圣地亚哥，委内瑞拉首都加拉加斯。

②陆路：南美洲很多国家以公路、铁路为主，巴西和阿根廷交通较发达。苏里南、圭亚那、乌拉圭、委内瑞拉、智利等国拥有较稠密的公路网。

③水运：南美洲内河通航里程约 10 万千米。

时差：与北京时间相差大约在 12～15 小时。

货币：不同的国家，所流通的货币不一样，要先确定好当地使用的货币再进行兑换。

温馨提示：

①部分景点在海拔 3400 米以上，低海拔地区生活的人游玩时，易产生呼吸急促、头痛等高原反应，所以在游玩的过程中应尽量避免做剧烈运动，不宜吃得过饱，不宜饮酒，保证充足睡眠。

②如果有人一个箭步将你身旁的巨蟒掀起，笑呵呵地放到肚子上耍起来，可犯不着大惊小怪，既然已经来亚马孙，就算再奇怪的生物，也可以成为私家的宠物。

③巴西的黑豆饭和烤肉是到亚马孙必尝的美食，此外还有许多特色小吃。

神农架——富有传奇色彩的神秘绿洲

外文名称：Shennongjia Forest Region

所属国家和地区：中国　　　　地理位置：湖北省西部

著名景点：天燕原始生态旅游区、燕子垭、神家顶、红坪

神农架林区位于湖北省西部边陲，西与重庆市巫山县毗邻，东与湖北省保康县接壤，北倚房县、竹山且近武当，南依兴山、马东而濒三峡。是中国唯一以"林区"命名的行政区。这里在远古时期，曾经是一片汪洋大海，经燕山和喜马拉雅山运动逐渐提升为多个陆地，并形成马槽群和神农架群等具有鲜明地方特色的地层。

神农架的命名缘起于华夏始祖之一的神农氏，传说他曾在这里架木为梯，采尝百草，教民稼穑、救民疾夭而得名。相对封闭的自然环境和古老漫长的地理变迁，使神农架全境蕴藏着丰富的自然资源。是我国内陆唯一保存完好的一片绿洲，拥有在世界中纬度地区唯一保护完好的亚热带森林生态系统。冷杉、梭罗、岩柏等遮天蔽日，华南虎、金丝猴、金钱豹、白蛇、大鸨、白鹳等67种受国家保护的珍稀野生动物在林间生长。有2013种可做处方药的动、植物，千年相传的"野人"之谜和白化动物为世人瞩目。这里是名副其实的"天然动物园""物种基因库""绿色宝库"。

位于神农架西北部的天燕原始生态旅游区，约有926.24平方千米的面积，是以神农氏传说和淳朴的山林文化为内涵，以原始森林风光为背景，集奇花、奇树、奇峰、奇洞与山民奇风异俗为一体，形成猎奇探秘、原始悠古为主题的原始生态旅游区。景区内物华地灵，林海茫茫，美不胜收，尤以"雄、野、秀、幽"为特色而生美感。这里汇集着南北不同自然地带的动植物资源，非常具有可观性，再加上这里空气清新，环境静谧，是很让人神往的地方。

世间决裂的地方。

旅游攻略

住宿：

①神农架木鱼呼啸山庄

山庄位于步行街入口处，进出方便，比较安静。

②神农架双林酒店

酒店就在木鱼镇上，出行、吃饭都很方便。

交通：

①长途汽车：神农架自然保护区位于湖北省西部边陲，有便利的交通。进出神农架主要以公路为主，从宜昌、十堰、武汉三个方向进出，大都抵达兴山县，然后换乘巴士直达神农架木鱼镇。

②班车：景区内交通方便，早上发出的各趟内部旅游班车，均经过景区，但在林区内还是以包车为主要交通方式。

时差： 无。

货币： 人民币。

位于神农顶风景区内的风景垭，垭口掩于箭竹林中，下临深涧，丛生的石木如柱似笋，四周多箭竹林、草甸、高山杜鹃、冷杉等，被变幻莫测的云雾缭绕着，形成"石林云雨"的奇景，被誉为"神农第一景"。尤其是在雨过天晴后，云烟滚滚，波澜壮阔，终年不衰的雾气云瀑仿佛让你置身世外飘然欲仙的境界。

金猴岭是神农顶景区金丝猴的主要活动区，也是神农架数百平方千米原始森林的典型代表，站在金猴岭的原始森林里，看着这些大树悲壮地生，悲壮地死去，让你认识到大自然竞淘规律而进行的绞杀、格斗，那呜咽的声音仿佛是因格斗绞杀而发出的痛苦呻吟，让你不由会感叹，神农架应该是仙人与

温馨提示：

①洋芋果、腊肉和包谷酒是当地很有影响力的美食，神农架特产丰富，盛产野生木耳、野香菇、野葱、野蒜、椿头、蕨菜、野韭菜、香莴等，用这些野生食材烹饪的菜肴非常美味，值得细细品尝。

②神农架民俗奇特，民风古朴，一些农家的大门上，常挂一幅青面獠牙、面目凶恶的木雕脸谱，谓之"吞口"。山民爱抽烟，每人备有一个旱烟袋，长一米左右，谓之"烟枪"。山村妇女爱缠头巾，有时会在头上缠数十条头巾。

大堡礁——人类幻想中的伊甸园

外文名称：Great Barrier Reef

所属国家和地区：澳大利亚　　　　地理位置：澳大利亚东北沿海

著名景点：心形珊瑚岛、绿岛、海伦岛、蜥蜴岛

　　这里是世界上最大最长的珊瑚礁群，庞大的珊瑚礁群色彩斑斓、造型千姿百态。从上空俯瞰，它仿佛是种植在海上的一棵棵翡翠树，并盛开着娇艳的花朵，与那千顷碧波不温不火地调着情。这里还生活着数目众多的鱼类，琳琅满目、五彩缤纷的水生物，透过清澈的海水，与人的距离是那么近，但你又如何能抓住它？只能远远欣赏着它们的美丽。

　　大堡礁位于南半球，它纵贯于澳大利亚的东北沿海，北起托雷斯海峡，南到南回归线以南，最宽处有 161 千米，绵延伸展共有 2011 千米，有 2900 个大小珊瑚岛。自然景观异常特殊的大礁堡是世界上最大最长的珊瑚礁群。大堡礁南端与海岸较远，而北端较靠近。当潮落时，部分珊瑚礁露出水面形成珊瑚岛，海岸与礁群之间是一条极方便的交通海路，当风平浪静时，船能在此通过，船下面是多彩多姿、连绵不断的景色，成为吸引世界各地游客来猎奇的最佳海底奇观。1981 年大堡礁被列入世界自然遗产名录。

　　堡礁大部分没入水中，低潮时略露礁顶。礁群由 400 多种珊瑚组成，呈现出红色的、紫色的、粉色的、绿色的、黄色的等斑斓色彩，它们造型千姿百态，有的像雪中的红梅，有的像纤细的鹿茸，有的似开屏的孔雀，有的如浑圆的蘑菇，有的绿若翡翠……从上空俯瞰，礁岛仿佛植于海上的一棵棵碧绿的翡翠树，而若隐若现的礁顶是树盛开的花朵，娇艳动人，与

万倾的碧波嬉闹着。

大堡礁海域生活着大约 1500 种热带海洋鱼类，有色彩华美的雀鲷，有游姿优雅的蝴蝶鱼，有好逸恶劳的印头鱼，有漂亮华丽的狮子鱼，有脊部棘状突出并且释放毒液的石鱼，还有鹦鹉鱼、天使鱼等各种热带观赏鱼。珊瑚将泻湖包了个严实，由于风平浪静，使这里成为天然的避风港。各种海藻类、鱼类、软体类、蟹类，琳琅满目、五彩缤纷，透过清澈的海水，它们的影迹是如此清晰，美轮美奂。成群结队的小鱼在大堡礁外捕食浮游生物，而长相古怪得令人生畏，重达 90 公斤的巨蛤每次至少产十亿颗卵，海水里还能看到硕大无比的海龟、欲称霸海洋的鲨鱼、柔软无骨的无壳蜗牛、斑点血红的螃蟹……被潮水冲上来的大小贝壳闪耀着光芒，安静地躺在沙滩上，而退潮时却已来不及逃走。这里还有长达一米的大龙虾及体肥味美的海参，让幸运者大饱口福。

心形岛是大堡礁的一大奇特景观，也是澳大利亚的著名风景点。在空中俯瞰，它是一个天然的心形，再加上大礁堡美丽的景色，更使这里的景致愈发精致、奇美。这里是海洋生物的伊甸园，也是人类幻想中的自己的伊甸园。

旅游攻略

住宿：

①布里斯班市青年旅馆

旅馆位于市中心，与火车站有 500 米左右的路程。

②布里斯班探险者酒店

位于布里斯班市中心，距离皇后商场仅有 3 分钟步行路程。

交通：

①飞机：位于市中心东北部 20 千米的布里斯班机场，在河的北岸，从澳大利亚的各主要都市和首都都有直达布里斯班的航班，我国的北京和广州有航班直达布里斯班。

②火车：布里斯班主要火车站是罗马街火车站和中央火车站，悉尼每日都有设备豪华、舒适快捷的"布里斯班特快车"开往此地。

时差：与北京时间相差 2 小时。

货币：当地使用的货币是澳元，可以在国际机场、银行和酒店的货币兑换处兑换外币。

温馨提示：

①一般在 5 月至 10 月选择去大堡礁为最理想的时间，这个时段气候宜人，非常舒适。

②道格拉斯港、凯恩斯海滨大道和热带高原品种丰富的本土美食就是一处吸引人的地方，这里有超过 200 家的豪华酒吧、餐厅和咖啡吧，你可以在这里品尝到本地特色的冰淇淋、茶叶、荔枝、菠萝、芒果、奶酪、坚果等。在美丽的海滩边喝葡萄酒边欣赏美景，是无比惬意的美事。

③布里斯班是国际音乐会和大型体育活动的举办场地，也是各类表演艺术如歌剧、戏剧、音乐剧、古典音乐、芭蕾舞及交响乐等的汇集之地。

死海——世界的肚脐

外文名称：The Sea of Death　　　　所属国家和地区：以色列、约旦和巴勒斯坦
地理位置：巴勒斯坦和约旦之间的大裂谷约旦裂谷
著名景点：马萨达国家公园、Ein Gedi 公共海滩、Ein Bokek 公共海滩

这是一个神奇的地方，它身处沙漠腹地，虽然被称作是海，却根本看不到潮起潮落，波澜涌动，只有温和的阳光任你沐浴。它仿佛是一个非常苛刻古怪的老者，那么怪僻，不允许所有的生物在它怀里生长，即便是最有生命力的微生物，于是人们就给它起了个"死海"的名字。而人类却似乎不太在意它的苛刻，不惧怕它那盐度高的海水，对它趋之若鹜。

死海是世界上陆地表面最低点，它位于以色列、约旦和巴勒斯坦之间，东西宽 5 千米到 16 千米不等，南北长 86 千米，最深处有 415 米，有"世界的肚脐"之称。从远处眺望，死海像一条双尾鱼，或隐或现地游弋在群山脚下。它不会有潮起潮落，总是那样波澜不惊。在阳光的照射下，平静的海面仿佛是一面古老的铜镜，熠熠生辉。死海的岸边没有沙鸥翔集，也没有惊鸿照影，群鸟嬉水；水里也不会有锦鳞游动，水草浮翩，即使是小虾小鱼都难看到。而且专家们说，水里连微生物都没有，或许是这些原因，人们称它为死海。

死海的水含盐量极高，它的海水比大洋的海水咸 10 倍，而且越到湖底盐的含量就越高。如果海水溅入眼睛可不是好玩的事情，所以进入死海游泳时千万不能扑通跳下去。人们常说，在死海中游泳会游但不一定会浮。不少人觉得死海浮力大，所以可以随心所欲地游嬉，但是如果过大的漂浮动作会使水花溅入眼睛，这样高浓度的海水，不要说是溅入眼睛过多，就那么一小滴就会难受得要命。有经验的人都会带上一瓶淡水放在岸边，以便用来及时冲洗。如果有人不小心喝一口，就会使胃难受好几天，想吐都没法吐出来。岸边的结晶体坚硬带刺状，皮肤很容易被划破。进入死海，即使平时微小到你自己根本察觉不到的细小挠破处，立刻就会感到有灼热感，就是那种"伤口上撒盐"的滋味，但经过死海盐浴后，会使伤口好得更快。另外，大部分死海海滩都是颗粒较大的鹅卵石沙滩，经常打赤脚走路时，在沙滩上站起来，甚至每迈一步都会感到脚底疼痛难忍，使得死海成为一个"危险"的地方。

死海的海水中不但含盐量高，而且含丰富的矿物质，在海水中常浸泡，可以治疗关节炎等慢性疾病。所以每年有数十万游客会来这里休假疗养。死海海底的黑泥矿物质的含量很丰富，以色列在死海边开设了几十家美容疗养院，将疗养者的浑身上下都涂满黑泥，只是将嘴唇和两只眼睛露出。由于死海黑泥富含矿物质，具有健身美容的特殊功效，使它成为约旦和以色列两国宝贵的出口产品。

在死海，太阳几乎一年里每天都照射着，而该地区在海平面之下，所以阳光来到这里要穿过特别厚的大气层，就使得部分紫外线被阻挡在外，所以人们可以在死海尽情放心地长时间晒太阳。

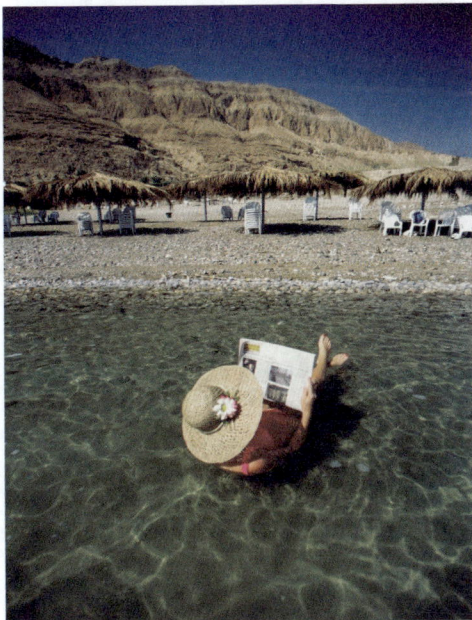

旅游攻略

住宿：

①维多利亚酒店

酒店位于耶路撒冷的中心地区，只需要几分钟就能到达洛克菲勒博物馆和墓园。

②温特谷华威 Spa 度假村

度假村位于受洗池和尼波山地区，离死海很近。

交通：

死海的交通网不是很发达，目前没有可以直接到达死海的公共交通工具。进入死海可以先在耶路撒冷找到当地的一日游领来到死海，也可以预订出租车，拼车前往。

时差： 夏季与北京时间相差 5 小时，冬季与北京时间相差 6 小时。

货币： 当地使用的货币为以色列新谢克尔，可携带美元在当地的银行兑换成新谢克尔使用。

温馨提示：

①虽然说死海淹不死人，但漂起来需要一定的技巧，否则鼻子、眼睛、嘴里进水会非常难受。

②盐水有杀菌消毒的作用，可以促进伤口的痊愈，但也会使伤口刺痛，如果身体有伤口，应该先考虑清楚自己的忍耐力再做决定是否下水。

③中午不能漂，以免晒伤，漂浮不能超过 40 分钟，否则有可能导致身体失水过多。

④死海泥富含矿物盐，在安曼的药店或死海的水疗酒店中都能买到死海泥制成的洗浴和天然美容用品。

猛犸洞穴——童话般的地下世界

外文名称：Mammoth Cave

所属国家和地区：美国　　　　　地理位置：美国肯塔基州中部

著名景点：三条暗河、七道瀑布、多种地湖

> 如果在你的心目中，总觉得地下世界是一个让人恐惧的地方，倒不如来猛犸洞穴看看，这些隐藏在地下的大自然奇迹，它们会让你改变看法。它们是那么富有生命力，最短的也要历时数千年才能形成，有些则需要数万年之久。看到它们，你就不会单单认为地上的世界才是人的天堂，你会被它异乎于寻常的神奇与美丽所折服。

猛犸洞是位于美国肯塔基州中部的猛犸洞国家公园，这个世界上最长的洞穴以古代长毛巨象猛犸命名，是世界自然遗产之一。截至 2006 年，这个"巨无霸"洞穴已经探出的长度近 600 千米，但究竟它有多长，仍需要人们去探索。这里有厚厚的石瀑、细长的石柱、锥形石钟乳与石笋以及笛状石盾。畅行在这里，你会发现自己徜徉在一个广阔向前伸展的童话世界，处处能看到地下的湖泊与峡谷、狭长的走廊与拱形穹窿以及小溪与瀑布等。于是你就感到如此不可思议，感到自己犹如置身于迪士尼童话中埋藏在地下的地理世界，又像是爱

伦·坡诗中的神秘幻境。

猛犸洞对外开放的范围达 16 千米，由 255 座溶洞分五层组成，上下左右相互连通。洞中还有洞，仿佛是一个巨大而曲折幽深的地下迷宫，这里的溶洞之多、之大、之奇称雄世界。在这些洞中有多种地湖、七道瀑布、三条暗河和 77 座地下大厅，其中最高的一座称为"酋长殿"，它略呈椭圆形，长 163 米，宽 87 米，高 38 米，厅内可容数千人。还有一座很富有诗意的"星辰大厅"，它的顶棚是含锰的黑色氧化物形成，上面点缀着许多雪白的石膏结晶，从下面看上去，仿佛是星光闪烁的天

穿。回音河是洞内最大的暗河，河中有奇特的无眼鱼——盲鱼，它低于地表110米，游客可以乘平底船循河上溯游览洞内的风光。

将近48千米的诺林河和格林河蜿蜒流过洞穴，河里生活着各种各样的鱼类，其中有五种世界绝无仅有的鱼，还有三种属于洞穴鱼类。70多种淡水贻贝，包括三种濒临灭绝的品种。洞内有四通八达的人行步道，长112多千米，一条0.8千米长的小路会把你带到"冥河之泉"，你会在那里看到流经洞穴的河水奔涌出地面。这条0.8千米长的小路设有照明灯、长椅等休息区。有些小路还专门为残疾人而修建，乘坐轮椅能到达世界遗产的小路起点"落日汽车旅馆"。大多数小路允许骑车通行，12个野营地星罗棋布地分散于园内各处的小路附近。

洞外是花团锦簇、燕语莺吟，洞内是奇珍异景、神奇莫测，于是就会让你不由惊叹：就在那一瞬间竟会在不同的两个世界穿梭！

旅游攻略

住宿：

①路易斯维尔 KY 展场皇冠酒店

酒店位于路易斯维尔市中心，交通非常方便。

②路易斯维尔机场菲尔博览会假日酒店

酒店位于路易斯维尔的黄金地段，毗邻市区内的各大主要景点。

交通：

与景点最近的机场是路易斯维尔国际机场，我国的北京、广州、上海等城市有直达的航班。

时差： 与北京时间相差12小时。

货币： 当地流通的货币是美元，在机场或市中心以及许多银行都可提供兑换服务。

温馨提示：

①当地人比较禁忌询问隐私问题，尤其是工薪或妇女的年龄等。在当地要注意遵循西方女士优先的习惯。

②当地犯罪率较高，经常发生财物被盗的事件。最好不要携带大量现金，尽可能使用信用卡或旅行支票等。

③美国境内自来水基本都可以直接饮用，只是美国人不习惯喝开水，宾馆里一般没有烧开水的装置，需要时可在餐厅询问。

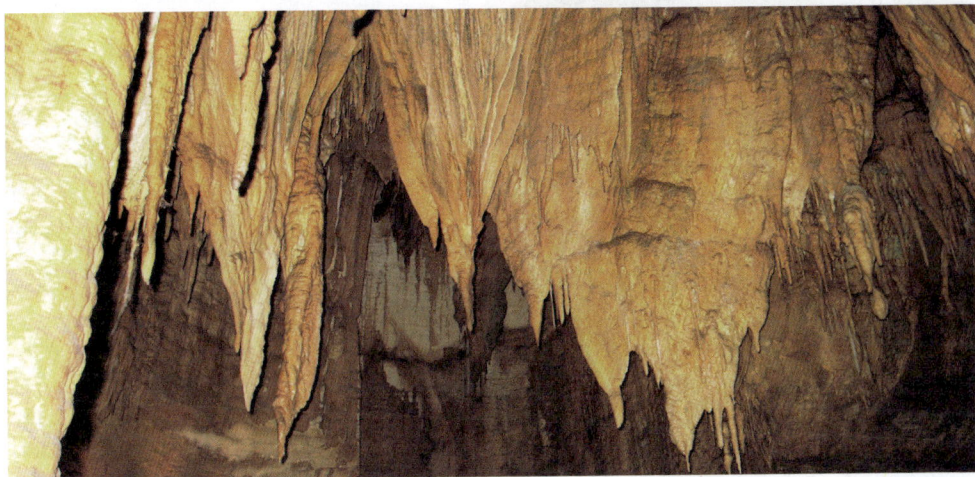

羚羊峡谷——无法覆盖的惊艳

外文名称：Antelope Canyon

所属国家和地区：美国亚利桑那州北方

地理位置：佩奇小镇东南部　　　　著名景点：马蹄湾、鲍威尔湖

谁能相信，一只眯缝般的眼睛里竟能透出五彩缤纷的光线，是那样的变幻莫测，瑰丽奇特。这仿佛是难以让人置信的，但在羚羊谷你就能看到这样的奇景。这里的地质构造是著名的红砂岩，经山洪无数个岁月的冲刷，被红色岩层缝隙折射过的光线时刻变化，一年四季甚至一天不同的时间，不同的角度都能看到不同的色彩。

羚羊峡谷位于美国亚利桑那州北方，是世界上著名的狭缝型峡谷之一，也是著名的摄影景点。这里的地质构造是著名的红砂岩，它幽深、距离不长，但是山势深切地下。谷内的岩石被山洪冲刷得如梦幻世界，是游客们的"地下天堂"。但是天堂需要印第安导游的带领下才能入内，这不仅是考虑到保护自然和人文的需要，更多是为游客的人身安全考虑。即使是峡谷上方阳光灿烂，但是一场突然降临的暴雨会让这狭窄的天堂瞬间就可能变成一处急流奔腾、绝无逃生可能的地狱。

羚羊峡谷分为上下两个独立的部分，也就是上、下羚羊峡谷。上羚羊峡谷也称为"裂纹"，下羚羊峡谷称为"螺旋"。光线完全是自然光通过不同深度的红色岩层缝隙的折射而射入洞，所以会使光线时刻变化，一年四季甚至一天不同的时间，不同的角度都能看到不同的色彩，置身其中，仿佛是进入一个五彩缤纷的魔幻世界，这样一个魔幻的万花筒，真让人终生难忘。

上羚羊峡谷在纳霍语中称为"Tse bighanilini"，意思是"有水通过的岩石"，由于位于地面上，且谷地较广，也是游客最多的地方。这里地面温度足有 50℃～60℃，非常的炎热，所以现在所有的游客都必须搭乘保护区的大型四驱车，以免游客在烈日下发生意外。上羚羊峡谷的入口不是很明显，远远望去，只

是一条很细的裂缝，大约只有一人多宽。但这里会出现气势凶猛的山洪，而且这里光线也是千变万化，但只有正午很短的一段时间，才能透过几处间隙照到谷底。而夏季下午 3 ~ 4 点的光线也不差，光线射入时红得会让人震撼。

下羚羊峡谷在纳瓦荷语中称为"Hasdeztwazi"，意思是"拱状的螺旋岩石"，整年中约有九个月不会开放。由于位于地底下，深入地底需要爬金属楼梯，中途可能还需要靠一些绳索才能将下羚羊峡谷走完。入口仅有一人宽，与地面同高，远看无法辨识，进入后急降约 50 米，总长非常长，一般只允许游客走到中途点。下羚羊峡谷的谷地变化较多，很多通道不足人高，容易使人碰撞到头部。由于进入的难度太高，使得游客很少。但这里是摄影师取景的最佳地方。

在羚羊峡谷内没有任何人工照明，能见到的光线是峡谷顶部"天窗"的光线，被岩石纹理反复折射后射入谷底，中途产生梦幻般不规则的色彩变化。而形态各异线条清晰的岩石也伴随着这些变化的光线而变幻无穷，如果不是身置于此，怎么能相信这些变幻的光线竟然是源于单一的自然光源。

旅游攻略

住宿：

①鲍威尔湖佩奇罗德威旅馆

旅馆位于亚利桑那州佩吉市。离马蹄湾和鲍威尔湖很近。

②佩治美国最有价值旅馆

旅馆位于亚利桑那州佩吉市中心，距离约翰·卫斯里·鲍威尔博物馆仅有一条街的路程。

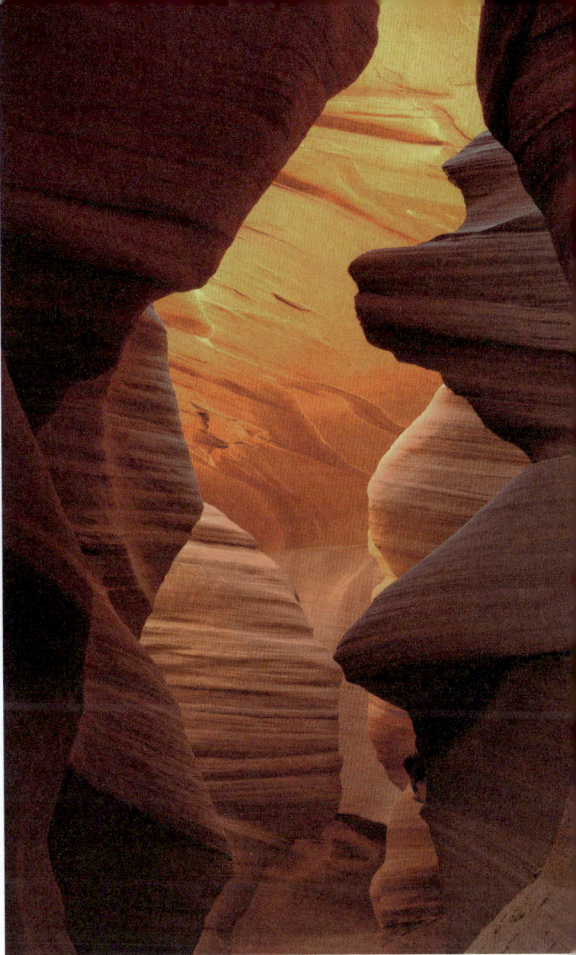

时差： 夏季与北京时间相差 15 小时，冬季与北京时间相差 16 小时。

货币： 当地流通的货币是美元，在机场或市中心以及许多银行都可提供兑换服务。

温馨提示：

①参观羚羊大峡谷，必须要参加旅行团方能进入，一定要参加正午时分（11：00 ~ 13：00）出发的团，只有这个时间段，光线才会射入峡谷，其余时间就失去或完全失去来羚羊峡谷的意义。

②来此，定要提前预约，最好多花点钱预约 Photographer's Tour。

③不要忘了携带三脚架。

骷髅海岸：惊险与乐趣并存的乐园

外文名称： Skeleton Coast　　　　**所属国家和地区：** 纳米比亚

地理位置： 非洲纳米比亚的纳米布沙漠和大西洋冷水域之间

著名景点： 赭色沙丘、骷髅海岸国家公园

> 在非洲纳米比亚的纳米布沙漠与大西洋的冷水域之间，有一片白色的沙漠，这条长 500 千米的海岸备受烈日煎熬，虽然甚是荒凉，却异常美丽。从空中俯瞰，骷髅海岸是一大片褶痕斑驳的金色沙丘，那一望无垠的金黄色海难，充满着神秘的魅力。壮观的沙滩映衬着碧蓝的海水，形成独特的景致。

骷髅海岸是世界上为数不多的最为干旱的沙漠之一。这里一年到头都难得下雨，这里有 8 级大风，有交错水流，有令人毛骨悚然的雾海和深海里参差不齐的暗礁，经常让来往船只失事。直到现在，过去在捕鲸中因失事而破裂的船只残骸依然在这里杂乱无章地散落着。由于这里通常和著名的沉船联系在一起，所以充满了探险、神秘和传说。也是探险爱好者的最佳体验地。

赭色沙丘是世界上最独特的景色之一，这里经常出现海市蜃楼现象。沙丘之间闪闪发光的蜃景从沙漠岩石间升起，围绕着这些蜃景的是不断流动的沙丘，在风中发出隆隆的呼声，

仿佛在鸣奏着一首奇特的交响曲。因为这里危险重重，只有沙漠象、羚羊和极其勇敢的旅游者才敢踏入这一禁区。在海岸沙丘的远处，由于 7 亿年来风的作用，把岩石刻蚀得奇形怪状，仿若妖怪幽灵从荒凉的地面显现出来。而南部连绵不断的内陆山脉是河流的发源地，只是这些河流往往还未进入大海就出现干涸，这些干透的河床就好像沙漠中荒凉的车道，一直延伸至被沙丘吞噬为止。在海边，大浪对倾斜着的沙滩猛烈拍打，冲上岸边数以万计的小石子。玄武岩、花岗岩、玛瑙、砂岩石英和光玉髓的卵石都被翻上滩头，给这里带来许多亮色。而迷雾透过沙丘，给骷髅海岸的小生物带

来生机。

纳米比亚政府在这里还设立了骷髅海岸国家公园，吸引着众多前往纳米比亚旅游的游客。人们来这里观赏充满神性魅力的金黄色沙滩，放眼望去一望无垠，总让人产生无限的遐想。映衬着碧蓝的海水，更是一道独特而有魅力的景致。游客可以乘坐小型轻型飞机沿着骷髅海岸低空飞行，自上而下感受从空中俯瞰的乐趣。虽然相比其他公园，骷髅海岸国家公园具有极端干旱的自然环境和气候，但是也具有一些当地特有的野生动物种类，是野生动物游猎的首选地。骷髅海岸还是冲浪的最佳目的地之一，充满乐趣和刺激的冲浪，也吸引了众多到非洲旅游的游客。

旅游攻略

住宿：

①普罗蒂亚沃尔维斯湾酒店

酒店位于沃尔维斯住宅区部分，在沙漠和大海之间。

②鹈鹕湾普罗提酒店

酒店位于沃尔维斯湾湖自然保护区，能俯瞰湿地海岸线的美景。

交通：

纳米比亚航空公司和地区航线通往法兰克福、约翰内斯堡、卢萨卡、开普敦、罗安达和哈拉雷等城市。国内航线通往纳米比亚各主要城市及一些偏远城市，其各大城市均有机场。

我国与纳米比亚没有直航，主要路线有北京—法兰克福—温得和克与北京—香港—约翰内斯堡—温得和克，而第二条路线比较经济些，通往温得和克国际机场主要交通方式以乘坐汽车比较安全。

时差： 与北京时间相差 7 小时。

货币： 当地通用的货币为纳米比亚元，到银行换一些美元带到当地再换纳米比亚元即可。

> **温馨提示：**
>
> ①纳米比亚政局稳定，总体的治安状况还不错，但是近年来也发生持枪抢劫事件，恐怖袭击的危险性较小，所以不要携大量现金和贵重物品以防被抢或遗失。
>
> ②纳米比亚雨季为疟疾病高发期，特别是北部地区，所以如果赴纳米比亚北部最好适当备一些抗疟疾药。该国也是非洲南部艾滋病的高发区。当地的药品价格比较高。

昆士兰雨林——与古老动植物的美丽邂逅

外文名称：Rainforest of Queensland

所属国家和地区：澳大利亚　　　　地理位置：澳大利亚东北海岸

著名景点：穿越雨林的缆车、库兰达热带雨林自然公园

它一直未受到人类的侵扰，至今已有一亿三千万多年的历史。这里生长着世界上最古老的树种，还生长着一些奇特的花草植物。这里还生活着许多奇特的动物，它们都能追溯到澳大利亚还是古冈瓦纳大陆的一部分的时代。它与大堡礁相连，这种雨林与礁石相连的地形是在澳大利亚独一无二的，也是在全世界屈指可数的。

昆士兰热带雨林位于澳大利亚东部的昆士兰州，在澳大利亚的最东北端，绝大部分由潮湿的森林组成，这里的环境对不同种类的植物、袋鼠以及鸟类特别适合生存，同时也为那些稀有濒危动物提供了良好的生存条件。浓密

的热带雨林、崎岖的山路、深邃的峡谷、湍急的河流、白色的沙滩、绚丽的活火山、火山湖和珊瑚礁构成昆士兰湿热地区奇特的美景。

历史上整个澳大利亚国土被这些雨林覆盖着，但如今它仅占地 90 万平方米的面积，占澳大利亚总国土面积的 0.26%，虽然面积很少，但它依然是一片充满生物多样性的土地，是一个活生生的特殊动植物保护博物馆。在雨林上空有世界最长的穿越雨林的缆车 Skyrail，其总长 7.5 千米，是全球首个通过绿色环球认证的景点。途中设有两个中央站点，巴伦瀑布站和洪峰站。乘坐缆车，一路从巴伦峡谷国家公园的树冠层上慢慢滑过，在脚下这个动物博物馆，甚至能看到濒临灭绝的食火鸡、原始的麝香袋鼠。游客们可以在每个站点停下，沿步行栈道走向雨林深处，亲身了解这片广袤的植物天堂更多的内容。醉人的雨林景色让人目不暇接。

面积达 40 万平方米的库兰达热带雨林自然公园，坐落于世界自然遗产保护区中，你将从这里领略到地球上生物种类最丰富、最多元化的自然奇观，更深入了解澳大利亚最神秘的土著文化，几乎是造访凯恩斯的游客必去的景

点。搭乘"二战"时期美军使用过的水陆两栖车，慢慢潜入到神秘莫测的世界，你不仅能亲临雨林深处的林深叶茂，还能让你感受到两栖车纵横水陆无所不能。在这里还能欣赏到澳大利亚本土原始的舞蹈、质朴的音乐、神奇的狩猎方式和独特的绘画，还有机会与他们一起唱歌、跳舞。作为众多动物的栖身之所，游客们还可以在热带雨林中与考拉合影，亲睹澳大利亚国宝的芳泽以及看食火鸡等。

旅游攻略

住宿：

①布里斯班美居酒店

酒店位于市中心，可以欣赏到壮丽的布里斯班河景和南岸公园的美丽景色。

②赫舍尔街美利通公寓式酒店

酒店位于布里斯班市中心地区，距离罗马街火车站很近。

交通：

①飞机：位于市中心东北部20千米布里斯班机场，在河的北岸，从澳大利亚的各主要城市和首都都有直达布里斯班的航班，我国的北京和广州有航班直达布里斯班。

②公交：澳大利亚灰狗长途汽车从布里斯班长途汽车站有直达悉尼、凯恩斯、墨尔本、堪培拉等地的定时客运巴士，沿途能观赏到澳大利亚风土民情，乡间风光。如果时间充足的话，可以选择大巴旅游，费用低廉，舒适安全。

时差：与北京时间相差2小时。

货币：当地使用的货币是澳元，可以在国际机场、银行和酒店的货币兑换处兑换外币。

温馨提示：

①由于澳大利亚在南半球，与我国的季节刚好相反，每年10月至次年2月是澳大利亚的夏季，在阳光下，炫目的海岸有无限诱惑力。

②去旅行最好不要安排在11月中旬至12月初，这段时间是澳大利亚传统的schoolies，也就是高中生毕业旅行、狂欢的日子，人很多也容易出事故。

香格里拉——千年修成的美丽天堂

外文名称：shangri-La　　　　　　**所属国家和地区**：中国

地理位置：云南省西北部　　　　　**著名景点**：梅里雪山、哈巴雪山、普达措

> 它是那样大气、圣洁、典雅，你在任何地方都能找到它的美丽，或许是在路边不经意发现的，一朵花、一头牛、一栋屋、一座塔，甚至插在牛粪上的一朵小花。这里有大江大河、雪山峡谷，鲜花遍地、牛羊成群的高山草甸以及湖泊海子。只要你来到这里肯定会对它倾心，因为这里是天堂，这里是"心中的日月"。

1933年4月，英国著名作家詹姆斯·希尔顿出版了一部轰动世界的小说，名曰《消失的地平线》。小说里描绘了一个隐藏在中国西南部的净土乐园，一块充满着宁静、祥和、永恒和神秘色彩的藏族生息之地。在那里三江齐头并流，群山高耸入云，峰顶白雪皑皑，山脚绿茵覆地，地下蕴藏金银；在那里有幽深的峡谷、圣洁的雪山、茂密的森林、宁静的湖泊、飞舞的瀑布、明净的天空、和睦相处的生灵和金碧辉煌的庙宇。在那里太阳和月亮就停泊在每个人的心中，人们活得逍遥自在，静静地享受阳光和雪山的赏赐，却对峡谷中的金银不

屑一顾……这些无一不美得让人窒息。作者告诉人们，这个太阳最早照耀的地方叫作香格里拉。

香格里拉位于云南省西北部，是滇川及西藏三省区交汇处，也是举世闻名的"三江并流"风景腹地。那些冰川雪山、高山草甸、田园牧歌是你来的理由，而那些如同星星般散落在草甸和峡谷间的人们，或许是你留下来的原因。从这里出发，在山林与河谷中留下自己的青春和汗水。不管你喜欢自然风光还是人文历史，都能在香格里拉有所收获。这里有极其多样化的原始自然风光，那成片的云杉、冷杉

原始森林，古珍稀物种滇金丝猴，留有千年记忆的冰川，花团锦簇的原始高山杜鹃，共同铭记着横断山脉曾经走过的千万年时间的记忆。这里还有丰富的人文历史景观：如千年传承的尼西黑陶，茶马古道上的千年古城独克宗，近400年历史的"小布达拉宫"松赞林寺……铭刻着这片土地上先人留下的文化脉络。

在德钦县城西郊，从北到南排列着一座座雄奇秀丽的雪峰，便是著名的梅里雪山。其主峰卡瓦格博峰海拔6740米，为云南省第一高峰。也是云南省国家级重点风景区内"三江并流"主景观之一。其四周环立着太子十三峰，其中缅楚姆线条优美，传说是卡瓦格博的妻子。卡瓦格博峰下冰斗、冰川连绵，尤其是"斯农恰"和"明永恰"宛如两条银鳞玉甲的长龙，从海拔5500米往下延伸至2700米的森林地带，是世界稀有的低海拔、低纬度季风海洋性现代冰川。

旅游攻略

住宿：

①迪庆香格里拉步步升大酒店

酒店位于古城旁，对面300米就是小布达拉宫。出入方便。

②顺鑫商务酒店

酒店位于客运站对面，交通很便利。

交通：

①飞机：香格里拉机场已开通香格里拉至北京、昆明、拉萨、重庆、成都、广州的航班。大多数人会选择从昆明或丽江进香格里拉，没有直达机场的大巴，只能先到丽江客运站，再坐大巴过去，如果是下午飞机到丽江，最好不要直接去香格里拉，在丽江过一夜再去。

②汽车：香格里拉长途汽车站有发往省内主要城市及迪庆其他地区的班车；德钦客运站是发往梅里雪山方向，还有发往丽江和香格里拉市的班车。

时差：无。

货币：人民币。

温馨提示：

①香格里拉市内还好，一般不会宰游客，但最好不要在古城乱买东西，因为本土的东西很少。

②即使是夏季，如果遇到下雨，温度也可能会降至5℃左右，所以一定要带好保暖衣服。

③虽然当地少数民族很友好，但毕竟生活习惯存在差异，一定要尊重当地习俗。

挪威海岸——千万年冰川的沉思

外文名称：The coast of Norway　　　**所属国家和地区：**挪威

地理位置：斯堪的纳维亚半岛西部　　　**著名景点：**奥斯陆、卑尔根、斯塔万格

这里是冰雪覆盖的国家，处处矗立着上千万年的冰川，它还有曲折蜿蜒的海岸线，这种完美的结合构成了挪威特有的峡湾景色。来到这里，不管你的内心曾经有多么躁乱，都会被那清列湛蓝的海水抚平。也不管你心里有多少不平，都会被那矗立的冰川驱散，这几世难得一遇的邂逅，还有什么让你看不开的呢？

位于斯堪的纳维亚半岛的挪威属于北欧国家，挪威境内冰河覆盖面积很大，到处都有亿年前冰川期地形变动后留下的痕迹。除冰岛外，挪威是欧洲最大的冰原。冰川形成的海湾伸入陆地，所到之处，将高山都切割成深深的峡谷，加上它那曲折蜿蜒的海岸线构成挪威特有的峡湾景色。挪威的海岸线很长，曲曲折折地绵延两万多千米，清列的海水是深深的蓝色，倒映着巍然矗立的冰山，有的峡湾至今还在冰川的覆盖下，当你看到那些静静矗立着的冰山，它们已经站立千万年，甚至更久，怎么能不被它们永恒的生命与毅力所折服呢？于是会感到不管是眼前的山也好，雪也罢，变得不寻常起来，这已经过去的千万年里，它们曾见证过什么样的故事呢？它们又为谁在这里等待了千万年？这样的一次邂逅又是多么不寻常！不知下一次再邂逅这美丽的峡湾，该是几世几劫之后呢？

挪威在北极圈内的国土有三分之一，全年中有段时间是极夜，天气寒冷，长夜无边。因此当不夜的夏天到来时，人们会释放压抑很久的狂欢心理，去休闲、度假、放松，庆祝总算过去的让人郁闷的漫漫冬夜。所以挪威人每年夏天都会集体在海边燃起盛大的篝火，庆祝不眠的太阳重新回来。这个风俗起源于古老的迷信，那时人们相信，盛大的篝火可以帮助太阳走过漫长、黑暗而寒冷冬季。很多家庭会带上孩子在这个夏天的夜晚到海岸附近的小岛上过一个烧烤狂欢夜，同样少不了篝火。人们会为

这天的篝火准备整整一年，他们用小船不断地把小片漂浮在水面上的木头运到海滩，海滩上的林场渐渐地便堆积如山，足够在夏至那天燃起熊熊大火。挪威人会用火去迎接午夜的太阳。

位于挪威东南部、奥斯陆峡湾北端的挪威首都奥斯陆，面积453平方千米，全市大部分仍处于自然的状态，已开发建设的面积仅占总面积的1/3。它依偎在曲折迂回的奥斯陆峡湾旁，巍峨耸立的霍尔门科伦山站在它的背后。这里苍天映绿水，不但有海滨城市的旖旎妩媚，还极具依托高山密林之地所特有的雄浑气势。四周的丘陵上长满大片的灌木丛林，大小的沼地、湖泊星罗棋布，山间的小道交织成网，有着十分优美的环境，奥斯陆也是全国的政治、经济、文化、交通中心。

旅游攻略

住宿：

①里加奥斯陆酒店

酒店位于火车站对面，门口是奥斯陆的主要街道。

②里加霍尔贝格酒店

酒店位于奥斯陆中心，步行可到皇宫和

KarlJohan 购物街。

交通：

①飞机：我国的北京、上海有直通奥斯陆的航班，其中芬兰航空、北欧航空和汉莎航空的价格一直不错。

②陆路：从俄罗斯、芬兰可直接走陆路到达挪威，但从俄罗斯入境，会遇到严格的身份证检查。瑞典首都斯德哥尔摩和奥斯陆之间有火车和大巴通行，而从瑞典城市哥德堡也有大巴开往奥斯陆。

时差： 与北京时间相差 7 小时。

货币： 当地流通的货币是挪威克朗，在奥斯陆和卑尔根市中心都有兑换处。

温馨提示：

①挪威是全世界最有钱的国家之一，也是全世界物价水平最高的城市，来这里游玩一定要准备好足够的盘缠，这里一瓶可乐的价格是国内的十几倍。

②挪威人重视环保，坚持严格的垃圾分类，来挪威也一定要入乡随俗。

③挪威自来水管中的冷水能直接饮用，但热水却不可以。

西非原始森林——绿色的童话世界

外文名称：West African forests　　　所属国家和地区：非洲

地理位置：科特迪瓦北部　　　著名景点：科莫埃国家公园

这里到处充溢着绿意，犹如人间仙境，进入这片神奇的林地当中，让人意想不到的趣味和惊险会层出不穷。只有深入到森林深处，你才能体会到什么才是真正的冒险，从而体验到童话故事般的传奇经历。

在人们的心中，原始森林似乎就是童话的发源地，尤其是"原始"二字透露着未知和神秘。若是能够亲身闯进这片绿色的童话世界当中，体验这里的惊险和美妙，你一定会被大自然的神奇所折服。

西非原始森林是非洲最后一片重要的热带原始森林，也保存着森林童话最好的一篇，著名的英雄人猿泰山就是在此孕育而出的。关于它的野性与浪漫的美丽传奇一直都是人们脍炙人口的童话故事，让人们对一片绿色的天地充满好奇和兴趣。于是它就成为了人们探险和旅行的梦想之地，其中以科莫埃国家森林公园和塔伊国家公园最具代表性。

科莫埃国家公园占地面积 9500 平方千米，是科特迪瓦境内最大的自然保护区。科莫埃国家公园里栖息着众多的动物群体和植物群落。该公园位于热带稀树草原与热带雨林过渡的地带，因此动植物种类繁多，其中南方植物占的比例很大，是该园的一大亮点。尤其是南部的热带稀树大草原、森林和河边草地更为吸引人。茂密的原始森林分布在科莫埃河两岸，形成了一条美丽的绿色甬道。草原草木丛生，既有茂密的雨林和旱林，也有以柏树为主的稀疏树群，把那些生活在南部的动物都吸引过来了。圣诞节和复活节时，科莫埃国家公园最为热闹，来此游玩的游人络绎不绝。

塔伊国家公园原为动物保护区，面积53.6万平方千米，平原地貌，以低雨林植被而闻名，1982年被列入《世界遗产名录》。塔伊公园内包含两种森林：一是由柿树所形成的原始森林，一是主要由单性大果柏构成的茂密原始森林。它们堪称是地方性植物种类的巨大宝库。公园里野生动物数目众多，如黑猩猩、穿山甲、斑马、豹等，利比里亚矮河马、斑鹿羚和奥吉比羚羊都是独一无二的品种。这里的黑猩猩，身材和外貌比较大，身高为1～1.7米，体重35～60千克，雄体比雌体更强大健壮。它们身上的毛为黑色或棕色，成年黑猩猩身体和面部皮肤都为黑色，但年轻的面部则为粉红色或白色。

旅游攻略

住宿：

① Residences Sejours & Affaires

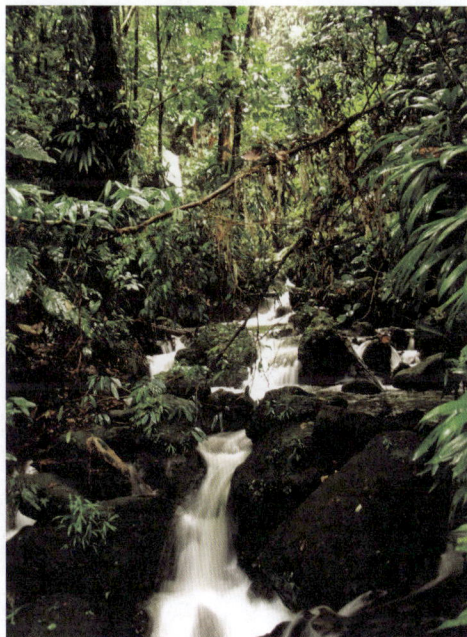

d'Abidjan

酒店服务态度很好，工作人员认真负责，工作效率很高。

② Detente Hotel

酒店具有一流的酒吧和餐厅，床和浴室整洁舒适。

交通：

①飞机：科特迪瓦全国有大小机场28个，其中阿比让、布瓦凯、亚穆苏克罗三个机场可供大型飞机起降。阿比让机场是法语非洲国家最大的机场。科特迪瓦航空公司还开辟了至马里、加纳、利比里亚、布基纳法索、几内亚和塞拉利昂的航线。有25家外国航空公司开辟了飞往科特迪瓦的定期航班。

②水运：科特迪瓦的海运比较发达。阿比让港是西非最大的天然良港和非洲最大的集装箱码头，也是布基纳法索、马里等西非内陆国家的主要出海口和进出口货物的集散地。圣佩德罗港是国内第二大港口，主要承运木材、可可等。

时差：与北京时间相差8小时。

货币：西非法郎，机场设有兑换处。

温馨提示：

①科特迪瓦是非洲流行病的发病区域之一，每年都有很多人来此旅游，感染上了疟疾、流感，运气不好的人甚至因此丧命，所以建议各位一定要注意这方面的预防。还可带些拉肚子药等。当地也能买到，但不一定就是你想要的药。

②可多带些风油精、清凉油、花露水类的东西，那里天气较热，最低也有20℃左右。

撒哈拉沙漠——沙漠之最

外文名称：Sahara Desert　　　　所属国家和地区：非洲

地理位置：非洲北部　　　　著名景点：高阿特拉斯山脉、德拉谷、巴哈利亚绿洲

> 它是孤独的集聚地，充斥着人们童年对沙漠的无限想象，无论是规模或者是细节，它都是独一无二的。它是世界上最大的沙漠，拥有着极致完美的沙丘雕塑。它以其壮丽的沙漠风情、浩瀚的沙海、精致的沙丘吸引着无数的游客。长期以来，它都诠释着人们心中对旅游最深层的认识。

　　撒哈拉沙漠的面积和美国的领土一般大，跨越了 10 多个国家——摩洛哥、毛里塔尼亚、马里、阿尔及利亚、利比亚、尼日尔、突尼斯、乍得、埃及、苏丹，以及有争议的领土西撒哈拉。大约在公元前 2500 年时，撒哈拉就开始演变成无边无际的沙海。目前，撒哈拉大沙漠有些地方是不让游客进入的，但还有很多特色的景点值得参观，特别是摩洛哥、突尼斯和埃及等地，吸引力更强。在这些区域，可以通过点篝火、骑骆驼以及四驱车探险来体验撒哈拉大沙漠之旅。

　　撒哈拉的旅程和沙漠本身一样变化无穷。

若不想拘泥于城镇，想要深入沙漠中，可采用两种方式。第一：骑骆驼横越沙漠，创造横穿撒哈拉沙漠的神奇。通过此种方式游客可以慢慢适应撒哈拉的气候，也能欣赏到壮观的沙漠风光。第二：四驱车探险，这种方式可让你深入到沙漠深处，可激起手扬黄沙的豪情。

摩洛哥东南部，处于白雪皑皑的高阿特拉斯山脉的背风处，是亲近撒哈拉大沙漠最容易的地方。德拉谷就坐落其中，棕榈树林布满天地，美丽至极。在这里，撒哈拉的骆驼队会开始一段为期 52 天的穿越沙漠的旅程。旅途当中，游客跟随驼队从 M'Hamid 前往 Erg Chigaga，穿过 40 千米长的迷人沙丘带。再向东，你需要乘坐骆驼或越野车从梅如卡的一个小村庄出发去往 Erg Chebbi，或从马拉喀什出发去梅如卡和 M'Hamid，这都需要一天的路程。

埃及以西的撒哈拉沙漠是一个面积庞大却十分吸引人的地方，一连串的绿洲分布在这里。从北部的西瓦出发，它曾经是中世纪的一个要塞，历史可以追溯到亚历山大大帝时期。在前往南部的沿途，有哈里杰、达赫拉和巴哈利亚等绿洲都可为人们探险提供暂居点。往更为偏远的地方走，就是以《英国病人》拍摄地而知名的 Gilf Kebir 高原。到达所有的绿洲处，都有为期一天直达开罗的巴士服务。尤其是哈里杰有开往开罗的空中航线。在绿洲，乘坐四驱车游览是一种普遍的方式，比骆驼更为常见。

旅游攻略

住宿：

①宜必思卡萨布兰卡旅游酒店

空调客房提供带卫星频道的电视和带淋浴的套间浴室。每天早晨供应自助早餐，午餐和晚餐时分宾客可在餐厅享用国际美食。

②瑞士酒店

酒店的客人居住的房间和套房都拥有一个阳台、卫星电视和电话。私人浴室配备淋浴和厕所。餐厅供应传统的摩洛哥美食和国际菜肴。

交通：

①飞机：摩洛哥全国共有机场 27 个，其中国际机场 11 个，如卡萨布兰卡穆罕默德五世机场、拉巴特—萨累机场、阿加迪尔机场、丹吉尔机场等。

②摩洛哥全国铁路总长 2958 千米，投入运营线路 1907 千米，其中复线 370 千米，50% 线路实现电气化，另有 765 千米磷酸盐运输线。摩洛哥的火车运输网由 ONCF 公司经营，基本上有两条客运路线，从北部的丹吉尔到马拉喀什；从东北的乌季达到马拉喀什，并在 Sidi Kacem 与丹吉尔线交会。

③摩洛哥的 Compagnie de Trandors Marocains 公共汽车公司每天都有公共汽车从卡萨布兰卡开往法国、比利时、西班牙、德国和意大利的各主要城市。另一个公交车公司是 Tramesa，开通了开往西班牙很多城市的汽车。开私家车去摩洛哥旅游相当方便，除了带上车辆登记文件和国际护照，汽车保险需要出示绿卡。

时差：与北京时间相差 8 小时。

货币：摩洛哥迪拉姆、埃及镑，可在机场兑换。

温馨提示：

①进入沙漠，请准备长袖的上衣及头巾、帽子等可遮蔽烈阳风沙的工具；还有太阳眼镜与防晒油也是必备的工具。气候干燥！要多补充水分。

②每年 5～10 月是旅游旺季，游客数量特别多，酒店等旅游设施价格较高，一定要及早订房。

③那里一些地区的公共洗手间，是需另外付费的。

④一般卫生用品，药物，日常用品，零食都可在大型连锁超级市场买到，不用带过量。

第五章
梦幻度假之旅

巴厘岛——坐落在人间的天堂

外文名称： Bali　　　　**所属国家和地区：** 印度尼西亚
地理位置： 爪哇岛东部，小巽他群岛西端
著名景点： 海神庙、圣泉庙、库塔海滩

在遥远的南太平洋上，一串美丽的翡翠项链散落在海面上，而它是其中最美丽最璀璨夺目的一颗明珠。它的美丽是无与伦比的，有人说，它是坐落在人间的天堂。它风景绮丽，风情万种，像一个美丽多情的女子，让人着迷，百看不厌。

在巴厘岛生活的人，他们工作认真，睡觉安详，每分每秒都心无旁骛。它的名声比印度尼西亚还要响亮，有人说，你可能不知道印度尼西亚，但你一定会知道巴厘岛。巴厘岛人非常喜欢花，处处都爱用花装饰。因此，它也被称为"花之岛"。

巴厘岛是爪哇岛东面岛屿中的一个，有5560多平方千米，280万人口，与首都雅加达相距1000多千米，与爪哇岛隔海相望。巴厘岛基本由山地组成，全岛山脉纵横，地势东高西低，锥形火山峰有四五座，岛上的最高火山是阿贡火山，海拔3142米。巴厘岛属于热带气候，且受海洋的影响较大，常年温和多雨，土壤肥沃，四季植被长青，花开不断，林木高耸。在巴厘岛的大街上漫步，绿色包围着你，满眼都是绿色的植被，养眼又养身，心情舒畅惬意。从高空俯瞰巴厘岛，仿佛一只头朝西、尾朝东的母鸡，恰巧在鸡屁股的位置处有一个小岛，犹如母鸡在下蛋，十分有趣。巴厘岛上的景点很多，其中海神庙、圣泉庙、库塔海滩是其较为著名的几个景点，常年游客不断。

巴厘岛上，庙宇众多，是其一大特色。海

神庙是海边的一座庙宇，16世纪，为祭祀海神创建而成。该庙宇被建造在海边一块巨大的岩石上，每逢涨潮，海水就会包围岩石，整座庙宇与陆地隔绝，就像是漂浮在水面上的仙寺一般，退潮时，再逐渐与陆地相连。在海神庙的对岸设有小亭，在那里可以观看日落时候的景色，吸引着众多旅客。

在巴厘岛，圣泉庙是必去景点之一。圣泉庙位于乌布北边的圣泉寺内，寺庙是环绕一处圣泉建制而成，故以此来命名。千百年来，巴厘岛人一直把此庙以及此地两处可供沐浴的地方视为神圣之地，认为它能够为他们带来健康和财富。据说这里的泉水能够治疗疾病。圣泉庙的建筑规模宏大、完整，它聚集了巴厘岛所有寺庙的特点。

库塔海滩既美丽又繁华。沙滩平坦舒滑、沙粒细腻白洁，是冲浪、滑板的最佳乐园。其附近的库塔商业街非常热闹，巴厘岛各色的传统工艺品和绚丽民族服装展示都聚集在这里，海滩上有许多小贩，沿街兜售各式各样的商品、T恤以及海滩服饰品，等等，而且游客还可以到大型百货商店里购买需要的商品，非常便捷愉悦。最重要的是，这里的海面风高浪急，十分适合冲浪，是喜欢刺激的年轻一辈的梦想之地。

旅游攻略

住宿：

①巴厘岛日航酒店

酒店建在一个高达40米的悬崖之上，可以俯瞰独特而壮丽的印度洋海景。

②巴厘岛最佳西方库塔海滩酒店

巴厘岛最佳西方库塔海滩酒店的客房，色

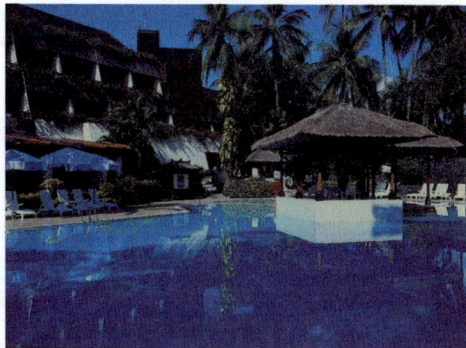

调明亮活泼，给旅客带来时尚和年轻的感觉。

交通：

①航空：巴厘岛最主要的对外交通方式是航空。中国仅上海、北京和广州等几个城市有直飞巴厘岛的航班。

②汽车：巴厘岛通向岛外需要车船联渡，每天都有发往印度尼西亚主要城市的班车。巴厘岛的发车地点是其交通和行政中心登巴萨的Ubung车站。

③公交：固定线路的小巴在巴厘岛称为"Bemo"，是当地人常用的交通工具。车窗上贴着线路，沿线设有站牌，也可以招手停。

时差：无。

货币：印尼盾、美元。

温馨提示：

①巴厘岛签证上的停留时间是入境和出境当天各算一天，如1月1日入境，8日出境，即应申请8～30天签证，否则出境时不但要补交签证费，还要罚款。

②自来水和井水都不能直接饮用。尽量喝瓶装水，比较好的酒店都会每日提供，便利店、超市等处也可买到，当地最常见品牌是"Aqua"。

③巴厘岛各主要城镇都有医院，很多酒店也有自己的诊所，提供24小时医疗服务。

马尔代夫——宝石般璀璨的岛国

外文名称：The Republic of Maldives

所属国家和地区：马尔代夫共和国

地理位置：位于南亚，是印度洋上的一个岛国　　　　　**著名景点**：天堂岛、太阳岛

> 五彩缤纷的热带风光，粗壮的椰子树在温和的海风下摇曳起舞，洁白的沙滩上或躺或走的都是一对对的恋人和夫妇，这里不仅风景绮丽，还有众多艳丽动人的美女。这里是上帝开辟的一块放纵之地，来这里，你可以尽情地放松愉悦。这里是爱情的天堂，是有情人的梦想之地，也许它就是爱情和浪漫的象征。有人说，爱请深爱，爱她，就带她到这里来。

陶醉、渴望、遐想，凡是憧憬浪漫爱情的人，无不把马尔代夫视为梦想之地。传说，在很久以前，有一对刚结婚的夫妇，为了庆祝新婚的喜悦，于是就悄悄离开了家乡，两个人来到一个少有人光顾的迷人小岛上，以蜂蜜为食，如胶似漆般度过新婚第一个月，由此便有了"蜜月"之说。这个小岛亦因此成为众多情人度蜜月或爱情之旅的梦想之地。

马尔代夫是印度洋上的一个群岛国家，它1968年才建国，是一个很年轻的国家。马尔代夫由26组自然环礁、1200多个珊瑚岛屿组成，居住有人的有200多个岛屿。它是世界上最大的珊瑚岛国。马尔代夫都用椰树干做房子的梁柱，用椰树皮做的席子来铺盖房顶，房子

的墙体是用珊瑚碎石砌成的，这样建造的房子牢固且好看。

马尔代夫梵文意思是"花环"。马尔代夫每一个小岛也如同花环一般，小岛中心是绿色植被，周围则是白色的沙滩，环绕小岛周围海水的颜色由浅入深，一层一层地向外荡漾。马尔代夫的水温适宜，水质良好，是众多水生物的生长乐园，美丽的珊瑚和丰富的鱼类随处可见。优良的自然环境也使马尔代夫成为世界著名的潜水胜地。

很多人都喜欢去马尔代夫休闲旅游。这是因为在马尔代夫，人可以近距离地接触到大自然，感受自然的美妙，美景满目，会让人暂时忘却尘世的烦扰。在马尔代夫，天堂岛、太阳岛、拉古娜岛等地最为盛名，是众多游客的驻足之地。

天堂岛是马尔代夫著名的度假海岛，属于五星岛屿。坐落在马累北环礁，距离马累国际机场及首都马累大约 9.6 千米。长 931 米，宽 250 米，一个小时可走一圈。四面环海，被美丽的印度洋环抱，在这里你可轻松地沐浴在阳光里，也能欣赏到各种海底生物及珊瑚群，犹如住在世外桃源一般。

马尔代夫最大的度假村是太阳岛，到马累市坐船要 4 小时。岛上四季花香鸟鸣，热带植物繁盛。酒店也都散落在原始的热带丛林之中。你随时都能够躺在果实累累的椰树下，独享海洋的声音。太阳岛的海上木屋非常有名，它建在海上，周围都是海，设有阳台，能够在热带的阳光下休息看书，把喧闹和嘈杂都避开，让人独享宁静、清闲。

这就是浪漫、清静、美丽的马尔代夫。

旅游攻略

住宿：

①梦幻岛度假村

梦幻岛海滩拥有主办世界冲浪竞赛的特权，客人所预订的事务都将被安排得像天堂中的婚礼一样。

②马尔代夫天堂岛度假村

天堂岛位于马尔代夫的马累北环礁群，四面环海，在美丽的印度洋的怀抱里。

交通：

①飞机：马累机场则是当地唯一的一座国际机场，目前国内有很多直飞航班，例如东航开通的上海、昆明直飞马累航班，还有国航会不定期推出北京、昆明直飞马累的航班。

②多尼斯船：多尼斯船是穿行在马累国际飞机场与马累首都之间的主要交通工具。

③出租车：马累没有公交车，但有出租车，每加一件行李需要另外收费。

时差： 与北京时间相差 3 小时。

货币： 拉菲亚。

温馨提示：

①马尔代夫为旅游胜地，各旅游度假岛入住率较高。建议赴马尔代夫的中国公民行前做好食宿安排。下海游泳要特别注意安全。

②马尔代夫治安状况总体良好，犯罪率较低。

③生活用品主要依靠进口，物价水平相对较高。马尔代夫旅游岛大多不提供牙刷、拖鞋等，建议赴马尔代夫的中国游客自行携带。

三亚——被大自然宠坏的孩子

外文名称： Sanya City　　　　**所属国家和地区：** 中国

地理位置： 海南岛南部

著名景点： 亚龙湾、天涯海角、亚龙湾国家旅游度假区

它雕塑着美丽的传说和悱恻的传奇，伫立在天涯边缘，俯瞰大海汹涌的波涛，眺望群山的起伏，五指山下动人的爱情神话牵扰着无数人的心魂。在这里，看海天相连，烟波浩瀚，天涯海角之处许下爱的誓言，温情、浪漫，富有诗意，让人神往。

三亚位于海南岛的最南端，是中国最南部的热带滨海旅游城市，空气质量非常好，人均寿命超过 80 岁。三亚市别称鹿城，又被称为"东方夏威夷"，位居中国四大一线旅游城市"三威杭厦"之首，它拥有全海南岛最美丽的海滨风光。东邻陵水黎族自治县，西接乐东黎族自治县，北毗保亭黎族苗族自治县，南临南海。陆地总面积 1919.58 平方千米，海域总面积 6000 平方千米，其中规划市区面积约 37 平方千米。东西长 91.6 千米，南北宽 51 千米，常住人口为 74 万人，聚居了汉、黎、苗、回等 20 多个民族。三亚涌现出一批旅游景点创造和打破了世界纪录协会的多项世界纪录，获得多项世界之最。三亚还荣获"2012 中国特色魅力城市"的称号。

亚龙湾位于三亚市东南 28 千米处，海湾呈半月形，约有 7.5 千米长，是海南知名的景点。亚龙湾沙滩绵长、宽阔、平缓，沙粒细软洁白，海水晶莹透澈、蔚蓝明亮，在海水中可看到 7 ~ 9 米的生物。有丰富的海底资源，珊瑚礁、热带鱼、名贵贝类等层出不穷。海水温热适宜，全年可游泳，有"天下第一湾的美誉"。这里每年国内外游客络绎不绝。

天涯海角享有的知名度最高，它位于天涯

区的马岭山脚下，和三亚市区相距 26 千米左右。这里前临大海，后依群山，风景独特诱人。在游览区的沙滩上矗立着一对高 10 多米，长 60 多米的青灰色巨石，"天涯"和"海角"字样分别刻在两石之上，它的意思是"天之边缘，海之尽头"。这里海天共色，帆影点点、椰林婆娑、奇石林立，如诗如画。那刻有"天涯""海角"的巨石屹立在南海的边沿，是海南独有的景色，美不可言。

三亚市亚龙湾国家旅游度假区被誉为"热带天堂"，意思是指离城市最近的天然森林氧吧。其总面积 2410 平方千米。它是滨海山地生态观光兼生态度假型森林公园，景观建设极尽生态自然，可开展登山探险、野外拓展、休闲观光、养生度假等旅游活动。园内的盘山路、石阶、栈道、亭台楼阁等零星地隐于林间。密林云端，一座座木屋，形似鸟窝，可供游人居住，木屋间相隔的距离不远，但都不能窥探到别的木屋内的状况。森林中有一条索桥，名为"过龙江"，连接两谷，索道狭长，海风吹来，左右晃荡，让人胆战心惊。

旅游攻略

住宿：

①格林豪泰酒店（三亚机场路店）

酒店位置离机场很近，环境卫生好，价格实惠。

②夏威夷大酒店

酒店到海边需要 3 分钟左右，酒店内部设施齐全，安静，服务好。

交通：

①航空：三亚凤凰国际机场是国内干线机场，三亚已开通航线 123 条，其中国内航线 93 条，国际、地区固定航线 6 条、临时旅游包机航线 24 条。与 80 个城市通航。

②水路：三亚市沿海港湾有榆林、三亚等 18 个海港，其中三亚海港是客货两用港口。

③铁路：目前，三亚至海口已经开通了广州、北京、上海的往返直达客货运业务，铁路沿线的城市均可上下车。

④汽车：三亚有两个汽车站——总站和西站。三亚汽车总站位于三亚市解放二路，发车的班线均走高速路。

时差：无。

货币：人民币。

温馨提示：

①三亚旅游需穿旅游鞋，不可穿皮鞋。需带防晒用品。其中墨镜、阳伞、防晒霜是必需的。

②海南水果丰富，有椰子、芒果、槟榔、菠萝及菠萝蜜等，街摊有售，但不可过量食用。但可带一些回家，机场办托运。

济州岛——来自韩国的"夏威夷"

外文名称： Jeju Island　　　　**所属国家和地区：** 韩国

地理位置： 距韩国首都首尔 452 千米左右

著名景点： 汉拿山、泰迪熊博物馆

> 美丽的河川，秀丽的山脉，奔腾的马儿，蓝空碧云，咆哮的大海，美丽而又壮观的美景，将这里装饰得如画一般。在这里，做一次深呼吸，风中夹杂着淡淡的草香，沁入心扉，浑身的细胞都无比舒畅。你不在为空气的质量而担忧，它纯净得让你没有一丝的疑虑。它每天都要装扮变化，但同样的简朴、美观、大方、讲究，让人心醉。

济州岛久负盛名，是韩国的第一大岛，离韩国南海岸有 90 多千米，东面隔海相望的是日本的九州岛，是朝鲜海峡的门户，具有十分重要的地理位置。岛上屹立着韩国的最高山汉拿山，这是一座千年前火山喷发留下的火山锥，雄伟壮观，使济州岛更具盛名。济州岛长满了绿色植被，岩石丛中有挺拔的树木，绿莹莹的芳草铺满泥土，瀑布如银河般倾泻而下，又如条条白练，让济州岛美丽而富有神秘感。

在济州岛的中部巍然耸立着汉拿山，海拔 1950 米，又称瀛州山，是代表济州岛的名山，意思是高得可抓住银河。汉拿山分布着各种植物，有着很高的学术价值，1970 年被指定为国立公园，周围分布着 368 座寄生火山山峰。汉拿山闻名的是其垂直分布的植物生态系统。这里有 4000 多种动物、1800 多种植物。登山的路线很多，周围的山势可尽收眼底。汉拿山登山路线不超过 10 千米，当天可登顶遥望，由于天气多变，山高风大，登山应带足装备。

泰迪熊博物馆的创建为了展示百年来一直备受世界人民喜爱的玩具熊。在这里的展馆内可以看到来自世界各地的玩具熊。展馆大体可分成历史馆和艺术馆，以及企划展厅。历史馆内，玩具熊、古董玩具熊等与百年历史的场面相结合，让它们再现当时的风采。在艺术馆中，玩具熊成为世界艺术大师们的鲜活作品，成人可以欣赏到艺术的精妙，孩子们可以看到自己喜欢的动画人物。世界上最小的玩具熊也储藏在这里，小至 4.5 毫米，可以满足你的好奇心。企划展厅根据不同时期的主题，会展示各种的泰迪玩具熊。游客也可坐在博物馆的商店、餐厅内观看室外公园来度过美好的时光。

当然欣赏优美风光的同时，品尝这里美味食物也是一个很好的选择。在咖啡店里，可一边品饮浓香的茶水，一边享受美味的食物；在酒吧，尤其是在夏季，喝上一杯美酒，欣赏着衣着艳丽的美女，也有别样的风趣。

旅游攻略

住宿：

①济州岛摩纳哥汽车旅馆

济州岛摩纳哥汽车旅馆是一家口碑极佳的济州酒店，不管是深度游还是一日游，这家酒店都会是您的理想之选。酒店内设施齐全，可为住客提供舒适的住宿条件。

②济州岛托斯卡纳酒店

济州岛托斯卡纳酒店位于济州岛的中文观光区，对于喜欢济州岛的游客来说，凯悦娱乐会所、济州新罗娱乐会所、中文高尔夫俱乐部再合适不过了。

交通：

①飞机：济州国际机场有至首尔、釜山等地的 12 条国内航班之外，还有飞往中国北京、上海和日本东京、大阪等地的 6 条国际航线。

②汽车：济州市长途汽车站位于济州岛北端，济州市，与济州国际机场较近。

③港口：济州岛水运发达，济州岛共有 7 个大小港口，较大的济州港、翰林港的客运航线有 5 条、12 艘客轮，其中济州港是主要的客运码头。

④公交车：济州岛的主要交通方式便是公交车，拥有近百条线路，四通八达十分方便。

时差：与北京时间相差 1 小时。

货币：韩元。

温馨提示：

①回国入境时，请勿携带违禁物品。韩国的古董与重要文物必须获得文化财鉴定官室的核准才可出境。

②道谢时一定要低头致谢，这是非常重要的礼节，低头的程度视对方的年龄，上下级关系而不同。

③在济州岛乘坐的黑色出租车只接受现金。

爱琴海——爱情之海的温馨与浪漫

外文名称： Aegean Sea　　　　**所属国家和地区：** 希腊

地理位置： 希腊半岛和小亚细亚半岛之间

著名景点： 埃吉那岛、艺术家之城、数风车

> 　　爱是这里的主题，这里孕育着爱的传说。它宁静而安详，与人间凡尘隔离开来，海水清莹澄澈，石块光滑无锐角，白沙细致如钻石，来到这里，看到这些美丽的景色，你会把烦恼遗忘，沉浸并陶醉在这幽美的天地之中，就好像游离在人间天堂之中，会让你流连忘返，长留此地。

　　在地中海东部有一个大海湾名为爱琴海，位于希腊半岛和小亚细亚半岛之间。黑海沿岸国家要达到地中海、大西洋、印度洋，这里是必经水域，在海运和军事上都有重要的地位。

　　它是地中海的一部分，南北长约 610 千米，东西宽约 300 千米。爱琴海东北部连接达达尼尔海峡与马尔马拉海相通。爱琴海海岸线曲折绵长，拥有众多港湾和岛屿。岛屿相距都很短，站在一个岛上，可将相邻的小岛上的情景看清楚。希腊占有大部分爱琴海的岛屿，土耳其占有一小部分。克里特岛是这些岛屿中最大的一个，面积约 8300 平方千米，东西狭长，被看作是爱琴海的南部屏障。

　　波罗斯岛是一座岛上山城，风光秀美，柠檬树和橄榄树的青翠点缀着山城，清晰明亮的白色屋檐被掩盖在葱郁中。山城的整体建筑以白色为主，式样古朴洁净，烂漫的花丛不时地会在白墙的氛围中透出，碧海白云，一条石板铺成的甬道，蜿蜒而上，渐行渐远，一直延伸到历史记忆的最深处。

　　伊兹拉岛被称为"艺术家之城"，到雅典需要 3 个多小时航程，细长的小岛，小巷千千

旅游攻略

住宿：

①爱琴海广场酒店

酒店是一幢典型且独特的Cycladic建筑，与现代化的便利和严格的规范相结合，即使是最苛刻的客人，也可以满足他们的需要。

②爱琴海景色酒店

酒店提供带私人露台或阳台的海景住宿，配备海景客房，并全部配备带冰箱的小厨房和带淋浴和吹风机的私人浴室。

交通：

①航空：从雅典乘飞机1小时可到达圣托里尼岛，圣托里尼机场每天有数架航班前往麦克诺斯。在夏季的旺季，还提供到达罗德斯岛以及克里特的中转航班。

②其他：参观火山有缆车可以搭乘。岛上路况还不错，如会开车，可以租车游览。岛上还有摩托车出租，因租车人较多，车祸也时有发生，所以要当心。夏日旺季最好提前预订出租车。

时差：与北京时间相差5小时。

货币：欧元。

净净，毛驴悠闲地载着游人。白墙、蓝窗、屋顶粉红，让小岛显得可爱动人。一丛丛红花、紫花生长在小院里，明黄的柠檬果结满柠檬树，把枝头都压弯了。这里海水最为透明，海水深处的鱼类清晰可见，在海岸上还有很多的河口、海湾深入岛内。这些河口、海湾僻静优美，非常适合游人在海水中游泳、嬉耍。

米克诺斯岛因风车而闻名，也因此成为了爱琴海群岛的代名词。狭窄的小巷，白色的小教堂、或红或绿或蓝的门窗，海滨广场上的几座风车磨坊坐落在白色圆顶教堂不远的山丘上，它们是这里的标志，让这里别具风味。岛上居民不多，只有将近半年的旅游时间，非旅游时间，小岛很安静。4月以后，开始进入旅游的旺季，游客从世界各地来到这里，享受美妙的阳光和海滩。在岛上，房顶为平顶，均是用大石块垒起的，因为这里冬季很寒冷，风又特别大，必须用厚实的屋顶抵御风寒。

温馨提示：

①从雅典到爱琴海各个岛屿的轮渡航班时间表变化频繁，要注意查看当天的报纸或售票点每天的预告，关注准确的时间。

②乘坐出租车要非常小心，大多数雅典的出租车司机喜欢欺负外国人，漫天要价，不开计价器，不给发票或者绕圈子的现象经常发生。

③坐巴士或地铁时，在上车后或者进地铁站前，必须在专用的机器上使车票有效，一旦被查到无票或者持无效车票坐车，将被处以巨额罚款。

龟岛度假村——潜水胜地

外文名称：koh tao　　　　所属国家和地区：泰国
地理位置：泰国东南部
著名景点：海底世界、日出日落

> 它的美丽总在意料之外，若你只是一个过客，它的美丽就会深藏，若你是知己，它犹如开在夜里的海棠，等着你慢慢地品味。它就是那养在深闺的佳人，不为人知。放慢你的脚步，细细地品味这里柔软的时光，这里宁静平和、与世无争的生活，也许才是人间最美好的享受。

　　龟岛，又叫涛岛，涛岛是由中文的音译发展出来的名字。它位于泰国湾的南面，离曼谷很近，离苏梅岛不远，海水的能见度极好，非常适宜潜水，是泰国乃至东南亚潜水教学的基地。在过去，这里以盛产玳瑁海龟和绿海龟而得名。

　　龟岛山丘绵延，栖息一片，形似一只海

龟，正在享受阳光的抚慰。澄澈的海水，美丽繁茂的珊瑚和丰富多样的海洋生物，让这座岛屿成为了闻名世界的潜水胜地。也许你是为了以低廉的价格取到一张潜水资格证明，或许你热衷于新时代水疗，抑或只是喜欢在这里沐浴阳光，龟岛都可赋予你想要的东西。

　　海滩宽阔美丽，沙粒洁白无瑕，海水碧绿如翡翠，它就是印度洋安达曼海上的浪漫之乡——泰国龟岛。它鲜为人知，只因泰国有很多声名显赫的景点，如芭堤雅、普吉岛、苏梅岛、甲米等吸引了太多人的目光，然而，这也赋予了它宁静祥和的特色。龟岛沿岸海湾众多，风景秀丽各异，乘船环岛观光可视为一种不错的放松方式。

　　龟岛海底像宁静美丽的家园。这里海水清澈，温度适宜，一年四季都适合潜水，在水下，透过阳光，缤纷的海底世界可尽收眼底，即使几十米远的生物也能清晰看到。龟岛四周都是美丽的珊瑚礁，你坐船刚才到这里的码头，就会立马发现它们倩丽的身影。龟岛潜水培训最便宜，每年都有很多喜欢潜水的人来这里考取潜水证。海底世界的斑斓美丽，也使这里成为世界潜水爱好者的天堂。

　　龟岛的日出日落也是不可多得的美景。龟

岛的生活节奏比较缓慢，在这里看日出日落才是真正的休闲享受。日出或日落时，柔美的光影不断地变化，让龟岛变得更加惊艳动人。远远地，还可以看到龟岛的剪影，如同一只大海龟一样静静地伏在海岸边，观看潮起日落。时间也减缓了忙碌的步伐，在柔光中，享受这一刻的宁静无哗。

旅游攻略

住宿：

①涛岛杜斯特邦查度假酒店

俯瞰泰国湾和Koh Nangyuan岛屿，酒店提供公共区域免费无线网络、免费停车场和海滨别墅。别墅采用现代泰国风格装饰，提供一个大型阳台和客厅区域。

②阳光海滩度假酒店

度假酒店处于一个热带花园内，距Chalok Baankao海滩只有几步之遥，提供舒适的住处和一家便利的内部餐厅。

交通：

①飞机：搭乘飞机到龟岛，需要先到苏梅岛机场，然后需要搭船去龟岛。

②轮船：要前往龟岛的方法只有搭船，可以从苏梅岛或泰国本土的chumpon搭船去，如果从苏梅岛乘快艇的话，只要1个半小时的时间就能抵达。从苏梅岛到龟岛坐船2个小时，波菩码头和湄南码头都有渡船，往返价格在850泰铢左右，包括来回的酒店接送。

③出租车：龟岛上的交通主要是皮卡的士。

④租车：租车可租两轮车或四轮车，但是因为路况太差，容易摔倒受伤，一定要租四轮的更稳当。

时差： 与北京时间相差1小时。

货币： 泰铢。

温馨提示：

①街上7-11的酸奶，豆奶，腰果等零食都值得品尝。

②龟岛有很多潜水用品店，里面有款式很全的松拓表，还有国内买不到的潜水用具。

③龟岛上的泰式按摩一小时250泰铢，全身油压300泰铢，这是泰国南部岛屿的官价，虽然比起曼谷的价格偏高，但毕竟是度假的地方，而且折成人民币也还算合理。

④海边游玩不要超过警戒线。

博德斯度假村——沙漠绿洲

外文名称：The Boulders　　　　所属国家和地区：美国
地理位置：美国亚利桑那州索诺兰沙漠中
著名景点：垒土小屋、高尔夫球场、新金门温泉中心

没有来到这里，你不知道它的奇异和美丽。当你接近它，一块巨大的红色石头映入眼帘，仿佛和天地自然融为一体。它是沙漠中的绿洲，散发着迷人的气息，一个个别致的小屋构成一幅色彩和谐的画面。绿色的高尔夫球场、球座和草地，仿佛为红褐色的沙漠披上一缕缕假发，给炎热的地方带来缕缕清风。

身处在沙漠中的博德斯度假村，空气干燥，白天晴朗温和，夜间凉爽舒适，天空时常充满着变化。巨大的仙人掌高出人数倍，苍老而又坚强，让人无不佩服其强劲的生命力，在沙漠矮树丛中矗立生长，在美丽而又辉煌的日出日落中投射出自己的倩影。巨大的花岗岩石块，在岁月风霜的磨砺下圆润光滑，被杂乱地堆放在一起。不知道它们经历了多少个世纪，像一个不知疲倦的哨兵一样，为整个沙漠站岗放哨。花草树木都从石缝里钻出，给这片天地增添生机，焕发生命的活力。

博德斯独特的垒土小屋共有 160 座，依照岩石的形态的打造而成，与周围的石块融为一体。小屋包括起居室和壁炉、阳台或露台、小吧台、带有梳妆台的贴有瓷砖的大浴室、舒适的皮椅、无椅背扶手的长椅以及火焰图案构成的质地古朴、反映沙漠丰富色彩和格调的垫子点缀的沙发。石头铺成的地板，手工劈的露梁天花板、小地毯、篮子、黏土罐以及富有地方特色的艺术品和绘画都增添了西南风情。再加上别致的灯光布置，在此读书，可谓是情趣盎然。

有两家一流的高尔夫球场也被精心地镶嵌在博德斯的整个画面中。古老巨大的仙人掌

正好位于沙漠陷阱的中央位置，警示着人们勿要靠近。这两个位于沙漠中的高尔夫球场，其内部的植物都是当地植被，更多采用原生态植物，草地的草皮是用当地的草类培植而成，这种草地对水的需求量非常少。它们曾经被《高尔夫杂志》评为 1999—2000 年度金牌高尔夫球场，博德斯高尔夫球场开球区是此地的整个球场的至高点，可以让高尔夫球手体验打球的乐趣，也可以让其陶醉在迷人的风光中。

新金门温泉疗养院可以为你提供舒适的休闲享受。这家豪华的温泉疗养院融合了东西方的理疗观念和技术，建筑设计上也兼具中西方的特点，进入这里，你会发现它是发人深思的迷宫、健身中心、运动体育馆和养生课堂。预订这里的情侣套房，可以欣赏到沙漠风景，也能让你体验到最为浪漫的理疗享受。

旅游攻略

住宿：

①戴斯凤凰城西酒店

酒店距离凤凰城天港国际机场有 20 分钟的车程，每天供应欧陆式早餐。

②凤凰城科技中心号角酒店

酒店配备可供客人携带宠物入住的客房。

交通：

①飞机：菲尼克斯机场是全美航空、西南航空的枢纽港，是亚利桑那州最大的机场，也是美国第八繁忙机场。

②公共交通：从空港机场，有通往大多数旅游度假村和菲尼克斯酒店的交通车。还有许多地面运输公司提供从机场去往亚利桑那州其他城市的交通服务。

③租车：在菲尼克斯自行旅游，租车是很有必要的。租车的地点不在车辆所在处，这里有所有的机场租车公司，以及租用柜台和交通车辆。

时差：与北京时间相差 15 小时。

货币：美元，换汇点主要集中在市中心及机场。许多银行也提供换汇服务。

温馨提示：

①护照的有效期必须保持比预定在美停留期限多出六个月以上。

②美国电压为 110 伏特 60 赫兹交流电，有两孔和三孔的插座，需自备转换插头。

③美国普遍使用的邮政服务是 USPS（U.S.Postal Service），街上的邮筒多为蓝色，分布较为密集。但一般只提供小型信件投递，大件投递服务的邮筒较少。

金莎度假村——娱乐的港湾

外文名称：Cinta Sayang Golf Resort　　　　**所属国家和地区**：马来西亚
地理位置：马来西亚吉打州的双溪大年
著名景点：金莎高尔夫球场、嘉年华水陆主题乐园

> 它提供一站式的精致全包服务，这里的运动休闲设施齐全，如高尔夫学院、健身俱乐部、骑马、射箭、漆弹射击、水疗、户外游泳池、卡拉OK、撞球、网球、乒乓球、壁球，等等，在这里从事各项运动，都由具有执照专业指导资格的教练，给客户授课指导，让你在度假中不仅体验到休闲的快乐，也能有有益的收获。

金莎度假村由皇室苏丹王赐名，其马来语的意思是"爱与关怀"的寓意。一座具有国际锦标赛球场规格及皇室御用规格的18洞球场建造在8万平方米的自然绿地内，初级的高尔夫球者也能够在双层40球道练习场内，面向林荫大道挥杆。金莎高尔夫球场曾被马来西亚人票选为最受欢迎最友善的前五大球场之一。

金莎的高尔夫球场天然环境、地形和设计，非常适合能力各异的球手。其中一些球洞的地形设计，就算是高杆分数的球手，也会觉得有一定的挑战性。总而言之，球场的设计综合了各种高低难度，其"回归自然"的设计理念，让来此打球的人更为身心舒畅。另外，40道的双层高尔夫球练习场，也可以在夜晚的灯光场下挥杆练习。

"金莎"风景迷人，其宜人的景色和宜玩的高尔夫球场相呼应，可以让不同水平的高尔夫球手在此得到享受。尽管它的地形比较平坦，但在球场各处都分布着许多大的池塘，以此来惩罚球法差劣的球手。相对而言，打法准确的高尔夫球手在此打球可谓是得心应手。球道上布满 Zoysia Matrelia 草皮，而果岭则用百慕达草皮覆盖。只要在这个球场上挥上一杆，您将被其魅力所吸引。

体验各式各样娱乐方式，深受大人小孩喜爱的嘉年华水陆主题乐园，可以让全身细胞都动起来。在这里你可享受各种设施、放松心情和观看许多的有趣活动及表演。这里是马来西亚北部唯一充满着欢乐与幸福的地方，踏入乐园中，你会有迫不及待的冲动，想快点冲到水中。在这里可以与家人朋友欢度愉快的假期，轻松漫步在人造沙滩，悠游在漂漂河中，穿梭在滑水道中感受水上飞人刺激。

旅游攻略

住宿：

①槟城香格里拉金沙度假酒店

酒店房间舒适，游泳池海滩环境美丽。出门就是夜市，比较方便吃饭。早餐很不错，六岁以下小孩免费。

②槟城国敦胡姬酒店

酒店靠近峇都丁宜海滩，槟城峇都丁宜夜市，海峡岸，葛尼道，葛尼道小贩中心和购物商场，如合您广场，葛尼百丽官，乐购。步行范围有巴士站，美食广场，餐厅，诊所及便利店。

交通：

①飞机：槟城国际机场位于槟岛南部，机场不大，还很新，内部的设计很整齐。机场虽然离市中心有大约 20 千米，但机场附近并不荒凉，有不少经济酒店和餐厅。

②火车：可以从槟城的北海出发，搭乘火车去往泰国曼谷。

③槟城汽车站：在 2005 年 5 月新建的汽车站。Sungai Nibong 是汽车站所坐落的小镇名字，汽车站靠近槟城大桥。距离市中心和机场都很近。

④出租车：槟城出租车不多，在路上打车，尤其是上下班高峰期的时候会有些困难，可以提前打电话预约出租车。购物广场、酒店、巴士站或机场出租车会相对多些。

时差：与北京时间相差 1 小时。

货币：林吉特（马币），机场、商场都可兑换。

温馨提示：

①在咖啡馆、酒店、快餐连锁店、一些客栈都会提供免费的 WIFI 服务；需要向店员索取密码。

②200～240V 的交流电，插座为英式三孔插座，需转换器。

③槟城车辆较多，游览时要注意交通安全。

④每年的 6～9 月，是旅游的最佳时节，白天虽炎热，但午后有阵雨，晚上会有季风吹拂，十分凉爽，最适宜外出观赏迷人的景色，或是逛街购物也是相当不错的。

凤凰古城——古城的神话

外文名称：Phoenix Town

所属国家和地区：中国

地理位置：中国湖南省凤凰县

著名景点：沱江、沈从文故居

也许你很早就从文学大师沈从文名作《边城》中得知它的名字，优美的文字让无数人对它充满向往。醇厚古朴的老城，青石铺成的古街，在岁月的熏陶下不失昔日的辉煌，在日月的孕育下更具风韵。说不清楚，为什么它拥有着强大的磁力，让无数人为它梦魂萦绕，心生摇曳。

在凤凰古城的西南有一座山，外形和展翅而飞的凤凰酷似，故以此取名。凤凰古城，又称镇竿，位于湖南湘西的西南边，面积共 1700 多平方千米，人口 37 万，是一个少数民族聚集县，苗族和土家族人较多。它曾被新西兰著名作家路易·艾黎称赞为中国最美丽的小城。凤凰历史悠久，风景秀丽，有很多名胜古迹。古城内，青石板街道、江边木结构吊脚楼、众多古建筑，以及浓厚的苗族风情，让凤凰的味道截然不同。在凤凰的众多景点中，沱江和沈从文故居则是众多文学粉丝的理想之地。

沱江是凤凰县境内最大的河流，被称为凤凰的母亲河。它的水碧绿清澈，如同宝石一样，放射着细碎迷人的光芒，让人可以永远铭记它的平静和美丽。坐在乌篷船上，徜徉在水面上，耳旁不时地传来艄公的号子声，欣赏着两岸具有百年历史的土家吊脚楼，它也是沱江悠久历史的见证者，吊脚楼群建在东门虹桥和北门跳岩附近，用伶仃的细脚矗立在沱江里，宛如一幅永恒停留的画面，让人心神宁静。经过沱江的上游，万寿楼，万名塔，夺翠楼等众多的人文景点让你目不暇接。江面粼粼的波

光，会让你的心神动荡，江上渔舟偶尔从你的眼前摇曳而过，掀起阵阵涟漪，可让你暂且放下心中的烦恼，将心神都寄放在大自然中。一弯碧水千回百折，其中的意境只有身临其境才能真正地体味到。位于沱江南岸的古城墙，是由紫红沙石砌成的，典雅中透露着雄伟。城墙分东、北两座城楼，虽历经沧桑，但壮观犹存。

许多人也许是为沈从文来凤凰的。在他的笔下创造出了《边城》《湘西》《从文自传》等大家都耳熟能详的文学作品，其钻研好学的精神，也受到无数人的崇拜。而沈从文大师也曾居住在凤凰古城营街进行文学创作活动，他居住的是一座湘西特色浓郁的四合院，明清时的建筑风格也颇为明显。小院巧妙精致，一张张珍贵的照片与艺术品被陈列在室内。在故居旁边的书店可以买到沈从文先生的书，书上盖有故居纪念的印章，非常具有纪念意义。沈从文故居也为凤凰古城增添了一分文学气息。

旅游攻略

住宿：

①凤凰县政府宾馆

凤凰县政府宾馆装修典雅别致，具有古城风貌，体现民族风韵的宾馆，与凤凰古城相映生辉。

②凤凰城精品酒店

凤凰城精品酒店位于古城核心景区北门

码头对面，临窗四望可见树木苍翠的南华山景区、清流绕膝的跳岩、北门城楼等凤凰著名景观。

交通：

①距离凤凰县最近的机场是铜仁凤凰机场、张家界荷花机场及怀化的芷江机场，抵达后需换乘汽车。

②景区内没有火车站，周边比较大的站点集中在吉首、怀化及贵州的铜仁，因此必须在火车站中转。

③县内共五个汽车站，其中游客涉及较多的是城北汽车站和沱田汽车站。

④古城有公交三路，城内可泛舟。古城外可搭出租车，去较远的景点可包车。

时差： 无。

货币： 人民币。

温馨提示：

①凤凰外部交通便利，但需要中转。需注意的是古城内部禁止汽车进入。

②山地气候变化大，出门前记得查好天气情况，带好相应的衣物。

③古城内有很多小商店，买东西很方便。

④最好错开"五一"或者"国庆"等假期，这个时候来凤凰就完全是看人了，客栈不仅难订还很贵。

平遥——文物宝库

外文名称： Ping Yao　　　　**所属国家和地区：** 中国
地理位置： 中国山西省中部
著名景点： 平遥古城墙、日升昌票号、灵石王家大院

　　一座古城，它的往事让人历历在目。历史刮来的清风，染在白纸上绘出淡淡墨画，人们被其牵引着，迷失在历史的云雾中。狭窄的街巷，容易让人迷糊，不知道披在其肩上的是斜斜的暖阳，还是明清时的温婉样貌。星云变幻，青砖灰瓦低吟浅唱迷人的情节，枯涩的记忆中，湿润了无数人的心。

　　平遥县名胜古迹比比皆是，数不胜数，堪称文物宝库，吸引着众多游人的青睐。现今在平遥发现的各种地上地下文物古迹达 300 多处。其中有 99 处是国家、省、县三级重点文物保护单位，国家级 3 处，省级 6 处，县级 90 处。以古城池为中心组成了一个庞大的古文物群，成为人们心目中的旅游胜地。

　　平遥县古称"古陶"。明朝时，为防御外族侵袭，在此建立城池。平遥城墙全长 6163 米，高 12 米，小小的平遥县城被分割开来，形成两种不同风格的世界。公元 1370 年，对旧墙垣进行扩修重筑，墙体全部用砖包裹。以后又进行了十几次的修葺，重建城楼，增设敌台。清康熙四十三年（1704），康熙西巡路经平遥，将四面都建成大城楼，平遥更为雄伟壮观。

　　平遥古城完全是根据我国汉民族传统城市规划思想和布局程式进行修建的。城池封闭，以市楼为中心，大街小巷纵横交织，功

能分明，布局有序。民宅全为青砖灰瓦的四合院，轴线明确，左右对称，砖砌窑洞式的民居，乡土气息十分浓郁。城池内还有很多的庙宇，老式铺面也密密麻麻，古色古香的建筑把明清时期市井繁华的风貌都展现出来了。在平遥，全部都是真正的老古迹，古代建筑艺术与民俗文化完美地融合在一起，让人惊叹不已。

到平遥，去看一看日升昌票号，也会给你带来不一样的感受。它是中国第一家票号，位于"大清金融第一街"平遥古城西大街的繁华地带，1823年创始，结束了我国由镖局押送现银的落后方式。

经过后来的发展壮大，在黄金时期日升昌年汇兑量达到3800万两白银，可谓"日利千金"，它的分店遍布全国各地，令人惊奇的是，即使在环境动荡、内忧外患的情况下，日升昌依旧繁荣昌盛，屹立100年之久。现今，日升昌票号被改为中国票号博物馆，分设20多个展览厅，中国民族银行业的发展轨迹隐约可见。

灵石王家大院具有"华夏第一宅"之称。我们所说的王家大院指的是王家灵石房产中最具特色的两座——高家崖和红门堡，整体面积约3万平方米。高家崖是一座封闭式的城堡式建筑，堪称建筑艺术的博物馆。大院依山而建，气势恢宏。红门堡与高家崖东西相望，因堡门是红色的，故而得名。堡内特色鲜明、内涵丰富的石雕融南北风情于一体，是清代雕刻艺术的典范。

旅游攻略

住宿：

①7天连锁酒店

酒店离火车站非常近，性价比非常高。

②平遥会馆

会馆房间非常多，装修大气，很有历史的

厚重感。服务很好，餐饮业不错。

交通：

①飞机：平遥没有机场，选择乘坐飞机的话，需要先到达太原机场，再转乘客车或火车前往。

②火车：平遥火车站位于古城的西侧中都路，离古城西北城角仅300米，城内到达火车站十分方便。

③客车：平遥汽车站主要运营省内线路，所以从太原中转最为合适。从太原发往平遥的汽车只有在太原建南汽车站才有，虽然太原汽车站就在太原火车站旁边，但并无去平遥的车辆。

④自驾：由于平遥正好位于大运公路和京昆高速之间，因此从北京、天津、石家庄、西安、开封、洛阳等地开车前往平遥的路况都很好，用时也不会太长。

时差：无。

货币：人民币。

温馨提示：

①白天车辆是不能进入古城的，晚上八点以后到次日早八点前的这一段时间车辆可以进入，不过核心区域的几条步行街始终不能行车。

②在平遥有许多文物建筑，里面不乏古代雕塑、壁画等，这些雕楼彩绘是创作的好题材，但在拍摄这些文物时，一定要遵守保护文物的有关规定。

③平遥城内贩售的沙棘汁还有无糖口味的，购买时可以专门提出，适合有特殊需求的游客。

丽江古城——纯净之地

外文名称：The Old Town of Lijiang　　　　　　所属国家和地区：中国

地理位置：中国西南部云南省的丽江市

著名景点：古街、木府

> 它是一个风情万种的地方，让人心驰神往。它是一座流动之城，所有的东西跟随着岁月的流转或急或缓地流动着。不必深入，它流动的韵律和节拍便萦绕在你心间。整整齐齐的建筑，把纳西、白、藏、汉等民族的艺术精髓巧妙地融汇在一起。翘檐斗拱，逼视苍穹，恣肆张扬，弯弯的弧度容纳着纳西人永恒的流动意识。

丽江古城，又名大研镇，位于丽江坝中部，是我国"保存最为完好的四大古城"之一。丽江古城没有城墙，青石板路光滑洁净，土木结构的房屋完全由手工建造的，随处可见小桥流水。漫步在这座具有浓郁人文气息的小城里，总会让你感觉自己是一位上了年纪的纳西老人在踱步，悠闲又陶醉。位于古城与新城交界处的大水车是丽江古城的标志，在古城大水车旁建了一个电子屏幕，每日都会播放最受丽江古城人民欢迎的特色民族歌曲，《纳西净地》就是其中较为有名的一曲。到丽江，人文古迹数目繁多，古街、木府等景点非常值得一观。

古城街道依山傍水，用五花石铺成，旱季无飞灰、雨季无泥泞，雅致自然的石纹图案，质感细腻，与古城的环境相得益彰。位于古城核心的四方街是丽江古街精华所在，它不仅是丽江古城的中心，更是滇西北地区的集贸和商业中心。四方街是一个大约 4000 平方米的梯形小广场，五花石铺地，街道两旁的商店密集

整齐。其西面的最高点是科贡坊，三层门楼风格奇特。西有西河，东有中河。在西河与中河的交错处，有一个活动闸门，可利用两河间的落差控制水流冲洗街面。光义街、七一街、五一街、新华街四大主街从四方街放入四角延伸出来，四大主街又岔分出众多街巷，像蛛网一样纵横交错，从而形成缜密而又开放的古街格局。

木府本是丽江世袭土司木氏的衙署，在战乱动荡中有所损坏，1998 年春重建修葺，并把古城博物院设在府内。重建后的木府面积约 3 万平方米，坐西向东，根据地势沿中轴线依势而建忠义坊、义门、前议事厅、万卷楼、护法殿、光碧楼、玉音楼、三清殿、配殿、阁楼、戏台、过街楼、家院、走廊、宫驿等 15 幢建筑。历代皇帝钦赐的 11 块匾额挂在衙内，上书"忠义""诚心报国""辑宁边境"等字样。有人说："木府是凝固的丽江古乐，是当代的创世史诗。"

旅游攻略

住宿：

①丽江丽港酒店

酒店环境和设施超好，卫生，干净。水超级热，24 小时都有，离古城也很近，交通方便！

②丽江新华宾馆

宾馆位于客运站旁边，酒店很新，服务态度好，晚上很安静，交通方便。

交通：

①飞机：全国各地开通了多条直飞丽江的航线，如北京、上海、广州等，当然多数游客选择先飞昆明或成都，再从昆明（成都）转机或乘车前往丽江。

②火车：丽江至大理的铁路已经开通，大理至丽江段的火车已经开通。

③汽车：丽江地处滇、川、藏三省交汇处，公路四通八达，进出丽江当然以公路最为普遍，丽江有多个汽车客运站，公路交通极为方便。

④公交：丽江市区的公交车多为无人售票车，除此以外，在市区内还有一种微型车 3-8 路或小货车，可像乘坐出租车一样方便。

时差：无。

货币：人民币。

温馨提示：

①旅游旺季，打算前往丽江旅行，一定要在出发前预订好房间，旅馆的房间在旺季会有一定幅度的涨价，具体的价格要按照具体的情况。

②丽江各个景区日照强，紫外线强。长时间在户外活动，请戴上太阳帽，涂抹防晒霜，以保护皮肤。

③丽江昼夜温差较大，请带足保暖防寒衣物，并备常用药品。特别是带了老人和小孩的要注意预防感冒。

④在古城泡酒吧或者在古城里的餐厅吃饭，请先看菜单再点。

巴里洛切——小瑞士

外文名称： bariloche　　　　**所属国家和地区：** 阿根廷

地理位置： 阿根廷西部

著名景点： 冰雪节

　　春游湖水，夏猎野鹿，秋观黄叶，冬戏冰雪，四季的趣味尽在其中，这里的美景和生活和阿尔卑斯山地区没有大的区别。它让每一个见过它的人都会产生一种难舍的情愫，它就像故乡的怀抱，迎接着远离家乡的游子浪客。

　　它坐落于阿根廷西部的安第斯山麓，依山傍水，风景十分秀丽。在海拔 770 米处，建筑顺山势而建，房屋多为尖顶的木式结构。这里四季都是旅游的旺季。夏季山地林木葱郁，骑马猎鹿，徜徉山林间，快乐至极，迪斯尼出品的经典动画片小鹿班比，就是作者游览巴里洛切山林时获得灵感而创作的。冬天，天气很冷，多雨雪天气，是滑雪者的理想之地。

　　这里的自然环境和欧洲的阿尔卑斯山十分相像，在此居住的大都是德国、瑞士、奥地利的移民后裔，建筑风格也和欧洲传统建筑相近，素有"小瑞士"的美称。在每年的 8 月，这里都会举行隆重盛大的冰雪节，举办滑雪比赛、冰球比赛、火炬游行等众多活动，伐木比赛最具地方特色。巴里洛切过去是伐木区，盛产木材，出于保护森林资源，伐木活动早已被禁止了，但是与伐木有关的传统风俗还是保留下来了。伐木比赛就是其中的一个。伐木比赛并不是真的砍倒大树，而是伐木大斧将一段直径约 0.5 米的原木拦腰砍断，最先完成者获胜。裁判发出号令，只见斧影频闪，木屑纷飞，四周喝彩声不断，场面十分热闹。期间还会举办独特的巧克力晚会，评选出巧克力皇后。巴里洛切不存在污染环境的企业，巧克力糖是这里的主要产品，这与瑞士很像。街上商店里，各式各样的巧克力陈列着，包装精美，诱人垂涎。更是有店家当众制作的巧克力，格外吸引人。

评选冰雪皇后是冰雪节最高潮的部分。参赛的姑娘都来自当地的企业和团体。它和选美比赛有些相似，参赛的姑娘们共出场 3 次，一次泳装，一次礼服，还有一次是展示冰雪节的特点：姑娘们穿冬装出场，毛皮靴子，裘皮大衣，或是皮夹克，衬托出山城姑娘傲霜雪的风貌。与此同时，美丽的焰火在白雪皑皑的山峦间腾空升起，数百名滑雪好手手持火炬，从高峰滑下，宛如一条火龙在山峰之间蜿蜒盘绕。

乘坐游艇进入幽静曲折的湖湾，无论什么季节都能获得极佳的享受。水鸟追逐着船尾掀起的波浪，白色的身影映衬在湖岸墨绿的林木上，构成一幅重彩油画。优良的高山滑雪场离巴里洛切市区不远，总面积 200 平方千米，近百千米滑雪道，可以让游客尽享滑雪的乐趣。

旅游攻略

住宿：

①伽利略精品酒店

酒店设有带热水浴池、壁炉和平面电视的豪华自助式客房。客人可参加滑雪课程和免费储存雪具。

②罗迪尼亚旅馆

旅馆距离大教堂滑雪中心有 19 千米，设有设施齐全的共用厨房。

交通：

①飞机：巴里洛切与首都布宜诺斯艾利斯

之间每日有数个航班往来，交通便捷。

②公共汽车：坐公共汽车是游览布宜诺斯艾利斯这样一个大城市的好办法。这是大众交通的途径之一，又迅速又便宜。

③长途汽车：这里有一个很大而很现代化的长途汽车站位于雷蒂罗。从智利、玻利维亚、巴拉圭、乌拉圭和巴西都可以乘坐大型空调客车来这里旅行。

④地铁是游览布宜诺斯艾利斯的最快最便捷的途径。运行速度很快，通常不会超过 25 分钟。

时差：与北京时间相差 11 小时。

货币：阿根廷比索。

> **温馨提示：**
>
> ①阿根廷海关规定，水果、肉制品、昆虫、动植物等物品不能入境。
>
> ②阿根廷不开放个人旅游签证，只能跟旅行社出行。
>
> ③由于游客较多，犯罪也随之产生，但这个城市通常会驻有大批警力，而且富裕人群较少，所以其犯罪率比布宜诺斯艾利斯低得多。然而，游客还是要保管好自己的贵重物品。
>
> ④设有 ATM 的银行在市内随处可见。

苏士达——童话小镇

外文名称： suzda　　　　　　**所属国家和地区：** 俄罗斯
地理位置： 莫斯科东北部
著名景点： 波克罗夫斯修道院、列宁公园

> 这里是童话的世界，行走在小镇中，如同身处在漫画中。精心打造的花园遍布在小镇内，鲜艳的花卉让安静的小镇如诗如画。尤其是这里的教堂建筑，形式多样，风格别样，精妙别致的手工造诣，把小镇的古朴和纯真都勾勒出来了。

它位于莫斯科东北面 200 千米外，这里是一片美丽、宁静、乡土味浓郁的地方，把俄罗斯古代宗教文明的优点都汇集在这里，它就是让人魂牵梦绕的苏士达。

自 12 世纪起，到 17 世纪，有 11 所修道院和 25 所教堂建筑在这里。这些宗教历史性建筑基本上都以白色为主，并建在贯穿全城的卡缅卡河两旁高高的河岸上。建筑的布局和形式遵循与大自然的风水气势相协调的原则，镇上居民的住房多以粗大的圆木筑成，精美图饰雕刻在屋檐和窗框上，位于镇中的列宁公园，更是保留几座木结构的教堂。历史悠久古朴的路灯，没有电线杆或天线，因而组成了多幅美丽、宁静和谐、幽雅的乡土画面。在这个仅有 9 平方千米的小镇内，河水有时缓缓流过，野花铺满河岸，流水泠泠，蔚蓝的天空和一片片

翠碧绿草融洽相处，再加上白色古朴的建筑，感觉仿佛进入梦幻一般，令人流连忘返。在这样醉人的风景内舒心漫游，激发着无数俄罗斯画家美妙的创造灵感。

波克罗夫斯修道院可谓是苏士达标志性建筑，它建于 14 世纪，是圣殿的代表，吸引着众多旅人参观膜拜。这里既有美丽而富有哲理的历史宗教故事，至今还保留着用人力敲打，利用铜钟大小不一的形式，演奏出不同音响的幽谷钟乐。特别是在冬季，悠扬的晚钟声和古老的祈祷声穿过一座座庄严圣洁的白色建筑，伴随着满天飞舞的洁净雪花，宛如美丽晶莹的水晶圣殿一般。这就是为什么它会成为无数俄罗斯画家心中的圣地，被誉为"俄罗斯金环上的白色圣地"的原因。列宁公园就位于波克罗夫斯修道院的旁边，古朴精致的木结构的教堂，与其交相辉映，更添风韵。

由于俄罗斯对外开放程度加大，来此旅游观光的游客越来越多，苏士达独特的风貌是否会在现代文明的影响下发生改变？据说，苏士达自身存在一股"自卫力量"，虽然历代都对它提出过许多新建设的提议，最终，它总是能平安度过，没有损坏在现代工业文明所侵噬之下，始终保持着千年的祥和宁静。

旅游攻略

住宿：

①假日苏切维斯基酒店

酒店拥有现代化的设计风格，并提供私人停车场。

②最佳西方维加酒店

酒店的客房设有平面卫星电视、迷你吧和带免费洗浴用品的浴室。

交通：

①航空：我国北京、上海、香港、哈尔滨、乌鲁木齐有抵达莫斯科的航班。中国直达莫斯科的航班，大部分降落在谢列梅捷沃机场。

②铁路：乘火车去俄罗斯，耗费时间很长，但沿途风景十分迷人。可以看到西伯利亚、贝加尔湖、白桦林以及俄罗斯农庄。

③公交车：公交票价分两种：一种是在站上的售票点，另外一种是车上找司机。

时差：与北京时间相差 5 小时。

货币：卢布。

温馨提示：

①俄罗斯气候寒冷，冬季酷寒，夏季凉爽。
②俄罗斯饮食的主要特色是甜、油腻。吃不惯俄餐的话可以去中餐馆或中国市场。
③俄罗斯超市刷银行卡是不输密码的！小心别把卡丢了，钱分开放。
④上车后尽量不要和周围的人交谈，俄罗斯人上车后就喝酒，单身女性要小心。

皇后镇——女王居住的地方

外文名称：Queenstown　　　　　**所属国家和地区：**新西兰
地理位置：新西兰南岛南阿尔卑斯山脉瓦卡蒂普湖畔
著名景点：瓦尔特高原牧场、瓦卡蒂普湖、箭镇

> 据说 100 多年前，是英国人首次发现这个美丽的小镇，它的四季仿佛都流淌着美丽的旋律，绚烂的童话色彩渲染着美丽的星空，小镇依偎在南阿尔卑斯山环抱中，祥和而安宁，碧绿清澈的瓦卡蒂普湖，剔除了内心的烦躁。他们认为这里是上天赐予维多利亚女王的地方——皇后镇由此而得名。

新西兰的皇后镇被南阿尔卑斯山包围，依山傍水，秀丽迷人。它的每一个地方都能让你的脚步停留，夏季蓝天艳阳，秋季叶子鲜红、金黄，色彩斑斓，冬天晴朗清爽，山顶白雪皑皑，春天百花璀璨。分明的四季，可以给你不同的感官享受。瓦尔特高原牧场、瓦卡蒂普湖、箭镇等景点，更让人乐此不疲。

瓦尔特高原牧场在昆士城湖对岸的瓦尔特山主峰的西侧，是新西兰最原始的高原牧场之一，来到皇后镇，此地不可不观。游客可乘坐具有"湖水贵妇"之称的 TSS 恩斯劳号蒸汽船，穿越瓦卡蒂普湖前往瓦尔特高原牧场。游客可在船体甲板上随意散步，观看轮船蒸汽机的发动和运转。兴趣所致，伴随着悠扬的钢琴声高声歌唱，也十分美妙。登陆牧场后，去牧场品尝田园风味的茶点、观赏剪羊毛、牧羊犬赶羊或是亲自感受挤羊奶的新鲜感受。

搭乘 TSS 恩斯劳号蒸汽船悠游在瓦卡蒂普湖上，是皇后镇游客喜爱的旅游活动之一。20 世纪初，TSS 恩斯劳号为了湖边居住的居民来往提供方便，如今它依然保持原样，被很好地维护着。瓦卡蒂普湖位于市中心附近，是座高山湖，深且蓝。登上 TSS 恩斯劳号，你可以欣赏湖岸秀丽的风光，可以感受老式蒸汽船的古朴与优雅。TSS 恩斯劳号老式蒸汽船在皇后镇人们的心目中有着很高的地位，被人们誉为"湖女"。百余年来，它一直在美丽的瓦卡蒂普湖上航行，无私地为乘客和居民们提供服务。要饱览这里的湖光山色，登上 TSS 恩斯劳

号老式蒸汽船是最好的办法。

箭镇是因黄金的挖掘而发展起来的。它位于皇后镇东北 21 千米处，在深秋季，街道被落叶覆盖，如同涂上厚厚金黄色的油画一般，让这里的秋季更为美丽。箭镇湖区博物馆堪称新西兰小博物馆之最。箭镇的很多古迹都保存完好，有些至今仍发挥着重要作用。在箭河边漫步，可以看到当年数千名中国矿工居住的简陋小村庄，还在河边保留着。白金汉街是这里的主要街道，见证过这里曾经的繁华。街道两旁的古老建筑内，商店和餐馆林立。您可到博物馆观看老建筑目录，徜徉在箭镇独特的历史当中。

旅游攻略

住宿：

①昆斯敦美居度假酒店

昆斯敦美居度假酒店可欣赏到瓦卡蒂普湖和里马可布斯山脉群壮丽的美景。

②皇后镇公园精品酒店

酒店为客人提供免费的 Wi-Fi 无线网络连接和停车场。您所支付的房费也包含餐前饮品及小食品。

交通：

①飞机：皇后镇机场位于市中心附近的弗兰克顿郊区，距镇中心只有 10 千米。国内无直达皇后镇的航班，只能从奥克兰或者其他主要中转站转机至皇后镇。

②机场巴士：Connectabus 的 R11 红线每天从 6：20 到 21：53 每 15～20 分钟从机场行驶一班车。无须预订，驾车司机售票。

③出租车：打车至市中心也很近。

时差：与北京时间相差 4 小时。

货币：新西兰元。

温馨提示：

①皇后镇的气候偏向寒冷，四季分明。冬天是热爱滑雪者的最爱，厚重的御寒衣物、围巾、手套、帽子是必要的配备。

②夏天皇后镇的湖边有很多蚊虫，要备上驱蚊用品。

③以羊为主的新西兰菜已经脱离了英国风味的烹调方法，现另有独树一帜的风格，可满足你的口欲。

④这里旅游业相当发达，商店竞争激烈，价格水平相对合理，游客可以放心购物。

阿曼瓦纳度假村——传统与现代的和谐

外文名称： Amanwana　　　　　**所属国家和地区：** 印度尼西亚

地理位置： 印度尼西亚巴厘岛东部 Sumbawa 海岸 15 千米处的自然保护区 –Moyo 岛

著名景点： 阿曼瓦纳度假村

> 这里是宁静的森林，这里遥远、荒芜、奇异，这里美丽而又奢华，这里建筑的精心设计让人惊讶不已。在这里度假，远离都市的繁华喧嚣，聆听大自然的声音，让清新干净的空气流入肺腑，感受回归大自然的轻松与愉悦，让精神和灵魂得以彻底地释放。

　　阿曼瓦纳意为"宁静的森林"，它位于印度尼西亚莫约岛西面的小海湾中，这里茂密的热带森林和闻名的弗勒斯海底，至今还保有原始风貌的珊瑚礁。阿曼瓦纳度假村藏身于这一片秘密的森林当中，若是你没有接近它，你很难发现它的存在。来到这里的人都能领略到它野外营帐的建筑风格，每一个住在这里的宾客都能亲身体验到大自然的丰富多彩。

　　阿曼瓦纳隐藏的海湾与世隔绝，但它是一个适合人抒发对大自然热爱的地方，是一个远超佛洛瑞斯海的海洋乐园。在这里，猴子或鹿随处可见。在露营的地方设有 20 多个空调帐篷，这些帐篷都是由硬木制成，帐篷内设有大床和超大的豪华浴室。帐篷内还建有坚实的围墙用来保护客户的隐私，游客可以站在珊瑚上

沐浴或看星星。另外，露天凉亭、面向大海的房子、餐厅和酒吧与帐篷相配套，你可以在这里尽情地休闲享受。

　　想要到阿曼瓦纳度假村，巴厘岛是必经之地，你需要在这里坐上 2 个多小时的轮船才能登上阿曼瓦纳度假村的码头。它建筑巧妙，和自然融为一体，远处观望，你很难发现它的身影。阿曼瓦纳度假村在建造的时候，为了不使原有的森林状态受到破坏，所有的工作都必须靠人力来完成，严禁砍伐树木。因此，这里的自然环境保存得非常完好，精美的人工建筑和优美的大自然完美地结合在一起，它就像是人间的小天堂一般。

　　在度假村的海边餐厅旁边设有石堤，这些石堤都是由粗砾的石块砌成，度假村内的小路

用细沙铺成，蜿蜒在草地上。在码头边，还建有一个冲淡水的地方，为喜欢浮潜的客人提供方便，其造型像一个小山崖，不到三米高，里面设有一个石头机关，只要扭动石块，山崖的草丛中就会流出淡水，一个人工的马尾瀑布就形成了，设计独特有趣。还有，被称为"丛林洞穴"的SPA，它建在海边的树丛当中，它由石墙简单围成几个没有顶的空间，按摩床面向大海，在这里做上一次SPA，也许才会知道什么是"天人合一"。

旅游攻略

住宿：

①豪华精选拉古娜巴厘岛努沙杜瓦度假酒店及水疗中心

酒店与多沙的白色海滩接壤，坐落于园林美化热带花园之中。

②沙努尔塔克苏酒店

酒店地理位置优越，交通便利，服务周到。

交通：

①航空：来这里的主要交通是航空，游客通常要乘飞机到雅加达，再转机前往巴厘岛，然后坐飞机到阿曼瓦纳。巴厘岛国际机场在登巴萨市以南12千米处。

②租车：想租车的人最好在出国前办好国际汽车驾照，省得到了当地手续烦琐。较有声誉的出租公司有Toyota-Rent-a Car，提供保险与免费交车、还车服务。

③码头：这里设有海边码头，飞机、轮船都在海边码头停泊。

④摩托车：摩托车是当地居民最主要的交通工具。

时差：无。

货币：印尼盾（卢比）、美元，机场、旅店都有外汇兑换处。

温馨提示：

①要尊重当地的风俗习惯，受主人邀请时，对方未进食不可先食。

②头部是神圣的，千万不要拍别人的头部，即使是小孩。

③这里属于热带雨林气候，因地区不同而差别较大，全年平均气温较热，平均气温为20℃~30℃，而高山地区则较寒冷，出发前请注意各电视台天气预告。

④以轻便夏装为主，勿忘记带拖鞋、泳装及短裤。

玛拉玛拉度假营地——刺激的天堂

外文名称：Mala Mala camp　　　　所属国家和地区：南非
地理位置：南非普马兰加省萨比森动物保护区里
著名景点：玛拉玛拉度假营地、丛林探奇

你喜欢浪漫吗？你喜欢探险吗？这里是浪漫探险的集聚地，它可以满足你对大自然的好奇，它可以让你体验前所未有的刺激，各种各样的野生动物穿梭于草原中，并出现在你的眼前，奔跑、嬉戏、捕食，这是一个生动活泼的动物世界，你可以和它们近距离地接触，感受它们的真实，惊险刺激，绝对让你匪夷所思。

你或许十分向往一次浪漫探险之旅，去南非的玛拉玛拉私营保护区绝对会给你非同一般的惊险体验。它是南非萨比森私人保护区里规模最大的一个动物保护区，克鲁格国家公园与其相连。玛拉玛拉三大野营地中最豪华的是玛拉玛拉营地。

游客们住宿的地方是用茅草覆盖的平房，每个房间设有阳台可眺望灌木树丛，游客可清楚地看到长颈鹿、羊群或疣猪的活动，一些胆大的猴类有时会跑进保护区内，抢游客的东西吃。玛拉玛拉营地的露天半圆形餐厅，用当地的土布铺在半圆形的桌子上，桌上摆几只蜡烛，在地上烧一堆篝火，吃着特色的土著烧烤晚餐，游客和向导一起用餐，向导为旅客们添茶倒水，给他们讲解当地风俗。用餐后，旅客们在服务人员、向导们热情的邀请下，手拉手，围着篝火跳舞，唱土著民歌，轻松愉悦。

服务向导为客户提供一切服务，游客有什么问题，都可向他提问。向导会根据野生动物的习性，带领游客们，开着敞篷吉普到南非草原中寻找野生动物，这里大型猛兽有很多，如狮子、豹子、犀牛等。营地向导年轻，有大学学位，学习与动植物学相关的知识，对各种动物和植物习性的问题都十分了解。由于他们要对车上所有旅客的生命安全负责，所以他们都必须接受严格的射击和救护训练。

丛林探奇，总是能令人感到新奇兴奋。自行驾车穿梭在丛林里，从车内向外看，总感觉隔了一层纱。而乘坐吉普车观看动物，那些肉食性猛兽如狮子、猎豹或身躯庞大的大象、水牛等都好像在眼前一样，会让人兴奋异常！如果够幸运，还能够在水塘边见到河马和鳄鱼。这里的鸟类生态也十分丰富多样，在观望台上观赏鸟类，即使待上一天也不会乏味。

有时向导也会带着游客们夜间出行，夜食动物会将他们作为袭击的目标，向导会带上一把枪，再带领游客们向漆黑的原野驶进。黑暗中，在车尾灯的探照下，四处搜寻动物的行踪，时常会发现饿虎猎食、群狮围扑等现象，场面惊心动魄。

旅游攻略

住宿：

①库纳马小屋

库纳马小屋位于著名的旅游观光区——克鲁格国家公园，可让您的旅程变得更加舒适和便捷。

② Elephant Walk Retreat 酒店

Elephant Walk Retreat 是一家 5 星级酒店，客房设计极其舒适，装饰优雅。

交通：

①飞机：由玛拉玛拉提供飞机。每天从约翰内斯堡机场飞至玛拉玛拉机场。

②专车接送：到玛拉玛拉机场会遇到狩猎向导接你到玛拉玛拉度假营地。

时差： 与北京时间相差 6 小时。

货币： 南非兰特。

温馨提示：

①南非的河流、湖泊中，有的有血吸虫，应避免直接饮用或在陌生水域中游泳。有些沿海地区，还要注意防止疟疾，防蚊虫叮咬，可预备几种防蚊虫的用具，备一些效果好的杀虫剂。

②南非拥有 GSM 移动电话系统，可以在南非使用中国漫游移动电话。南非移动服务的提供商有 Vodacom、MTN 等，南非国内 7：00～20：00 通话费大约为 3.69 兰特 / 分钟。超过 20：00 大约为 0.96 兰特 / 分钟。

③邮局提供上网服务，但价格较贵，大约 5 兰特 / 分钟或每天 100 兰特。酒店房间上网多数是收费项目，有些酒店在休息区提供免费上网服务。

巴巴多斯——清凉国度

外文名称：Barbados　　　　所属国家和地区：巴巴多斯共和国

地理位置：东加勒比海小安的列斯群岛最东端

著名景点：海底世界、巴希巴风景区、巴国家公园

> 它小巧玲珑，风景秀丽，如同一颗晶莹透彻的珍珠镶嵌在波光荡漾的加勒比海上。灿烂的阳光、湛蓝的海水、洁白的沙滩、油绿的树木、绚丽的鲜花、安静的旅店小楼，组成了一幅迷人的风情画卷。

　　巴巴多斯的名字来自于葡萄牙语，它的意思是开满野生无花果树的地方。诗意的名字，诗意的地方，美丽如画的巴巴多斯岛总是让人充满无限向往。它本是南美大陆科迪勒拉山脉海上的延伸部分，约有430平方千米，以低地为主，有一些山丘位于岛的内陆。岛屿大部分是由珊瑚石灰岩构成，海岸线长约101千米，最高海拔340米。岛内没有河流，属热带雨林气候。气温大致在22℃～30℃，年平均气温26℃。巴巴多斯现在是加勒比海地区著名的旅游胜地，其著名的景点有海底世界、巴希巴风景区、巴国家公园等。

　　巴巴多斯海底世界非常奇妙，从首都布里奇顿乘汽艇到附近的小浮坞，需要20分钟，在那里可以乘潜艇到海底游览。潜艇不是很大，最多可坐30人。游客在潜艇中坐稳，每一个人前面都会有一个圆形大玻璃窗，可用来观看海底世界。随着潜艇的下沉，外面的海水由明亮转为浑暗。丰富多彩的海底世界也会展现在游客的面前，有形状怪异的石头，有100

多年前罹难的海盗船。海底还有一个怪坡，坡上长着小树，有 1 米来高，但是树干没有树叶，大都以灰色为主。热带小鱼成千上万，蓝光粼粼，如同雪花飘扬在海底，非常有趣。大鱼追着小鱼，飞速地游来游去，悠闲自在的海龟，在海底漫步，一副活灵活现的海底画面展现在眼前。

巴巴多斯有很多美丽的沙滩，它们主要集中在岛屿的西海岸和西南海岸，面向加勒比海，大多时候都风平浪静。而位于东海岸的巴希巴，由于面向大西洋而风大浪急，岩石在海浪冲刷下，变得千姿百态。由于这里的风浪非常适宜冲浪，不仅吸引了很多冲浪爱好者，同时国际冲浪比赛也常选在这里举行。常年受强风的吹袭，沿岸的树木都朝一个方向倾侧，景色奇特。因为这里的风景和苏格兰酷似，又被称为巴巴多斯的"苏格兰"。

巴国家公园早先是英国王室和贵族的休闲地，巴巴多斯建国后就将其建为国家公园。它坐落于法利山，高于海平面 274 米，园内树木葱郁，花草繁盛，站在山顶遥望，巴巴多斯东部波涛汹涌的大海和半壁江山可尽收眼眶，让人心旷神怡。

旅游攻略

住宿：

①巴巴多斯希尔顿酒店

希尔顿酒店地理位置十分便捷，为情侣、家庭及商务人士量身定制服务。

②墨尔本旅店

这家酒店距离 Grantley Adams 国际机场有 17 分钟的车程。

交通：

①飞机：巴巴多斯岛拥有大型国际机场，很多城市都有到巴巴多斯的直达航班，它们主要是在美国、加拿大和英国起航的。

②航运：首都布里奇顿是一个全天候的深水港，可停靠万吨级远洋客货轮。

③公路：总长 2333 千米，其中 90% 以上公路为沥青路面。1990 年建成一条连接格兰特利亚当斯机场与布里奇顿港和工业区的公路。

时差：与北京时间相差 12 小时。

货币：巴巴多斯元，大部分的酒店都会提供外币兑换服务。

温馨提示：

①登革热这种疾病在该岛上流行很广，游客应该避免蚊虫叮咬。

②对游泳者的威胁主要是水母、多刺的海胆以及珊瑚虫，所以近海滩时要注意。

③对于入境时携带本地货币的数额没有限制，只需要提供入境申报单。但是严禁携带巴元出境。携带外币出入境时基本不受限制，但不可以超出入境时申报的数额。

④准备好适合热带温暖气候的服装，白天最好穿短裤、T 恤衫、外衣和吊带裙，晚上可以穿休闲服装。

夏威夷群岛——梦幻之地

外文名称：Hawaiian Islands　　　　　所属国家和地区：美国

地理位置：美国夏威夷州

著名景点：威基基海滩、钻头山

> 这是一个能让每个人都能记住它名字的地方，也许是上天的眷恋，让它变成美的国度，明媚的风光，迷人的海滩，五彩缤纷的星云变幻，当地人热情、友善、诚挚。晴空下，五彩洋伞点缀着美丽的海湾；晚霞中，情侣们在蕉林椰树下轻吟低唱；月光下，波利尼西亚人在草席上载歌载舞。它的花音、海韵，铺奏出一支迷离的浪漫曲。

　　夏威夷是一个梦幻之地，无论是自然环境，还是习俗人情，都别具一格，让人回味不尽。海天共色，气候宜人，沙滩洁白柔软，别墅星罗棋布，高楼海边林立，花草奇异张扬，水上活动丰富多彩，游人散步在金灿灿的沙滩上，轻快的音乐和优美的舞蹈处处可闻可见……仿佛悠闲、浪漫散落在每一个角落里。

　　威基基海滩是夏威夷最典型的海滩。海滩的东面是卡皮欧尼拉公园，西面是阿拉威游艇码头，约 1.6 千米长，这里的沙滩洁净细软、高楼大厦层出不穷，椰子树婆娑多姿。这里海域开阔，海水清澈宁静，是很好的休闲度假之地。水上运动最好的区域是喜来登阿那冲浪者沙滩区，划船、冲浪可以让你玩得尽兴，傍晚时候，还可以散步在沙滩上欣赏太阳落下的美丽场景。从海边往内陆延伸，饭店、商店、购物中心多不胜数。威基基海滩最豪华的酒店和商店集中在卡拉卡瓦大道上，街道两旁的椰子树疏密有致，景致迷人至极。

　　钻头山是一座死火山，又名"钻石头火山"，也是威基基海滩上一个显著的标志，位于夏威夷群岛中的瓦胡岛檀香山市。"钻头山"

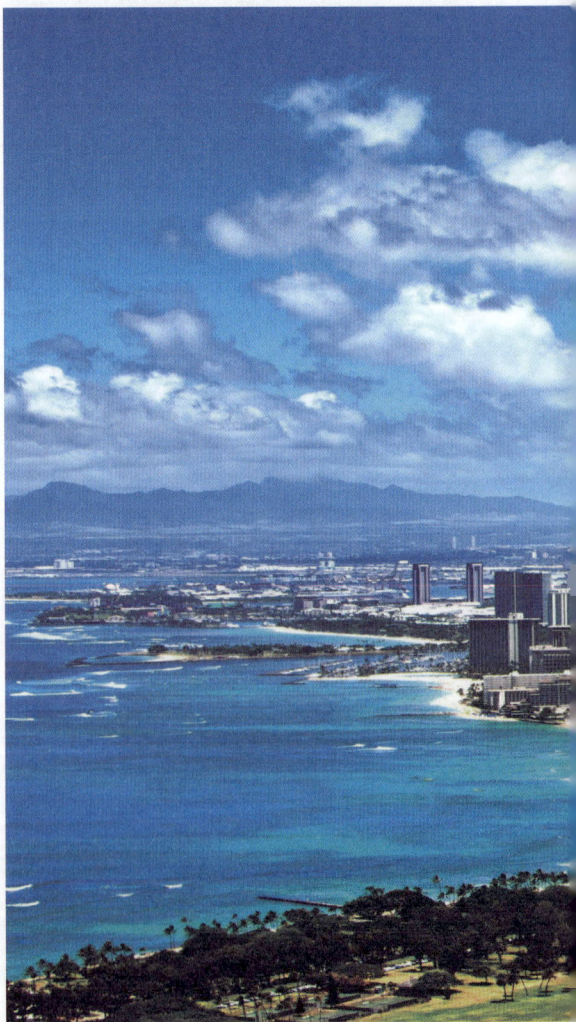

的名字相传是由 19 世纪初英国水手起的，因为这里的方解石结晶被他们认为是钻石。登上山顶，檀香山市整体风貌可尽收眼中，这里的日落更是美得出奇。徒步登钻头山，是游客非常喜欢的旅游项目。钻头山的登顶步道，夏威夷语意为钻石头山火山口，1908 年建造，早先是欧胡岛海岸防御系统的一部分。步道地表大部分由天然凝灰岩构成，夹杂的上坡路多成"之"字形，从火山口内壁的山坡穿越过，攀爬陡峭的阶梯，再穿过长 69 米的隧道，到达顶峰，可看到火山口边缘的军事掩体，以及 1917 年建于火山口外缘的导航灯塔。"无限风光在险峰"，在此鸟瞰从可可火山口到欧胡岛东南岸美景，赏心悦目，冬季还可能看到从阿拉斯加来的逆脊鲸。

旅游攻略

住宿：

①万豪威可洛亚海滩度假酒店及水疗中心酒店内设有餐厅、池畔酒吧和酒廊。

②希尔顿威可洛亚村酒店

内设热带花园、提供全套服务的水疗中心。宾客可享受盐水泻湖，也可看海豚戏水。

交通：

①飞机：到夏威夷旅游，可先到檀香山国际机场。到达夏威夷之后，在众多岛屿之间的交通以搭乘飞机为主。

②直升机：乘坐在直升机上可将整个夏威夷海尽收眼底，湛蓝的海水与瑰丽的珊瑚礁，从空中看，美不胜收。

③游轮：游轮是穿梭在夏威夷各岛的交通工具之一，在船上可以看到夏威夷海的美景。

④公交车：也可搭乘当地的公共交通工具。它是游客与夏威夷人接触的最佳方式。

时差： 与北京时间相差 18 小时。

货币： 美元。

温馨提示：

①酒店内一般设有收费电视、电话、有偿饮料及小食品等，请询问清楚费用后再使用，以免结账时发生误会。

②西餐一般用刀叉，左手拿叉，右手拿刀。说话时不宜挥动刀叉，避免餐具碰撞出声。

③夏威夷有支付小费的习惯，参考额度如下：酒店客房服务员 1 美元；每件行李给行李员 1 美元；召唤出租车的门童 1 美元；餐厅服务员按账单总额的 10%～15% 支付。

④夏威夷海关规定严禁携带肉类、水果等食品入境。

神户有马温泉——泡出健康与美丽

外文名称： Arima Onsen　　　　　　**所属国家和地区：** 日本

地理位置： 日本神户

著名景点： 有马温泉

这里是日本最古老，规模最大的温泉之一，位于美丽的六甲山北侧，夏天清凉怡人，冬天温暖舒心，春天可以观看美丽的樱花，秋天的红叶也会给你别样的感受，游客在这里可以体验到四季的变化。它宁静迷人的格调让神户更具风韵，而其具有医疗保健功效的温泉，最为让人着迷。

神户，日本国际贸易港口城市、兵库县首府，位于日本四大岛中最大的一个岛本州岛的西南部，西枕六甲山，面向大阪湾，它的存在已有千年历史，而城市和海港建设的规模和速度跨入世界之冠，则是近二三十年的事。神户是日本最美丽、最有异国风情的港口城市之一。神户地处绿茵葱郁的六甲山国立公园和碧波荡漾的濑户内海之间，背山面海，自然环境优越，气候温暖，四季分明。

有马温泉历史悠久，有"神户腹地"的美称，它位于神户市北区的有马町，是日本三大名泉之一。有马温泉在日本的知名度很高，若是在日本游玩一圈，没有到有马温泉一游，可以说你没有游遍日本。在有马温泉的周围，有很多豪华的旅店和宾馆，将这里打造成为著名度假村。相传，这里最初的建筑由僧人所建，它三面都是山，春天樱花烂漫，秋天枫色宜人，再加上滋润的温泉，每年都有很多游客来到这里。

世界各地温泉的数目众多，但只有到有马温泉才能享用到两种不同水质的温泉。有马温泉水质中的矿物质丰富，泉水中铁、盐成分约是海水的 2 倍，泉色似铁锈红被称为

"金泉"，而透明无色的碳酸泉，被称为"银泉"。金泉铁盐的浓度大，水温在 90℃ 以上，能缓解风湿病、神经痛、妇女病、肠胃病等症状；银泉水温在 50℃ 左右，碳酸和放射性物质较多，可减缓或治愈慢性消化系统疾病、慢性便秘、痛风等病症；有马温泉的水质呈咸性，有消炎杀菌的功效，据说古代的武士受伤后，在这里浸泡后，伤口复原得更快速。

泡温泉，温泉温暖的水汽会与外面山景萦绕的云雾相映衬，风味别样有趣。及汤本坡的历史更为悠久，温泉的氛围更为浓郁，在这里漫步可体味另一番情趣。到有马游玩，当地的温泉旅馆能让你感受到日式温泉的古朴韵味，古风老街上全是雅致的小店，穿着和服的日本女子时不时会从你身边优雅小心地走过，踩出脆脆木屐声，让你陶醉在沉静舒适当中。

旅游攻略

住宿：

①有马温泉陵枫阁

享受酒店内设的停车场、商店、保险箱、会议设施、吸烟区等设施。室内温泉不拥挤，

室外的金汤很舒服。

②银水庄兆乐

位于能眺望到温泉街和六甲山峰的高岗上。可从各个客房欣赏有马和周围的丰富自然风光。

交通:

①飞机:神户机场是日本第三大机场。但目前从国内前往神户的话要先飞往大阪的关西国际机场。从神户前往东京,搭乘飞机约需1个小时。

②铁路:神户市内铁路网发达。在长距离铁路交通方面,山阳新干线途经神户市,并在神户市内有新神户站。

③轮船:中国快线经营轮船运输服务从神户驶往中国天津。

④巴士:神户地铁不到达有马,从神户可乘电车到有马游玩。

时差: 与北京时间相差1小时。

货币: 日元,机场附近可兑换,汇率较低。

温馨提示:

①出行:无论是火车还是飞机,出行前一定要预留充裕的时间。如是飞机,则应时刻关注天气状况。

②话费:漫游话费较高,出发前记得充足话费,方便和他人联系。

③药品:主要是带一些常用感冒药、肠胃药、防蚊虫的花露水、防暑药品、晕船晕车药等。

④住宿:如对目的地不是很熟悉,建议最好提前预订酒店。网上的酒店价格还是有竞争力的。

⑤安全:最好结伴出行,尤其是晚上。

韩国釜谷温泉——韩国温泉之冠

外文名称： Pugok Oncron   **所属国家和地区：** 韩国
地理位置： 韩国釜山市西北方
著名景点： 釜谷温泉

> 去韩国，这里的温泉可能会成为你的首选，因为它是韩国温泉之最，可以给你完美的感受。你可以想象一下坐在能烫熟鸡蛋的温水中的感受，其中的美妙无法用语言来形容，来这里，它就可以给你类似的体验。这里的温泉具有很好的美容医疗效果，是爱美女士的不二之选。

韩国温泉资源较为丰富，全国有 30 多处温泉。其中韩国温泉温度最高的是釜谷温泉，水温达到 78℃。而利川、天山、温阳、儒城、庆州、海云台等温泉，水温在 40℃～60℃之间。

釜谷温泉，素有"韩国温泉之冠"之称，在釜山市西北面，若从韩国古都庆州出发，只需 1.5 小时的车程。釜山是韩国的第二大城市，也是韩国最大的天然港口，釜谷因地形像大锅而得其名，在过去历史记载上称其为"釜鼎"。釜谷温泉于 1973 年被人们挖掘而出，其出水温度高达 78℃，曾轰动一时，经过后来的大规模开发，它逐渐成为韩国最大最负有盛名的温泉旅游胜地，并在每年的 10 月还会

举办隆重的"釜谷温泉节"。

釜谷温泉水质中的硫磺成分较多，温度较高，其中还含有硅、钠、钙、铁等 20 多种矿物质，治愈呼吸道疾病、神经痛、风湿病、关节炎和皮肤病、冻伤、汗斑等的疗效较好。现在，它每天有 6000 多吨的出水量，并建有大型的温泉综合疗养中心"釜谷夏威夷"，里面设有大型的温泉大众澡堂和 2000 多间客房。另外，还有大型舞台、室内外游泳池、动物园和植物园等配套设施，在沐浴之后，人们还可以欣赏到一场集古典、现代特色于一体的大型文艺表演。"釜谷夏威夷"周围有 30 多家温泉旅馆，20 多家商场，温泉和住宿、娱乐设施都集中在一处，可恢复身心疲劳，保持舒适和健康，也十分适合与家人一起游玩居住。釜谷温泉现今如同一个热闹非凡的小镇，设备与规模上堪称韩国一流，每年都有 500 多万的游客，被誉为"东洋最好的温泉休养地"。

在温泉区的主要街道上，温泉饭店林立在街道两旁，具有淳朴的乡下风气。在这里你不仅可以享受到温泉带来的舒适感，还可以在效仿美国的汽车露天电影院内欣赏电影，它宽阔的广场上可同时停放数十辆汽车，若是情侣两人开车到这里观看电影，也是一件非常浪漫的事，坐在封闭的汽车里看电影，会缺乏看汽车露天电影的辽阔之感，当然，若能乘坐敞篷车再好不过，只是韩国的敞篷车不多，难免有些遗憾。

旅游攻略

住宿：

①釜山乐天酒店

处于釜山市中心，酒店紧邻乐天购物中心，为下榻在这里的客人提供很多的方便。

②釜山海云台格兰德酒店

这家酒店离机场约有 22 千米的路程，交通便捷。

交通：

①航空：金海机场至市区之交通。

②铁路：在首尔搭"新村号"火车。

③公路：在首尔高速公车总站搭车。

④水运：由首尔驶往釜山。由济州驶往釜山。

时差：与北京时间相差 1 小时。

货币：韩元，可在国内兑换。

温馨提示：

①韩国属温带季风气候，四季分明，3～5 月为春季，鲜花盛开；6～8 月为夏季，降雨量大，高温潮湿；9～11 月为秋季，秋高气爽；12 月至次年 2 月为冬季，天气较冷，适合滑雪。

②电压 220 V，插头是圆头的，需要转换插座。

③所持国内手机为 3G 手机并开通国际漫游，在日本、韩国即可使用。韩国机场内有提供手机租赁处，可凭信用卡到租赁柜台办理。

④韩国酒店面积较小，设备稍微简陋，且境外酒店较注重环保，一般不提供拖鞋、牙具等一次性消耗品，须自备。

西西里岛——文明的宠儿

外文名称： Sicily　　　　**所属国家和地区：** 意大利

地理位置： 亚平宁半岛的西南

著名景点： 巴勒莫、陶尔迷

> 它被三大古老文明所包围，是成长在文明摇篮里的幸运儿。它全身都是宝贝，古老文明的景致随处可见，古希腊宏伟的露天剧场、古埃及高大的方尖塔，还有优美的古巷、金色的沙滩，我想，若不是岛上巨大威猛的埃特纳火山时常会喷发出吓人的火焰，它一定早就被人给拐走了。

西西里岛是地中海中最大的岛屿，但人口稀疏。它位于意大利南端。绿油油的橄榄林、黄澄澄的柠檬园、欧洲最大牌的活火山——埃特纳火山。最珍贵的是，它沿袭着欧洲中古世纪人文风情。西西里岛差不多和我国的海南岛一样大，在它的四周，有三大文明古国（古埃及、古希腊和古罗马）先后诞生。它们如同三个灿烂夺目的太阳从东、南、北三个不同方向照耀孕育着这个岛屿，使它成为文明温室里的花朵。这里著名的景点有很多，巴勒莫和陶尔迷则独树一帜，不可不观。

巴勒莫是西西里岛的第一大城，这里具有地形险要的天然良港，歌德也对其赞叹不已，说它是"世界上最优美的海岬"。随着时间与朝代变迁，由于经过多种文明和宗教的洗礼，致使这里的建筑风貌别具一格。曾经有人这样说："凡见过这个城市的人，都会忍不住回头多看一眼。"虽然这里的古迹建筑没有金碧辉煌的傲人外观，但是它们与这里的绿地和广场建筑完美融洽，没有一丝的突兀。巴勒莫城区非常大，景点主要集中在火车站的西北区域，两条主要大街向北延伸，东边是罗马街，西边是马克达街；从四角区向西的艾玛纽大道，可通往王宫和大教堂两大景点。

陶尔迷小镇的两面是大海和悬崖，小镇建筑在层层的山石上，上与青天相连，下与大海相临，气势岿然耸立，夜色下，向远处望去，

灯火和天上星星融为一体，让人分不清天上和人间。陶尔迷的火山和海滨浴场著称于世，气候四季如春，风光绮丽，古希腊、罗马的古迹和现代化的旅游设施相互交融。小镇有 1.5 万人，旅游业是其主要产业。小小的城镇容纳的旅馆达 100 家，拥有床位上万张。餐馆、咖啡店、商店更是充满大街小巷，生意异常兴隆。走在街道上，经常会发现很多市民聚集在广场上沐浴金色的阳光，青少年在街头嬉笑耍闹，老年人三五成群地围在一起唠嗑，这里的悠闲给人美的向往。

旅游攻略

住宿：

①博果特拉垦塔拉酒店

酒店的客房设有一间私人浴室，部分客房享有西西里乡村的美景。拥有室外游泳池、免费停车场和明亮的空调客房。

②费德里科伊尔酒店

设在一栋 14 世纪建筑内，酒店拥有典雅舒适的客房。这家由家庭经营的温馨小型酒店是探索周边地区的理想下榻之地。

交通：

①飞机：从意大利其他城市飞到西西里岛，可选择欧洲廉价航空公司，舒适安全准点，价格优惠，同样的航线价格只是意大利航空的三分之一。

②火车：去西西里岛可从意大利那不勒斯市坐火车，买联票经济实惠，5 天之内可以去任何地方。

③驾车：在西西里岛还可选择自驾游，一路上可参观壮观的跨海大桥、迷人的乡村小镇，秀丽的滨海城市。

④租车：在西西里岛有很多租车公司办事处，无论在何地，都要事先预订。可异地还车，价格会贵一些。

时差：与北京时间相差 7 小时。

货币：欧元。

温馨提示：

①境外游记得保护好护照，护照丢失将会造成很多麻烦。

②飞机上液体、电子产品类都有限制，要了解好相关国家政策，以免采购的商品无法带回国。

③手机提前下载好相关国家导航软件，方便出行。

④带好换洗衣物，最好要吸汗的、轻便的、透气的衣服。带上太阳镜、防晒霜等必需品。

⑤药品是旅行中的安全保障，常见的药品有眼药水、止泻药、晕车药、感冒药、止痛药、防中暑药等，可根据个人体质选择携带。

冲绳岛——太平洋上的明珠

外文名称：Okinawa island　　　　所属国家和地区：日本
地理位置：日本广岛西南端
著名景点：那霸、万座毛

> 这里是自然界的宝库，海水清澈富有变化，海岸线梦幻般多姿多彩，让人如痴如醉。这里是人文景观的大熔炉，传统文化、度假村、美军基地、各式商店，都聚集在这里，风情各异，妙趣横生。安静柔和的东海岸与热闹繁华的西海岸相映成趣，让这里焕发着迷人的魅力。

冲绳岛位于日本最南端，在琉球群岛的中央，是其中最大的一座岛屿。这里地处偏南，温度较高，亚热带风光独特秀丽，沙滩、棕榈、珊瑚礁，美好的热带风情使其具有"东方夏威夷"的称号，它与夏威夷、迈阿密、巴哈马共同被誉为世界四大海滨观光胜地，受到世界人民的热爱。

冲绳岛的历史弥漫着战争的硝烟，在太平洋战争中，无数的美军战士在此牺牲。虽然战火已经结束70余年，冲绳岛依然遗留着战争带来的创伤。优宜的自然环境，让其成为无数游客心目中的度假天堂，也为它赢得了众多的美誉，如"长寿之岛""太平洋上的明珠"等。在冲绳旅游，那霸、万座毛等景点可以给人不同的感受。

那霸是冲绳县首府，是去冲绳的不二之选。在14世纪中叶，它已经是主要的贸易港口，"二战"受损重建，一直被美军占领，1972年回归日本。那霸风景迷人，棕榈树和槟榔树婆娑多姿、各色鲜花五彩缤纷、琉球松苍翠挺拔，再加上蔚蓝的大海和白云点缀的天空，组成了日本少有的南国风景。那霸市以前是琉球王朝时代的首都，市内保留着首里城遗址——曾是历代琉球国王的居住地，其中的守

礼门成为冲绳的象征标志；另外，琉球王国时代的国庙崇元寺、冲绳临济宗的总寺院园觉寺遗址和琉球王玉陵墓等，都可让游客领略到琉球王朝时的风貌。

"万座毛"的名字听起来有点古怪，让人好奇。它的意思是什么呢？其实，"万座"意为"万人坐下"，"毛"属冲绳的方言，意为"草原、空地"。因此，"万座毛"意思就是可以容纳万人坐下的大草坪。这个美丽的大草坪坐落于海边一座断崖上，在那里，海天一色，让人心旷神怡，同时还可以俯瞰悬崖峭壁下的珊瑚礁和海浪拍打岸石的壮丽景致。断崖绝壁形似大象鼻子，让人赞叹大自然的鬼斧神工。而附近一家豪华的日航酒店，也曾吸引过美国前总统克林顿来下榻过。

旅游攻略

住宿：

①冲绳阳光海岸酒店

能够享受阳光的沐浴、感觉时间缓缓而

去的度假酒店。所有的客房都是带阳台的海景房，可以饱览东海的美丽景色。

②冲绳那霸希尔顿逸林酒店

那霸希尔顿逸林酒店位于 Naha 中心，沿着 58 路（Route 58）从 Naha 机场开车或坐铁路均只要 10 分钟便可抵达。

交通：

①飞机：那霸国际机场（Naha Airport）是冲绳地区的主要机场，东京以及本州、九州的 15 个都市，都有直达班次。从上海浦东机场出发，经过 2 个小时的飞行便可到达冲绳首府那霸国际机场。

②火车：冲绳没有铁路。只有单轨电车。

③水运：我国的厦门可乘船至那霸。冲绳那霸港是日本重要的海港之一，那霸港可乘船前往日本的九州和本州，其中包括东京、名古屋、福冈、神户、大阪和鹿儿岛等重要城市。

时差：无。

货币：日元。

温馨提示：

①日本的电压是 110 V 的。使用电器可带上变压器。国内很多电器，如手机、相机在这里可以使用。

②在冲绳没有付小费的习惯，但在高级酒店、餐厅通常会附加 10% ~ 15% 的服务费，虽然通常是游客自愿，不过如果不给，可能会被认为是不礼貌。

③在冲绳，信用卡比旅行支票的使用范围广，比较方便。

④在整个日本，所有的商品都要附加 5% 的消费税。商店里的零售价一般不包括消费税，在结账时另外加上。

泰晤士河——英国的母亲河

外文名称： Thames River　　　　**所属国家和地区：** 英国

地理位置： 发源于英国西南部流经 10 多座城市，贯穿伦敦，到达伊普斯维奇市流入北海

著名景点： 泰晤士河游船、伦敦眼

> 来到伦敦，它宁静得可能不会引起你的注意，但你总是能在不经意间看到它的倩影。虽然它不具有巴黎马恩河的浪漫，也没有维也纳多瑙河飘扬的音乐，但它总能让你感受到流动的历史、帝国昔日的骄傲辉煌。

泰晤士河被誉为英国的"母亲"河，其源头在英格兰西南部的科茨沃尔德希尔斯，长346千米，沿途横穿伦敦等 10 多座城市，流域面积 1.3 万平方千米，伦敦下游河面逐渐变宽，形成一个宽度为 29 千米的河口，注入北海。在伦敦上游，泰晤士河沿岸的名胜景点很多，如伊顿、牛津、亨利和温莎等。泰晤士河的入海口商船络绎不绝，其上游的河道却以静美而闻名于世。它虽然不是大江大河，没有足够的长度，但它流经之地都孕育了英国文化的精华，可以说，英格兰文明是由泰晤士河哺育而成的。曾有人说："泰晤士河里的每一滴清水都包含着英国历史。"从这句话中，可以看出泰晤士河在英国有着不可取代的地位。

来到这里，乘船游泰晤士河，是不缺少的事情。泰晤士游船大致分为上、下行两种航线，大都以西敏寺附近的西敏寺码头为起点，逆流而上可到汉普顿宫，经过 Kew、Richmond 等地，顺流而下可至泰晤士河水闸及入海口，途经国会大厦、伦敦塔、格林威治等地，下行途经之地都是伦敦的精华，尤其是西敏寺至伦敦塔这一段更是集结了伦敦精华的精髓，是人气最高的航段。

伦敦眼耸立在泰晤士河上，它是一种游乐设备，其倩丽的身影与对岸的国会大厦、大鹏钟以及周边的古建筑相辉映，构成一幅有趣的画面，让看到它的人都面生笑意，宛如它就是上帝赐下的"游戏礼物"！虽然它看上去有点突兀，反而让人觉得有趣，当时修建如此高的摩天轮引发不少争议，但是，如今它却成为伦敦的新地标。伦敦眼是英国为了庆祝千禧年所建的，高约 130 米，越是接近它越是觉得其庞大无比，直耸云霄。虽然说它的支架不是很多，但支撑起它庞大的重量，让人看上去十分地牢固，让人对工程师精妙的设计技巧赞叹不

已。摩天轮车厢外形有点像胶囊，搭乘其往上攀升，窗外的国会大厦、大鹏钟、西敏寺、泰晤士河等都会慢慢变小，达到最高点往下望，会给人一种胆战心惊之感，分外刺激。恰好此时伦敦市貌也会一览无余，在天气好时，连远处的格林威治都可瞭望到。此摩天轮环绕一圈大致需要 30 分钟，游人可以从不同角度观赏伦敦的市景，让伦敦游更富乐趣。

旅游攻略

住宿：

①奥利弗酒店

酒店靠近肯辛顿大街和伯爵府地铁站，位于伦敦市中心，提供廉价实惠的住宿。

②朗廷酒店集团伦敦酒店

酒店位于伦敦，是家 5 星级酒店。酒店位置较好，距离大英博物馆步行 20 分钟。

交通：

①飞机：国内飞伦敦的飞机几乎全部降落在希思罗机场。

②地铁：去往市内最便宜的方式是地铁。建议下飞机后买一张 Oyster 伦敦交通卡，还可以优惠。

③巴士：国营巴士每小时三班去往 Victoria 长途汽车站。夜间巴士每 20 分钟一班。

④火车：火车和地铁站就在长途汽车站附近，可在这里下车后转乘地铁去其他目的地。

时差： 与北京时间相差 8 小时。

货币： 英镑。

温馨提示：

①夏季通常是伦敦旅游旺季，此时酒店爆满，房价上涨，特别是 8 月的诺丁山嘉年华期间，前往伦敦一定要提前做好充分准备。

②伦敦纬度较高，冬季下午 4 点左右天就黑了，夏季 8 点天还大亮着，安排行程时请考虑季节因素。

③伦敦的自来水可直接饮用，在餐厅也可以要免费的茶水。矿泉水分普通和汽水两种，购买时请认清。

④在伦敦，最常见的问题就是醉酒，特别是在足球比赛结束后的周五、周六晚上。喝醉的人通常非常吵闹，有时候还会有打架等混乱的情况，这时最好快速远离这些人。

⑤游客要小心骗子。

承德——塞外名城

外文名称： Chengde　　　　**所属国家和地区：** 中国

地理位置： 中国河北省东北部

著名景点： 承德避暑山庄、御道口风景区

"最是一年春好处，绝胜烟柳满皇都"。它的秀丽清爽与北京城的繁华锦盛相映成趣。茫茫林海，广袤草原，连绵的山脉，清爽甘甜的河水，辉煌的皇家建筑，谱写着它美丽的篇章，在其温雅的陪衬下，北京城虽沉溺繁华，但并不显得寂寞。

承德市位于中国河北省东北部，是东北与华北地区的交界过渡地带。承德以前称为"热河"，历史悠久，民族文化丰富多彩，是一座风景优美的塞外名城，是狩猎、度假的好去处。其中，承德避暑山庄、御道口风景区等重要景点驰名中外。

承德避暑山庄位于内蒙古高原与华北平原的交界带，温带大陆性季风型山地气候显著，四季分明。尽管冬天较为寒冷，但四周环山，来自蒙古高原的寒流被群山阻挡，温度比同纬

度的其他地区要高；夏季雨水集中，空气凉爽，炎热状况不明显，是旅游避暑的佳地。承德避暑山庄曾是大清王朝的避暑行宫，由皇帝宫室、皇家园林和宏伟壮观的寺庙群所组成。避暑山庄的建筑布局大体可分为宫殿区和苑景区两大部分，苑景区又可分成湖区、平原区和山区三部分。拥有殿、堂、楼、馆、亭、榭、阁、轩、斋、寺等建筑 100 余处。是中国三大古建筑群之一，它的最大特色是山中有园，园中有山。

御道口风景区面积广域，是滦河发源地之一，有 466.7 平方千米原始草原，133.3 平方千米湿地，21 个淡水湖，47 处泉水，13 条河流。动植物资源丰富，植物 50 科 659 种，野

生动物 100 多种，生物多种多样，称其为"水的源头，云的故乡，花的世界，林的海洋，珍禽异兽的天堂"都不为过。它与皇家园林承德避暑山庄相为陪衬，是京承黄金旅游的精品。它曾是清代皇家猎苑木兰围场的一部分，这里的历史遗迹众多，如康熙练兵台、御泉、卧牛盘、天梯梁、古御道等，都蕴含着丰富的清代皇家文化内涵；当然，这里的自然景观也同样叹为观止，神仙洞、月亮湖、百花坡、大峡谷等景点无不让人流连忘返。游人可到这里观光草原、观鸟、骑马、篝火娱乐、科考探险、休闲度假、狩猎等，是绝佳的生态旅游胜地。御道口风景区的草原森林更是充满着神奇，在这里观光，可实现你回归自然的梦想，把世间烦恼都忘却，让自己的情操得到陶冶，精神得到升华。

旅游攻略

住宿：

①承德雍和园汤泉酒店
雍和园汤泉酒店坐落于美丽的武烈河畔。

②承德福满家大酒店

承德福满家大酒店位于承德市东外环迎宾大道北段，交通便利。

交通：

①铁路：承德火车站位于承德市东南，去承德旅游一般取道北京，承德市与北京临近，故可以北京作为中转站。

②公路：承德有公路向四周辐射，向北可通往内蒙古，向东可达辽宁，西南前往北京，东南则到天津。在旅游季节，北京和天津都有旅游班车直达承德，平时也有固定班次的长途汽车往返。

③公交车：承德市内的小公共汽车，线路齐全，车次也比较多，一般可到市内各景点。

④出租车：承德的出租车为计价收费。此外还有一种三轮摩托车，价格比出租车稍低些。

时差：无。

货币：人民币。

温馨提示：

①避暑山庄周围宾馆很多，不需要为了省门票而入住山庄内的宾馆，不仅条件差且房价贵，唯一的好处是可以领略山庄夜景。

②如果想看优美的自然风光，4～10月是最好的季节。

③冬季到围场摄影要注意防冻，使用电子快门相机时要多备一些电池。夏季要注意防止突如其来的大暴雨。

④游览避暑山庄强烈建议请导游，不但能增长很多人文历史知识，也能听到各种有趣传说。

⑤在避暑山庄南面的大街上集中了很多特色饮食店，可以品尝到当地特色菜。

芽庄——美丽的港口

外文名称：Nha trang　　　　　**所属国家和地区**：越南
地理位置：丐河口南岸
著名景点：芽庄四岛、美奈、大叻

在这里，西方现代文明和厚重的本土文化和谐并存，走走、停停、看看，小城的味道让人品味不尽。海水湛蓝，白沙幼滑，平静清澈的海面，让看到它的人都有想要把它搂入怀里的感觉。亮丽的水下世界，岩洞密集，刺激着你的冒险神经。

位于越南南部海岸线最东端的芽庄，具有一望无际的海滨沙滩。沙粒洁白幼滑，水清浪平，海底珊瑚千姿百态，各种鱼类色彩斑斓，是爱好海底探险人士的理想之地。由于其优美的风光，在越战时期，美军曾将此地作为休闲娱乐的度假胜地。现在的芽庄海滨更是融汇了温泉浴、矿泥浴等休闲健身活动，每年都有大量的游客来此休闲度假。

芽庄的气候宜人，常年气温在20℃到30℃之间，是避暑避寒的绝佳之地。芽庄的海风也不同于别处，海风包含溴和碘成分丰富，可以改善人体的血液循环，芽庄海滩一年四季游客不断。海滩上设有凉亭、旅馆、冷饮店，在这里休闲十分方便。游客在这里还能品尝到刚从海里打捞上来美味可口的海鲜。

对海岛情有独钟的游客，可选择到芽庄四岛游玩。第一个岛是黑岛。在这里，游客们可下海尽情地浮潜和游泳，在游弋的同时还能观看美丽的珊瑚丛。第二个岛是第一岛。船飘在海面上，开展热闹的游戏活动，还可享受丰盛的午餐，蔬菜色拉、海鲜、春卷、水果摆放在餐桌上，色彩鲜艳，让人食欲大开。第三个岛是银岛。进此岛需要收费 1 万越南盾。在岛上你可以免费在海边沙滩上晒太阳。岛上树木翠绿宜人，海上运动热闹非凡，帆板和海上降落伞在海上此起彼伏。第四个岛是一个水族馆，门票需要自理，但价钱相当便宜。一般四岛是固定的旅游套餐，游览四岛需要花一天时间，岛国风光优美、船老大幽默睿智、娱乐节目丰富多样，选择此套餐是认识芽庄比较好的方法。

美奈以前只是一个默默无闻的小渔村，人们靠制作鱼露为生。而现在，近年来由于众多宾馆和度假设施的修建，使美奈的旅游得到飞速发展，使其成为越南最出名的海边度假胜地，不过，它还保留着缓慢的生活节奏和迷人的风情。在美奈，你可静静地躺在睡椅上，吹着海风，听着海声，也可参加风帆冲浪运动，刺激心魂，还可去逛逛白沙丘，享受徒步的乐趣。这里，有你想要的随意自在。

旅游攻略

住宿：

①夏日酒店

酒店位于芽庄的中心位置，设有屋顶露台和室外游泳池，享有这个海岸城市的美丽景致，提供配备了免费无线网络连接的舒适客房。

②芽庄米娅度假酒店

酒店周六提供免费沙滩瑜伽课程，并提供酒店附近的小车接送服务。客人还可参加烹饪培训班、浮潜和一日游。

交通：

①飞机：芽庄的金兰机场位于芽庄以南，每天有数个航班往返于河内和胡志明市。

②班车：由于芽庄的航班不多，在航班起飞前2小时，有发往机场的班车，需要45分钟左右的时间。

③巴士：芽庄也位于越南 Open Tour 巴士线上，交通十分方便，在旅馆和旅游咨询中心都能订到去各地的 Open Tour 巴士。

④自行车：芽庄许多旅馆都有自行车租赁服务，按天进行收费。

时差：与北京时间相差1小时。

货币：越南盾。

温馨提示：

①芽庄和美奈都以海鲜为主，芽庄的海鲜远近闻名，中心地带饭店林立，在市场中吃饭是很便宜的。

②要去芽庄大叻需注意，由于大叻海拔较高，年平均气温仅18℃，晚上需要加一件厚一点的外套。

③在芽庄和美奈的海边，请尽量不要购买贝壳和珊瑚等物品，因为大量采集贝壳和珊瑚会破坏附近海域的生态平衡，虽然眼前的都是死去的生物，但很可能因为你的购买导致下一个海洋生物遭到非法捕捞。

④美奈每年的10月下旬至次年的4月下旬是当地风帆冲浪运动的最佳时节，届时风力强劲，适合帆板冲浪。

阿姆斯特丹——芬芳中感受如水般的柔情

外文名称： Amsterdam　　　　　**所属国家和地区：** 荷兰

地理位置： 荷兰西部

著名景点： 阿姆斯特丹运河、库肯霍夫公园

这座飘散着郁金香的梦幻之都，历史的沉浮在这里留下了一道道深刻的印痕，历经风雨却依然风采依旧，水是这里的一道风景，也给了它如水般的柔情，一条条小河如同这座城市的镜子，将城市风光映照其上，更为这里平添了梦幻般的神采。

阿姆斯特丹是荷兰的首都，远在 13 世纪时，这里还是一片小渔村，因为人们曾在阿姆斯特丹河上修筑了水坝，城市因此而得名。历史上的阿姆斯特丹曾经是欧洲文化的一处高地，在 17 世纪时达到顶峰，这段时期也被称为"黄金时代"。虽然如今的阿姆斯特丹成了著名的大都市，但如果细细品味，你依然能感受到浓郁的渔村风貌。如织的河网让这里成为一座名副其实的水上之城。乘船行在运河之上，看两岸的城市风光，乡村美景，别有一番风味。

一提到荷兰，人们就会将它与美丽芬芳的郁金香联系在一起，有着"郁金香王国"美誉的荷兰并非浪得虚名，库肯霍夫公园就能很好地诠释这一美名。走进库肯霍夫公园，你仿佛进入一片花的海洋。在这里，世界上数量最庞大、品种最多、品质最好的郁金香被精心布置。让人一踏入其中，便被那炫目的多彩郁金香花迷住，也会感叹这个世界上怎么会有如此美丽的地方。五颜六色的各式郁金香将你包围，让你看一眼便心醉神驰，仿佛一只飞舞在花丛中的快乐小精灵，也许还会忍不住翩翩起舞。一处处花田让那些最刻板保守的人都会心生浪

漫，想要去谈一场轰轰烈烈的恋爱。

　　纯净祥和的羊角村被称为绿色威尼斯，走进羊角村，只见河道两岸，杨柳依依，一片青葱碧翠。一幢幢精致的别墅临河而建，别墅大多以芦苇作为屋顶，别墅周围同样是丛林掩映，碧草青青，鲜花烂漫。一条条小河将一户户人家分割开来，人们用一座座精致的木桥相互连通，难怪人们给予它"绿色威尼斯"的美名。泛舟在小河中，听船夫娓娓诉说每一幢别墅的故事，或者骑着自行车在宁静的小村中穿行，体验自然与人类社会完美融合的和谐之美，你只想沉睡在这片温柔水乡。

　　阿姆斯特丹也是一座艺术之城，诞生了很多闻名世界的艺术家，梵高就是其中的一员。作为荷兰著名的后印象派的先驱，梵高的艺术风格深深地影响了20世纪艺术，尤其是野兽派与表现主义，成为后世者模仿的对象。在著名的梵高艺术馆，站在馆外就能欣赏到梵高的著名画作，高科技带来的光影技术甚至能让你体验到人在画中的奇妙感觉。艺术馆内存有超过200幅梵高的美术画作，带领我们走进大师梵高那独特的心灵世界。

　　荷兰是一个王权国家，至今依然保留了王权制，这一制度也深深地影响着这个国家的文化。阿姆斯特丹的王宫，最初是女王接见外宾、举行重大活动的场所，后来成为阿姆斯特丹市的办公地，建于1648年，历时8年，花费超过70吨黄金。王宫全部采用意大利白色大理石建造完成。外部墙面的雕刻精美绝伦，描绘了世界各地的人们向阿姆斯特丹女神进献礼物的场景。内部装饰华丽而考究，墙壁及天花板上的绘画数不胜数，全部由伦勃朗等黄金时代著名的画家完成，在市民厅的大理石地板上还绘有世界地图。整座建筑恢宏而庄严，炫耀着这座城市及它的市民们在黄金时代的财富与辉煌。由一万三千多根木桩形成的地基也是王宫的一大特色，这也成为人类建筑史上的一大奇迹，人们也因此称它为"木桩上的宫殿"。

旅游攻略

住宿：

①金郁金香西阿姆斯特丹酒店

酒店地理位置优越，交通便利，距离机场和火车站都很近，还能吃到丰盛美味的自助餐。

地址：Molenwerf 1，1014 AG 阿姆斯特丹。

②卡萨 400 阿姆斯特丹酒店（Hotel Casa 400 Amsterdam）

酒店临河而建，离公园也很近，风景宜人，是住宿休闲的理想选择。

地址：Eerste Ringdijkstraat 4。

交通：

①飞机：史基浦国际机场是荷兰唯一飞往其他各大州的国际机场，它位于阿姆斯特丹市区西南方。游客可乘坐机场的铁路、巴士通达荷兰各大城镇。

②公交：荷兰的公共交通系统包括公共汽车、电轨车和地铁。这三种交通工具所用的车票是同一种的，不需要分别购买。有 Strippenkaart 和 Dagkaart 两种车票供您选择。

③自行车：几乎在每个地方你都可以看得到自行车专用道，全国自行车专用道总长达到 1.7 万千米。

时差：与北京时间相差 7 小时。

货币：欧元。

温馨提示：

①阿姆斯特丹是一座高度文明的城市，来这里旅游一定要做到文明礼貌。

②荷兰的公路普遍比较窄，因此乘坐汽车常常会不太顺畅，骑自行车反而是一种比较好的选择，当地有很多提供自行车租赁的地方，骑上自行车沿河观景，别有一番韵味。

③坐船也是理想的选择，尤其是夜幕降临时，坐上游轮看美丽的都市夜景，一定让你目眩神驰。

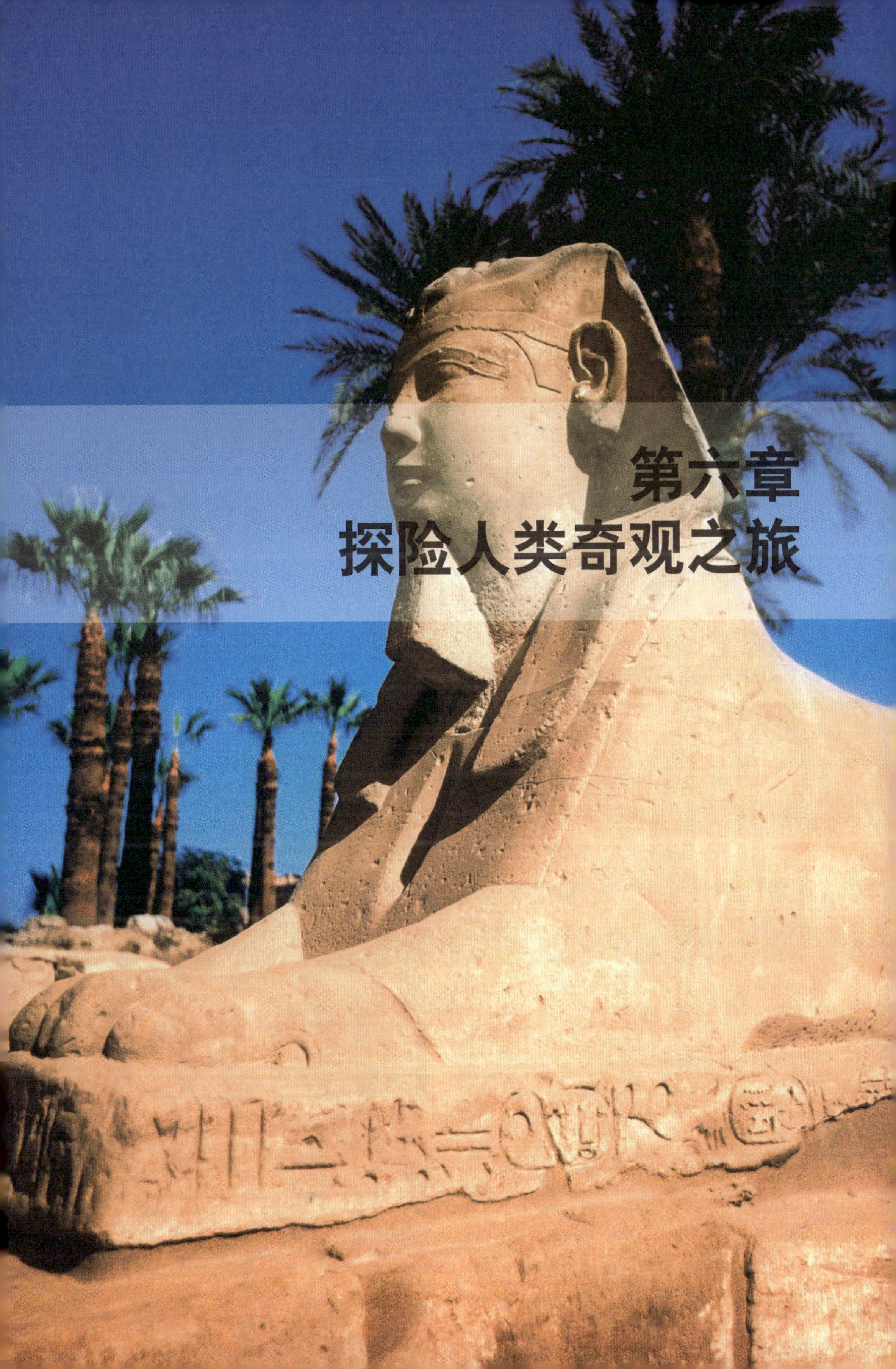

第六章
探险人类奇观之旅

柬埔寨吴哥窟——密林中的绝唱

外文名称：Angkor Wat　　　　　所属国家和地区：柬埔寨
地理位置：柬埔寨西北方暹粒省
著名景点：吴哥寺

有人说，吴哥窟是一个神秘而又让人有无限渴望和憧憬的地方。它隐居在茂密的热带雨林中，经历千百载岁月与风雨的洗礼，显得沧桑而又深邃。当曙光照亮这座被岁月掩埋的古城，看着城墙上残存的古树盘根，你可以感受到自然和文明的完美交融，也会有岁月变迁，无法挽留的无奈。

吴哥窟的建筑艺术往往能让参观者们望洋兴叹。吴哥，收藏的不只有艺术，也有一座城池的历史，还有一份人类对自然的敬仰和对天地美的感动。在记忆的明信片中，以其唯美忧伤的情调，诉说着此地曾经的辉煌与哀伤。

柬埔寨吴哥、中国的万里长城、印度的桑吉大塔、印度尼西亚的婆罗浮屠一起被世界人民誉为"东方文化四大奇迹"。尽管它隐匿在浩瀚的林海中几百载，但一经挖掘，它的光辉就吸引着世界人民的目光。

吴哥窟，在吴哥古迹中是最大且保存最好的建筑，艺术水平也最高，因此"吴哥窟"就成为了整个吴哥古迹群的代称。它并不是佛教的殿堂，而是一座真腊国王的陵墓。由于他信仰佛教，所以，陵墓的建筑风格具有浓郁的佛教艺术色彩。

吴哥寺是吴哥窟时代艺术的代表作，因其占地面积比吴哥通王城小得多，俗称"小吴哥"。建造此处，是为了供奉印度教毗湿奴神，后演变成佛教寺庙。吴哥寺具有丰富多彩的装饰浮雕，在回廊的墙壁及廊柱、窗楣、基石、栏杆之上都可以看到。浮雕题材选自印度两大史诗《罗摩衍那》和《摩诃婆罗多》。仙女浮雕

最为常见，头戴花饰，秀丽端庄，微笑迷人。

吴哥窟在建筑结构和雕塑艺术上的完美契合，使之成为吴哥古迹乃至柬埔寨的象征。在建造吴哥寺时，柬埔寨古代劳动人民对建筑学的基本原理掌握精熟，运用了透视和对称的法则，可使游览者一眼望见建筑的全貌。吴哥寺全是运用重达 8 吨的石块建筑而成，未使用任何的黏合剂，工匠们仅是借助石块的重量和形状将它们巧妙地堆积起来的，其建筑的精神和

智慧无不让我们惊叹。

穿过吴哥窟主入口，会看到一个十字形的庭院。这里的建筑物看似独立，事实上是由层层阶梯、走廊和陈列室联接而成的。这里就是通往圣殿最高层的陡峭台阶，攀登在这些石阶之上，会让你产生坐在诸神宝座的欲望，每迈出一步都会有靠近天堂的欣悦。

旅游攻略

住宿：

①吴哥窟奇迹酒店

酒店拥有从15分钟车程外的国际机场或巴士站的免费接宾客服务。

②柳叶吴哥温泉酒店

酒店相距吴哥窟只有10分钟车程，相距受欢迎的酒吧街有5分钟步行路程。

交通：

①航空：从金边有飞机到暹粒，机场离市区8千米。

②公路：金边到暹粒的车，在市中心中央市场附近较为集中，这里只有面包车和载人小货车。

③轮船：从金边有快船、慢船到暹粒。码头在市区湄公河大桥以北西岸。因不同季节水位的影响，时间与价格会有不同，旅游者要自行了解行情。

④景区内交通：景区内面积较大，没有公共交通。可选择租用摩托车或租用自行车，一天时间游不完。

时差：与北京时间相差1小时。

货币：瑞尔、美元、泰铢，瑞尔是柬埔寨法定货币。

温馨提示：

①柬埔寨位于中南半岛南部，海岸线长约460千米，属热带季风气候，每年12月至次年1月气候最为凉爽。早晚温差较大，建议加件外套。

②户外游览建议穿长袖、长裤与运动鞋，以免晒伤皮肤，出游时最好带伞，既防晒又防雨。

③建议随身携带：防中暑、防蚊虫、防腹泻、消炎等药品。

④男士忌单独上酒吧、歌厅等娱乐场所。

埃及金字塔——通往来世的路

外文名称： pyramids　　　**所属国家和地区：** 埃及

地理位置： 开罗西南部的吉萨高原沙漠中

著名景点： 胡夫金字塔

> 古老的金字塔矗立在金色沙漠之中，若是在夕阳照射下，它犹如纯金打造一般。远远凝望，它们就像是屹立在沙海中的金山，好像这里所有的金色光线，都是由它们放出的一样。天底下似乎都是金灿灿、黄澄澄的耀眼色调，犹如一幅色彩鲜艳的油画，开阔而又雄伟！让凡是听说过它的人，都想看看它神秘的光环。

据说，埃及金字塔是古埃及法老和王后的陵墓。这些金字塔大都建于公元前2600年以前，有70多座，开罗西南吉萨高原沙漠建筑数量最多，是世界公认的"古代世界七大奇迹"之一。其中胡夫金字塔是最大、最有名的，已经成为古埃及文明最有影响力和持久的象征。

胡夫金字塔可谓是闻名遐迩，被认为是世界人造建筑的奇迹。首先，胡夫金字塔是世界上最大的金字塔，它是古埃及第四王朝第二个国王胡夫的陵墓，大致建于公元前2690年。

1888年前，巴黎埃菲尔铁塔没有问世，它的高度一直没人超越。原高146.5米，在长久的风化下，顶部剥落了10米，现高136.5米；原底座边长230多米，现长220米，三角面斜度52度，塔底面积5.29万平方米；230万块石头砌成塔身，平均每块石头重2.5吨，其中最大的重160吨。该金字塔内部的通道向外开放，精巧的设计，精密的计算，令人叹为观止。

胡夫金字塔塔身的石块之间，没有任何水泥之类的黏着物，而是一块石头叠在另一块石头上面的。每块石头都打磨得很平，虽经历了数千年，人们也很难把锋利的刀刃插入到石块缝当中，所以它屹立千年而不倒，被称为建筑史上的奇迹。让我们更惊奇的是，在金字塔塔身北侧距地面 13 米高的地方，建有一个三角形出入口，是用 4 块巨石砌成的。如果用的不是三角形而是四边形，那么，100 多米高的金字塔自身强大的压力会将这样的出入口压塌。用三角形，就能将巨大的压力均匀地分散开了。在 4000 多年前，对力学原理能有如此地理解和运用，当真是很了不起的事。

埃及金字塔塔中还存在很多的科学秘密值得我们进一步地发现和挖掘，这也是它具有无限魅力所在。

旅游攻略

住宿：

①卫报旅馆

旅馆还拥有一个宽敞的阳光露台，可俯瞰吉萨大金字塔和狮身人面像的景致。

②康莱德开罗酒店

酒店的客房配有大窗户，使客房明亮通风。

交通：

①航空：中国国际航空公司和埃及航空公司都有从广州起飞经停曼谷到开罗的航班，每周运营三班，分别于周二、周四、周日出发。

②火车：卧铺分为豪华、一等、二等和最便宜的三等。但一等卧铺只开放给埃及人和苏丹人。

③地铁：在开罗市区及郊区范围内，最快的出行方式是乘坐地铁。地铁运营时间为夏季从早上6点到凌晨1点，冬季从早上6点到午夜。

④公交：市内主要有地铁、巴士、小巴士和出租车。

时差：与北京时间相差6小时。

货币：埃及磅。

温馨提示：

①埃及10月到来年5月气候宜人，6月到9月天气炎热。年降雨量很少，且主要集中在沿海地区。

②护照和美元等重要物品一定要看管好。

③喜欢照相的人千万别忘记带上足够的胶卷、广角镜和三脚架，摄影师别忘记充电器、摄影录像带等。

复活节岛——石像的故乡

外文名称： Easter Island　　　　　**所属国家和地区：** 智利共和国

地理位置： 智利以西外海 3600 ～ 3700 千米

著名景点： 摩艾石像

> 复活节岛是一个草原，虽然它看上去像一块荒芜之地，但它又充满着神秘。千百年来，这里竖立着近千尊的石像，默默地望着广阔无垠的太平洋，它们的神态庄严，表情冷峻，专注而又奇异，它们总是赋予人们无边的想象，但人们只能等待岁月来掀开它神秘的面纱。

神秘之地，必然孕育着神奇。复活节岛上的本地居民，称它为"世界的肚脐"，这也许对你来说，不可理解。若是人们坐飞机俯瞰这里，就会发现复活节岛犹如人体上的肚脐一样孤悬在广域的太平洋中。那么，当地居民是如何知道这一情况的呢？似乎它就来源于神秘，让人琢磨不透。

复活节岛名字的由来，还有着一段有趣的故事。1722 年 4 月 5 日，荷兰西印度公司组建一支探险队，在荷兰海军上将雅各布·罗格文率领下，绕过南美南端的合恩角，发现了这个位于南太平洋中的小岛。罗格文就在自己的

航海图上用墨笔记下了这个岛的位置，由于发现该岛这一天正好是基督教复活节的第一天，他就用"复活节岛"来命名它，从此"复活节岛"之名就被世人所知。

其实，复活节岛最盛名最神秘的是矗立在岛屿上的众多的巨人石像。岛上百余尊巨大的石雕像是其最大的谜团，这些石像大都奇异怪状，它们有着不同常人的怪状长耳，眼神犀利，表情冷漠地矗立在岛上。它们或躺，或卧，或单独，或成群结队。若是你来到岛上，站在它们中间，你会感觉它们或正面，或侧面，或以各个不同的角度在瞅着你，让你不寒而栗，毛骨悚然，心生惧意。

在岛上遍布的石像，像是在岛上居住的永久居民，或许就是岛上的第一批"土著居民"，它们以各种姿势分布在岛屿之上，像是

在宣告这个岛屿已被它们占据，它们就是这里唯一的主人。在岛屿的人工平台上，有几十尊石像整齐地矗立着，巍然屹立，昂首挺胸，面朝大海。人们称这些石像群为"摩艾"，它们和其他石像的共同特点就是，无腿造型，高鼻梁、深眼窝、长耳朵、翘嘴巴，双手捂肚，表情严肃似虔诚的教徒。一般石像高 5～10 米，有几十吨重，最高的有 22 米，达 300 多吨重。有些石像头戴的红色石帽，就重达 10 吨。

有关复活节岛石像，众说纷纭，但真正的谜底还没有揭开，也许会成为一个永远揭不开的谜题！

旅游攻略

住宿：

① Kona Tau Hostel

酒店提供免费停车位，提供洗衣服务，设无烟房。

②复活岛酒店

复活岛酒店位于安加罗阿，可方便到达道斯维塔纳斯洞穴和塞巴斯蒂安恩格勒特人类学博物馆。

交通：

①飞机：要知道去复活节岛仅有两条路线选择，一条是从智利本土过去，另一条是从大溪地过去，比智利本土过去时间还短一些。

②公交车：复活节岛上没有铺设铁路，因此以巴士与出租车为岛上居民以及游客提供便利。

③出租车：在安加罗阿，乘坐出租车前往镇上的大多数地方都统一收费。

时差：与北京时间相差 12 小时。

货币：智利比索，智利大部分银行在周一至周六 9：00 ～ 14：00 的办公时间提供兑换服务。

温馨提示：

①气候：复活节岛全年下雨，年降水量 1300 毫米。雨量最大的月份是 5 月，降雨量达到 1590 毫米，游客这段时间出游应注意避雨。

②在智利可以找到各种档次的酒店，使用电压是 220V，但是其自来水一般不宜饮用。

③签证：参加团体游的旅客需要去智利驻上海总领事馆进行面试，申报的背景资料必须通过上海旅行社和中国相关政府部门的审核。

④美食：去智利最要紧的是吃海鲜，因为智利的各种鱼类营养丰富。

悬崖宫——遗失之城

外文名称： Precipice House　　　　**所属国家和地区：** 美国

地理位置： 美国西南部科罗拉多州梅萨峡谷

著名景点： 悬崖宫

> 有人说它是遗失之城，是上帝遗忘的地方，所以，才造就了它的荒芜，不被世人所知。它虽然沉默于人们的视野之外，但它依然以其独特的光辉闪烁在天地间。建筑在悬崖上的宫殿，依旧透露着当时的繁华，历经风雨冲刷的古城，让其所蕴含的精神与智慧愈加地灿烂夺目，永恒地载入人类文明史册之上。

悬崖宫，又名"悬崖村"。顾名思义，就是建立在悬崖上的宫殿或村庄。它是印第安人的一个城寨遗址，在岁月流逝中，它好像被遗落在人类历史尘埃中，不被人类所发掘。然而它却以永恒的宁静俯瞰着幽深的峡谷。这一个蕴含人类智慧与文明的地方，若不是被两个迷路的青年无意中发现，这个建立在悬崖山的宫殿就不知道何时才能够进入到人们的视野当中。

悬崖宫和其他的宫殿不同，它没有纵横的街道，没有密集的商铺和作坊，没有象征统治的政府建筑，就只是一个聚落，房屋成簇聚集。但在大约210平方千米的崖壁上，聚集了众多的村庄房屋，手工业和物物交换的商业活动也初具规模；几万人共同生活在一起，从事农业及手工业劳动，共同抵御敌人的侵袭。显

然，"悬崖宫"已经初步具备了城市的形态，是一个由农业部落向手工业商业部落过渡的人类居住地。要是能够正常发展下去，这里一定会出现市场、商店、作坊以及管理城市的政权机构，形成一座宏伟奇特的城市。

这个村落建立在崖壁之上，占地面积近 1.4 万平方米，估计当时建筑工期应在 50 年左右。村落在布局上紧凑有度，有许多方形、圆形的高楼，其内共有 150 间民房、23 间地穴祭祀房间。著名的云杉大楼，也就是两个牧民见到的"崖宫"，因楼板是由云杉板铺成而得名。该楼是 3 层楼，长达 203 米，宽为 84 米，地面有 114 间住房，地下还有 8 间祭祀房间，而其中最大的一间地穴祭祀房竟然有 7 间住房那么大。云杉楼的北边有个"杯子房"，里面藏有 430 只彩陶杯子、盆子、饭碗之类，这里或许是祭器贮藏室。

村落的四周都是天然的悬崖绝壁，野兽难以攀登上来。在壁面凿出的一个个小洞，只能让手指和脚趾插进去。人们需要依靠这些小洞来攀爬崖宫，进出村落。显然，这有助于防御外敌的入侵。在村落周围，蓄水灌田的水渠、水塘、编织篮筐的作坊、精美的陶器、玉器、骨器等被陆续挖掘而出。总之，这个村落处处体现着普韦布洛人的智慧和文明。

旅游攻略

住宿：

①梅萨骑士旅馆

允许携带宠物的酒店配备室外游泳池和带免费无线网络的客房。

②菲尼克斯／梅萨凯悦居所

客房提供冰箱和平板电视，免费提供有线和无线上网，此外 42 英寸高清电视提供收费电视频道。浴室提供免费洗护用品和吹风机。

交通：

①飞机：距菲尼克斯机场较近。来梅萨旅游飞机可先达菲尼克斯机场。

②公共交通：空港机场交通比较便利，有通往各大旅游区的班车。还提供通往梅萨市的交通服务。

③出租车：到达梅萨市，可以乘出租车前往悬崖宫。

④租车：在梅萨市有租车公司提供租车服务，可自驾旅游。

时差： 与北京时间相差 15 小时。

货币： 美元。

温馨提示：

①美国人比较禁忌询问隐私问题，尤其是工薪或者妇女的年龄等。

②不要在公共场合吸烟，有吸烟需求的可以去吸烟区。

③行李的携带尽量从简，不同的航空公司和不同的座位有一些行李规格的限制。

万里长城——中华之魂

外文名称：The Great Wall   所属国家和地区：中国

地理位置：中国北部

著名景点：八达岭长城、山海关长城、金山岭长城

　　长城，被誉为"中华民族的脊梁"。长城就像一条腾飞的巨龙，攀延在千里关山、万里寒漠之中，在巍巍的中华大地上，奔腾跌宕。尽管没有了战火喧天的悲壮，断绝了角鼓争鸣的音响，在血与泪所凝聚起的神圣城墙——长城，依然保持着它庄重的尊严，接受着世界人民的膜拜与尊崇。

长城以其厚重的步伐走在数百古典建筑的前列，是中华文明不朽的光芒，世界巅峰之作。它是世界新七大奇迹之一，是中华民族精神的象征，它翻越了巍巍群山，在茫茫草原中穿过，横跨浩瀚的沙漠，延绵到大海边缘，它不只是举世瞩目的工程，更是中华民族的瑰宝。

中国长城是世界文明史上建筑工程的巅峰之作，我国在 2000 多年前的春秋战国时期已开始建筑长城。其工程浩繁、气势雄浑。其中，万里长城雄伟险峻的特征在北京八达岭长城风貌中得以完美地展现。在古代它是北京城的重要屏障，这里具有重叠的山峦，地势险要，易守难攻，不仅保卫着北京城的安危，也维护着中原地区的稳定发展。城墙盘旋于群山峻岭之中，气势极其磅礴。长城依山势向两侧展开，古人在陡峭悬崖上书写"天险"二字，确切地概括了八达岭风貌和军事重要性。

素有"天下第一关"之称的山海关，是万里长城的重要组成部分。河北山海关是万里长城的接海处，位于河北省秦皇岛市山海关境内，地理位置非常重要，历来都是兵家必争之地。山海关长城全长 26 千米，主要包括：老龙头长城、南翼长城、关城长城、北翼长城、角山长城、三道关长城及九门口长城等地段。地势险要，龙踞虎盘。

金山岭长城，是明长城的典范，位于北京密云区与河北省承德市滦平县交界的燕山山脉中。西起龙峪口，东止望京楼，全长 10.5 千米。沿线有 2 座烽火台，大小关隘 5 处，这里敌楼密集，有 67 座，建筑各异，一般 50～100 米一座。墙体以巨石垫基，砖石结构，雄伟坚固，高 5～8 米，设有拦马墙、垛墙和障墙，特色迥异，形式多样。有"万里长城，金山独秀"的美誉。

长城沿线自然风光秀美，文物古迹丰富，

民族文化灿烂夺目，这也让万里长城更具魅力。万里长城以其蜿蜒曲折、跌宕起伏的身姿，在中华大地上翩翩起舞，雄奇而壮丽。"不到长城非好汉"这一诗句，充分表达了中华儿女对长城的崇仰之情，和登上长城观览祖国壮丽河山的美好愿望，可想而知，它在人们心目中的地位与分量。

旅游攻略

住宿：

①格林豪泰北京密云长城环岛快捷酒店

酒店坐拥密云的地标"明珠"长城环岛，毗邻密云区医院，密云卫生局，密云总工会。

②北京居庸关长城古客栈

客栈纯木结构庭院式古建筑风格，依山傍水，风景幽雅，是商务社交、休闲健身、旅游的理想场所。

交通：

①火车：可在北京站、北京南站（永定门）和北京北站（西直门）就近乘车，下车车站在青龙桥西站或八达岭站。

②汽车：可在德胜门乘公交，走高速车行40多分钟。

时差：无。

货币：人民币。

温馨提示：

①在欣赏美景享受美食的同时，请保管好自己的私人财产。

②出游时请尽量穿运动鞋、平跟鞋（最好不要穿皮鞋、高跟鞋、硬底鞋）。

③饮用水要提前买好，在普通超市一般是1～2元/瓶，长城上最低是5元/瓶。

雅典卫城——最美的残缺

外文名称：Acropolis of Athens　　　　**所属国家和地区**：希腊
地理位置：雅典市中心的卫城山丘上
著名景点：帕特农神庙、宙斯神庙

> 它是人类文明发祥地之一，它被称为希腊的眼睛，它曾是集神话、政治、文学、哲学、体育等为一体的神圣之地。从它身上跳出的每一个字眼儿，都散发着无与伦比的吸引力。它曾经壮观而华美，而如今却断壁残垣。虽然它已残破不堪，但依然透露着其昔日的辉煌，让每个驻足在这里的人，不感觉到一丝的凄凉。

雅典卫城是雅典乃至全希腊的掌上明珠，象征着雅典对民主与和平的追求。卫城建在海拔 156 米的山丘上，无论站在雅典市的任何位置都能够看到。要想近距离地观赏围城，必须从山体的西侧攀爬而上。卫城的山顶汇集着古希腊文明最杰出的建筑作品，卫城也因为这些伟大的历史博物馆而闻名世界。其中帕特农神庙、宙斯神庙等建筑被人所熟知。卫城的前面设有一根旗杆，飘扬着蓝白相间的希腊国旗，在这里能够俯瞰整个雅典城。

在希腊首都雅典卫城坐落的古城堡中心，石灰岩的山岗上，耸立着一座巍峨的长方形建筑物，它矗立在卫城的最高处，它就是闻名于世界艺术宝库中的帕特农神庙。这座神庙在 2000 多年的沧桑变化中，变得残破不堪，庙顶坍塌，雕像尽损，浮雕腐蚀严重，但从历史中保留下来的巍然柱廊，依稀透露出神庙当年的丰姿。帕特农神庙是雅典卫城最为主要的建筑主体。帕特农神庙的名称来源于女神雅典娜的别号 Parthenon，是希腊文 Παρθενωσ 的转写，意为"处女"。帕特农神庙也译为"巴特农神庙"。

宙斯神庙位于奥林匹亚村，它的功能是为了祭祀宙斯，是古希腊最大的神庙之一。宙斯神殿于公元前 470 年开始修建，到公元前 456 年完工，由建筑师 Libon 负责策划设计，雕刻家 pheidias 负责宙斯神像的雕刻。公元前 86 年，罗马指挥官苏拉带兵攻进雅典，使尚未完全建好的神庙遭到破坏，并把一部分石柱和其他建材拆下来运回罗马。就是现在，在罗马市中心的古罗马广场遗址上，还能看见它们的身迹。宙斯神庙内的象牙和黄金的塑像精美逼真，闻名遐迩。

旅游攻略

住宿：

①雅典城市瑟科斯酒店

酒店处于一幢新古典主义建筑内，提供带免费无线网络的空调住宿。

②雅典西普瑞亚酒店

酒店价格合理，设有带保险箱、迷你吧和卫星电视的客房。

交通：

①航空：目前希腊共有 39 个机场在运作，为每年 82% 的旅行者提供定期的，不定期的（特别是夏天），以及包机服务。

②火车：希腊铁路系统全长约 2500 千米，覆盖希腊主要大陆部分，连接希腊与中欧和土耳其。每日正规的运输服务保证了乘客及行李的运送安全。

③出租车：希腊首都雅典出租车按起步价进行收费。

时差： 与北京时间相差 6 小时。

货币： 欧元，雅典机场可兑换。

温馨提示：

①雅典夏天很热，出门要做好防晒工作，还要带上水。雅典的自来水是可以直接饮用的，所以喝完了水可以自己接。

②乘地铁前记得自己打票，如果不打票被查到的话会按一张票的 60 倍价格罚款。

③雅典的摩托车特别多，开得比较疯狂，而且路人通常不走斑马线。所以开车或者过马路的时候都要特别小心。

特奥蒂瓦坎——众神之城

外文名称：Pre-Hispanic City of Teotihuacan　　　　所属国家和地区：墨西哥

地理位置：墨西哥首都墨西哥城东北约 40 千米处

著名景点：太阳金字塔、月亮金字塔

虽然说它没有像埃及那样宏伟庞大的金字塔，但是，它的三大金字塔确实是独一无二的。它以其特有的雄伟与壮丽诠释着墨西哥古代城市文明曾经的辉煌。它曾经是美洲重要的政治与宗教中心，拥有着灿烂的印第安人的文化，是当地祭祀天地神明的主要城市，有着"众神之城"的美誉。

据估计，特奥蒂瓦坎城全盛时期，面积达 20 平方千米，居民超过 20 万，是当时世界大城市之一。其严谨的城市建筑结构，被阿兹特克人所效仿，其主要建筑沿城市轴线"黄泉大道"分布，黄泉大道是一条宽 40 米的笔直的大路，长度超过 2 千米，穿越了一系列宽广的长方形广场，广场两侧有台阶相通。大道两侧的建筑按照几何图形和象征意义布

局内部结构对称，简单形体的建筑建在台基上。黄泉大道南北纵贯，是古城的重要组成部分。以月亮金字塔和太阳金字塔的庞大气势而闻名于世。

特奥蒂瓦坎的仪式中心面积占全城总面积的十分之一，广大宽阔。黄泉大道两侧矗立着大多数的纪念物，尤其是太阳金字塔气势最恢宏，其底座长225米、宽222米，是世界第三大金字塔。它屹立在黄泉大道的东侧，原高75米，现高63米，有100万立方米的体积。在特奥蒂瓦坎遗址建筑物中是规模最大的，建筑它是用于举行宗教仪式，平坦的顶部原先建有一座神庙。每年会有两次太阳恰好处于金字塔的正上方，耀眼的阳光幻化成它的背景，让整座神庙更具神性，显然这是由特奥蒂瓦坎人精密计算造成的。巨大的金字塔还覆盖着一座神庙，也就是说，太阳金字塔是建立在原有神庙的基础上的。

相对太阳金字塔来说，月亮金字塔比较小，它坐落在黄泉大道的最北端，气势依然雄伟，底座长150米，宽140米，高42米。它有四层平台重叠而成，并逐层变小。克萨尔帕帕洛特尔宫，即神奇的鸟蝶宫，位于月亮金字塔脚下的广场上，鸟蝶的浅浮雕描绘在院子里的柱子上，它是一座非神庙建筑，殿堂华美，难得一见。

这里还耸立着羽蛇魁扎尔科亚特尔金字塔。金字塔保存十分完好的是西侧的巨大台阶，它把特奥蒂瓦坎建筑的典型特点都清晰地表现出来了，"斜坡和嵌板"式风格，垂直的嵌板和倾斜的路堤交叉使用，并用浅浮雕做装饰。金字塔的四面还雕刻着366个魁扎尔科亚特尔的头像，头颅圆且突出，张着大嘴，甚是

吓人。

旅游攻略

住宿：

①伊莎贝尔酒店

酒店所有客房均拥有阳台，提供笔记本电脑、保险柜、沙发和有线电视。

②挪威特酒店

酒店的客人居住的房间拥有铺着地毯的地板，拥有漂亮的现代装饰。

交通：

①机场：贝尼托华雷斯国际机场是墨城唯一的国际机场，位于市中心东边，是整个拉美最大和最繁忙的机场。

②地铁：墨城拥有世界上第二繁忙的地铁。地铁有11条线路，以不同颜色区分，近200个车站，市区所有景点都可以乘坐地铁到达。

③班车：从墨西哥城的汽车北站坐车，有直达特奥蒂瓦坎的班车。

时差：与北京时间相差13小时。

货币：墨西哥比索。

温馨提示：

①大多数墨西哥酒店不提供牙刷、牙膏、拖鞋，请自行准备。

②墨西哥的通用语言为西班牙语。英语在大多数地区无法沟通。

③墨西哥人特别喜欢和特别能吃辣，甚至辣椒就是从这里传向世界的。

④墨西哥国内航班经济舱行李重量和大小限制：墨西哥航空经济舱旅客可免费托运一件行李。行李重量不得超过25公斤。

墨西哥奇琴伊察玛雅城邦遗址——遗失的文明

外文名称： *Pre-Hispanic City of Chichen-Itza*　　　　**所属国家和地区：** 墨西哥
地理位置： 墨西哥东南部尤卡坦洲梅里达市 100 多千米处
著名景点： 库库尔坎金字塔、球场

> 美洲大陆的早期文明，处处充满着古老、神秘的色彩。这一文明宛如从天而降，在达到辉煌繁荣之时，又突然中断。当欧洲文明冲击到这里时，这个古老神秘而伟大的民族早已从这里销声匿迹。但他们在这里留下了大量的建筑遗迹，反射出他们精深的天文历法知识，仿佛他们可以沟通上天，给人众多的神秘和困惑。

　　奇琴伊察属于内陆地区，但离海较近，在这里降雨充沛，有着广域的森林，尽管它一度被森林所吞没，直到 19 世纪，在考古热中被发掘而出。古城存在长达几个世纪，当时正值玛雅文明的鼎盛时期。在古城的遗址中，我们所看到的金字塔，比古埃及金字塔小很多，恰由于规模所限，其较为精致而包含数学价值的建筑，更显得让人敬佩。

　　库库尔坎金字塔，又称羽蛇神金字塔、玛雅金字塔，或墨西哥金字塔，高约 30 米，位于奇琴伊察的中央，是为祭祀羽蛇神而建的。金字塔的地基呈方形，四边依阶梯上升可达顶端庙宇。金字塔南面两侧的阶梯延伸地上，一对外形奇异的蛇头雕刻在阶梯上，张嘴吐舌，恐怖而诡秘。玛雅人居住的地方常有毒蛇在森林中出没，于是当地人就将它作为崇拜的图腾，这也反映了当时人民对自然力量的敬畏和狞厉之美的崇尚。据说每当春分、秋分落日时，从西边斜射的阳光被两条滑梯阻挡，在阶梯上形成诸多等边三角形，并随着日落逐步移动，远看如两条巨蛇挪动着弯曲的身躯爬出神庙，爬下神坛而去。这时的蛇已经成为欲飞的羽蛇神。羽蛇神的苏醒，则象征着万物复苏的

春季和丰收的秋季到来。玛雅人高度的数学及天文知识亦可见一斑。

金字塔祭坛东侧还有座球场，据说当时蹴鞠只可用手脚之外的身体部位，如头、胸、膝等处接打。裁判和观众席位于球场边的高台上，内部为长方形，两边尽头的建筑和神庙相像，残留的石柱林立。尽管现在无法复原那时候的游戏规则，但球场足以表明玛雅人对体育的热爱，他们举办球赛大多与宗教活动有关。在两侧石墙上，若隐若现地浮雕着当年的战争

和球赛场景。从中不仅能看见满身披挂的玛雅武士，飒爽英姿令人敬佩，还能看见有球赛参与者被斩首的景象，令人费解。据说，球赛中败北者会被当作生祭供给神灵。大金字塔顶端的神庙内部有一张供桌，用于放置活人。供桌上正对活人心脏的部位有一凹槽，活人鲜热的心脏一被挖出，就自然滑入凹槽内。这种残酷的仪式到 10 世纪以后仍然延续，而此时世界上大多数国家已在向近代文明迈进。

旅游攻略

住宿：

①多洛雷斯阿尔巴奇琴酒店

酒店粉色的洋房被丛林所环绕。

②玛亚兰简易别墅酒店

酒店处于奇琴伊察考古公园中心，配备广阔的热带花园、3 个室外游泳池、热水浴缸和 SPA 理疗。

交通：

①机场：梅里达机场位于梅里达市区南部，机场有到墨西哥城、坎昆等墨西哥各大城市及一些国际城市的航班。从机场可搭乘出租车到达市区，也可以几人合租小型货车到达市区。

②公路：梅里达有往返于众多墨西哥旅游胜地的长途汽车。

③轮船：从科苏梅尔过去单程需要 45 分钟摆渡船和 3 个小时的巴士。

④客车：在梅里达乘坐开往奇琴伊察的汽车，车程 3 小时左右。

时差：与北京时间相差 12 小时。

货币：墨西哥比索。

温馨提示：

①奇琴伊察除入口有餐厅外，内部没有饮食供应，请提前准备所需饮食。

②奇琴伊察内的浮雕禁止拓印。

③景区外边有很多小商亭，无数的廉价纪念品，可供游人选择。

秘鲁马丘比丘印加遗址——云雾中的城市

外文名称：Machu Picchu 　　　　所属国家和地区：秘鲁
地理位置：现今的秘鲁境内库斯科西北 130 千米
著名景点：马丘比丘古城遗址、帕拉卡斯自然保护区

> 几个世纪以来，它一直被树林灌木、苔藓藤蔓所遮盖，残破的城垣隐约可见。它具有"云雾中的城市"之称，即使现在，想要瞻望它的容颜，依然要耐心地等到笼罩在古城上空的云雾散尽。等待让人焦虑，但当其神秘的面纱被揭起时，它就像是上天赐予我们的精美礼物。

马丘比丘整个古城遗址坐落在海拔约 2350 米的山脊上，可以俯瞰乌鲁班巴河谷，被热带丛林所包围，被列入到"世界新七大奇迹"之中。马丘比丘位于老年峰和青年峰中间陡峭狭窄的山脊上，被包裹在崇山峻岭之间。这里了无人烟，但印加人却在此建造出自己的城邦。从远处观望，你会觉得马丘比丘古城随时都会从狭窄的山脊上掉落到深渊当中。它与世隔绝，即使是在这里统治几百年之久的西班牙殖民者，也没有发现它的存在。当初，美国人宾汉姆也只是偶然才发现它的，它被几个世

纪积淀下来的树林枝叶所覆盖，断壁残垣也只能隐约看见。今天，虽然覆盖其身上的杂草藤蔓被清除干净，但想要看到古城的风貌，也必须等到山中的云雾散开，才能一睹为快。由于大部分时间马丘比丘古城遗址隐藏在云雾当中，所以它就有了这 "云雾中的城市"的称呼。

大致在 15 世纪中后期，马丘比丘古城由印加王帕查库提所建。城中宫殿、神庙、祭坛、广场、街道、水道、监狱、仓库等应有尽有。数百年来，由于被人遗忘在高山之巅，少

有人光顾，还保留着原先的样子。在生产力和技术条件落后的情况下，他们是如何将巨大的石块运上山顶的，也无法想象他们是用什么方法让巨大石块垒成的城堡严丝合缝，连一根针都插不进去。这样精密的建筑，细致的规划，却找不到任何的历史资料，让人不可思议。

和马丘比丘相近的是帕拉卡斯自然保护区，来到马丘比丘旅游，帕拉卡斯自然保护区也非常值得一观。它位于利马南部 247 千米处，总面积 3300 平方千米，风景独特，吸引着不少人来观光。鸟岛是保护区内最吸引人的地方，从帕拉卡斯海湾乘游艇 1 小时行程。岛上栖息着很多濒临灭绝的鸟类和海洋动物，主要有：海豹、企鹅、火烈鸟、海龟、海豚等，尤其是数目庞大的海豹聚集在海滩上最为壮观。

旅游攻略

住宿：

①秘鲁索尔酒店

酒店每天提供美式早餐。餐厅提供秘鲁和国际菜肴。

②阿德拉斯旅馆

旅馆距巴士站和火车站有不到 5 分钟步行路程，距马丘比丘有 25 分钟的巴士车程。

交通：

①飞机：从我国到马丘比丘，必须先乘飞机到美国洛杉矶至利马，每天清早会有班机从利马飞往库斯科。

②火车：从库斯科到马丘比丘可乘火车，有豪华、普通和经济列三种，车厢条件差别不大，黄金时段很难搭上便宜的列车。

③公交车：每天早晨 5：30 就开始了，车程半小时左右，沿着蜿蜒的道路停到马丘比丘入口处。

时差： 与北京时间相差 13 小时。

货币： 新索尔。

温馨提示：

①中南美洲的旱季最宜出游，每年 5 ～ 9 月为旱季，秘鲁最佳旅游季节为 8 ～ 10 月。

②旺季前往库斯科与马丘比丘，一定要带外衣，毛衣有时候都会冷，进山最好穿抓绒衣或冲锋衣。由于海拔很高，紫外线照射强烈，需要抹足够的防晒霜，并 3 ～ 4 小时内补充一次。

③他们忌讳以刀剑作为礼品，认为送这些东西意味着割断友谊。

英国巨石阵——简单的神奇

外文名称： Stonehenge   **所属国家和地区：** 英国
地理位置： 英格兰威尔特郡索尔兹伯里平原
著名景点： 巨石阵

> 一根根石柱屹立在荒野之中，组成一个圆形的阵势，在周围没有村落人迹的地方，默默地守候着，仿佛是在迎接太阳神的到来。它来自史前文明，已有几千年的历史，以其独一无二的特性，吸引着世界人民的到来，它简朴独特的造型，充满着神秘的色彩，引发无数人对它的遐想。

英国的巨石阵曾经以其独特的神秘性轰动世界，它已有 4000 多年的历史，阅尽了天地间的沧桑，但是，它的用途和建造方法至今仍是一个未解之谜。巨石阵也叫作圆形石林，几十块巨石围成一个大圆圈，其中一些石块高达 6 米。据估计，圆形石林已经在这个一马平川的平原上矗立了几千年。1986 年，"巨石阵、埃夫伯里等相关遗址"被列为世界文化遗产。

几十块巨大的石柱是巨石阵的主体，这些石柱排成几个完整的同心圆，巨石阵的外围是环形土沟与土岗，直径约 90 米，紧挨着内侧的是圆形坑，有 56 个，由于它们是被英

国考古学家约翰·奥布里发现的，因此，取名为"奥布里"坑。巨石阵中心的巨石最不可思议，其中最高的有 8 米高，平均重量约 30 吨，然而，更让人惊奇的是，有不少重达 7 吨的巨石被横架在两根竖着的石柱上。

整个巨石阵的结构是由环状列石和环状沟所组成，在距巨石阵入口处外侧约 30 米的地方，有一块被称为"席尔"的石头单独立在地上，如果从环状沟向这块石头望去，它正好是夏至日太阳升起的方位，因此，一些学者认为它是古代民族用来记录太阳运行的工具。

考古发现，巨石阵的修建不是一次性的工

程，而是分几个不同阶段完成的。大约在公元前 3100 年，巨石阵的第一阶段开始修建。首先修建的是环形的沟渠和土岗。用蓝砂岩排列成两个圆环，是巨石阵原始雏形。公元前 2100 年至公元前 1900 年，不仅修建了通往中央的大道，也建筑成了规模庞大的巨石阵：以巨石为柱，顶上横卧巨石则为楣，建成直径约 30 米的圆环矩阵。而随后的 500 年时间内，构成矩阵的巨石也被不厌其烦地进行重新排列，最终形成现在的形式。

几千年来，基本上没人知道巨石阵的真正用途，也不知道是谁策划建造了巨石阵，而古老的传说和人们的种种推测，让巨石阵更增加了神秘的氛围。

旅游攻略

住宿：

①费尔劳恩别墅酒店

酒店是一座乔治王朝时期的美丽别墅，相距巨石阵只有 3.2 千米，在带木梁的用餐室供应以当地农产品制成的全套英式和欧陆式早餐，还提供免费无线网络连接。

②假日索尔兹伯里－巨石阵酒店

相距巨石阵最近的酒店，坐落在威尔特郡中心，提供时尚的住宿和免费停车场。

交通：

①飞机：英国作为国际交通中心，几乎世界上任何一个国家都有飞往英国的航班，我国的北京、上海和香港每天都有直飞伦敦

的航班。

②铁路：铁路系统非常完善，设备也佳，有几种常用的火车优待票，英国国铁联票、伦敦大都会火车票、欧洲之星、铁路漫游票等，前三者为外国籍旅客专属，需在各国购买。

③客车：英国有相当便利的巴士服务网，亦提供数种交通套票，快车通行证、巴士折扣卡、巴士旅游证等。

时差： 与北京时间相差 8 个小时。

货币： 英镑。

温馨提示：

①电话：公用电话有些已坏，拿下听筒后既无声音，又无显示。所以，您最好准备好零钱和电话卡。

②英国虽然目前尚未完全开放个人旅游签证，但个人游客可以提出独立申请。

③英国人有付小费的习惯。通常在餐厅如果账单内没有包含服务费，要按账单的 10% 左右付，行李员小费按件付，出租车司机可以按票价的 10% ~ 15% 付。

④17 周岁以下人员不得携带烟草和酒精制品入境。

⑤英国人见面时不爱讲个人私事，而爱谈论天气，否则会受以冷遇。

印度泰姬陵——永恒的眼泪

外文名称：Taj Mahal　　　　所属国家和地区：印度

地理位置：印度新德里 200 多千米外的北方邦阿格拉城内，亚穆纳河右侧

著名景点：莫卧儿式花园、陵墓主体、陵墓倒影

> 它是印度的代名词。到印度，如果没有看到它，等于是没有去过印度。它是一座闻名于世的爱情丰碑，记述一段凄婉感人的爱情故事。有人说，它是"永恒脸颊上的一滴眼泪"，这一凄美的比喻，完美地阐述了这一动人的爱情故事，也展现了它独具一格的美丽。

泰姬陵位于印度阿格拉市。阿格拉之所以能够成为印度最重要的旅游城市，就是因为它拥有两处世界文化遗产，泰姬陵和红堡。泰姬陵全部都是用白色大理石建成的，精美而又巍峨，犹如蓝天下的一朵白云，晶莹凛然如雪山一般，在午后的阳光下闪烁着圣洁的光芒。

它是一位印度国王为纪念自己死去的爱

妻而建造的一座陵寝，伊斯兰风格的建筑艺术，历来都被人们称颂。在很多人眼里，它象征着永恒爱情。印度五世国王的爱姬将要离世，国王为让她安心，许诺为她建造一座精美无比的陵墓。爱姬病逝，国王便开始履行对亡妻的承诺，举全国之力进行建陵工程。工程延续 20 年之久，无数人在此流下了血汗，甚至生命。当泰姬陵建成时，耸立在天地间的这座巨大的纯白色建筑，端庄、宏伟、神秘，集圣洁和华丽于一身，让人无不惊讶它的美颜。

陵墓四周的围墙是由红砂石砌成的，一座高高的圆柱形塔坐落于四周的角落，如同巨人卫士一般护卫着泰姬陵墓。在陵墓东西两侧矗立着两座相同形式清真寺翼殿，用红砂石筑成，白色圆顶属于典型的伊斯兰建筑风格。一个十字形水池设在陵墓的正前方，以喷泉为中心。当晴空万里时，宫殿的倒影就会浮现在水池中，宛如两座泰姬陵在互相辉映，真是妙不可言。

漫步在红石铺成的小路上，欣赏着洁白无瑕的宫殿，会让人心思如潮。它背后凄美的爱情故事会时不时地穿越过脑海，让你感动在纯真的爱情中。举目仰望，你会发现各种颜色的宝石镶满每一块洁白的大理石，拼缀成各种美丽花纹和图案，真是美轮美奂、精美之极。这里面不知道凝聚着多少的深情和爱恋，仿佛一花一草都包含着淡淡的哀伤，相思和凄凉弥漫在这片天空。

永恒哭泣的泰姬陵，永远都是人们向往又陶醉的红颜！

旅游攻略

住宿：

①新德里泰姬陵宫酒店

酒店提供豪华的住宿，坐落于 24281 平方米的园景场地内。

②泰姬陵新德里酒店

酒店相距新德里火车站有 5 千米。

交通：

①飞机：阿格拉 Kheia 机场，距离泰姬陵约 12 千米，最初是作为军用机场，目前无固定民用航班。

②火车：目前在阿格拉的两个火车站是：阿格拉堡火车站和 Agra Cantt 火车站。阿格拉往返新德里的火车每天有 20 多趟。

③三轮车：在阿格拉市内活动，在泰姬陵和其他景点之间都可以乘坐电动三轮车。需要注意的是，很多电动三轮车司机会在中途拉游客去一些纪念品商店购物，获取佣金，建议礼貌地向司机表示没有兴趣即可。

时差：与北京时间相差 3 小时。

货币：印度卢比。

温馨提示：

①禁止带入或带出印度货币。

②印度的公共场合通常禁止饮酒。

③泰姬陵使用摄像机是需要另外付费的。即使支付了费用，能够使用摄像机的区域也很有限。

④在印度很难找到公共厕所，按当地的习惯，只要有墙的地方就是厕所。

秦始皇陵——中国帝王陵墓之首

外文名称：Mausoleum of the First Qin Emperor

所属国家和地区：中国　　　　**地理位置**：中国西安市临潼区

著名景点：秦始皇陵博物院、兵马俑

> 它是中国历史上第一个皇帝的陵墓，它是秦汉时期规模最大的地宫，同时它也存在着众多的谜团，等着人们慢慢地解答。骊山环抱，渭水环绕，风景秀丽，它却以雄壮之姿藏身于大地之下。当人们清除堆积它身上厚重的尘土时，它的宏伟壮观立马征服了世界。

秦始皇帝陵，即秦朝始皇帝嬴政的陵墓，简称秦始皇陵或秦陵。其规模巨大，陪葬物丰富居历代帝王陵之首。其建于公元前 246 年至公元前 208 年，历时 39 年。秦始皇陵内外筑两道夯土城垣，象征着皇城和宫城。陵冢位于内城南部，形似覆斗，51 米高，底边周长 1700 多米。据史考证，秦陵中宫殿众多，

无数奇异珍宝陈列其中。还有大量形制不同、内涵各异的陪葬坑和墓葬分布在秦陵的四周，现有 400 多个已探明。秦始皇陵在世界帝王陵墓中是规模最大、结构最奇特、内涵最丰富的陵墓。秦始皇兵马俑建筑成就可以和埃及金字塔、古希腊雕塑相媲美，是世界人类文化的宝贵财富，它们充分表现了 2000 多年前中国古

代劳动人民精湛的艺术才能，是中华民族的骄傲和宝贵财富。陵园内的秦始皇兵马俑更是其艺术的经典，是其旅游观光的胜地。

秦始皇兵马俑博物馆位于西安市临潼区东，距市区 37 千米，气势宏伟，1987 年，被列入世界文化遗产保护名录。1974 年秦兵马俑坑被发现，被誉为"世界第八大奇迹"。现已发掘的三个兵马俑坑排列成品字形，共 2 万多平方米的面积，坑内放置的陶俑、陶马与真人真马的大小相近，有 7000 余件，艺术价值和历史文化价值都很高。

塑造兵马俑，都是建立在现实生活的基础之上，细腻、明快的手法，让陶俑装束、神态各不相同，个性鲜明，时代性强。俑坑内出土的青铜兵器种类众多，如剑、铍、矛、戈、戟、殳、弩机、箭镞等。虽经历了 2000 多年，但大部分兵器的锋刃依旧锐利如初，这说明当时有很高的冶金技术。1980 年，在秦始皇陵西侧出土的两乘大型彩绘铜车马，每乘车都配有四匹马俑和一御官俑。车马的造型生动逼真，装饰华美，金银饰品和构件众多，制作精巧微妙，被誉为"青铜之冠"。

旅游攻略

住宿：

①西安夏朗酒店

自酒店驱车 30 分钟即可抵达西安咸阳国际机场。毗邻著名景点兵马俑、骊山、华清池等。

②西安金秋怡心园宾馆

宾馆配套设施齐全，住宿条件较好。周边景色别致，交通环境良好。

交通：

①航空：西安咸阳国际机场位于西安市西北部、咸阳市郊，有往来国内各大城市的航班，以及到日本、泰国、韩国等国家的航班。

②铁路：西安是陇海线的重要枢纽站，西安火车站位于东北城墙外。西安北站已于2011年初投入运营，它是游客到华山及洛阳的最佳选择。

③公路：西安站的对面就是省汽车站，有发往陕西各地的班车。

④公交：西安公交十分发达，可坐公交游遍全市，为方便游客，西安还设有多路旅游专线车，在西安火车站东广场发车，有去往秦始皇陵等主要景点的车。

时差：无。

货币：人民币。

温馨提示：

①西安属于暖温带半湿润的季风气候区，雨量适中，四季分明。春秋两季气温比较适度。对于南方朋友来说，气候较为干燥，请您多喝水、多吃水果。

②兵马俑涉及的历史、考古等科学知识丰富多样，建议提前准备一下，或听听讲解也不错。

③西安为国际性旅游城市，人流量较大，成分较复杂，夜晚出行最好三五人结伴。

④西安少数民族以回族居多，回族小吃也是西安饮食文化的代表，尊重民族习惯，是一定的，也是必要的。

埃及卢克索古城遗址——遥远历史的惊鸿

外文名称：Luxor　　　　所属国家和地区：埃及
地理位置：南部尼罗河东岸，南距阿斯旺约200千米
著名景点：卡纳克神庙、卢克索神庙

这是一座闻名世界的古城，像明珠一般镶嵌在尼罗河畔，也犹如一束美丽的花朵盛开在尼罗河边，若是你走近它，将它融入怀里，你就会陶醉在它那芳香四溢的馨香之中。在这里，宏伟壮观的古埃及遗迹和略显破旧的城市建筑混杂在一起，在奇异的和谐中，尼罗河穿城而过，让沉淀千年的尘埃与传奇，显得沉静而深邃。

卢克索坐落于开罗以南700多千米的尼罗河畔，是埃及文化古迹重要聚集地。它建立在古代名城底比斯南半部的遗址上。底比斯是古埃及中王朝和新王朝时代的都城，距今大约有4000多年的历史了。约在公元前1584~1341年第十八王朝时，是底比斯的鼎盛时期，横跨尼罗河两岸，有"一百个城门的底比斯"的描述，毁于公元前88年。在卢克索古迹中最引人注目的是尼罗河东岸的卡纳克神庙和卢克索神庙。

卡纳克神庙又称阿蒙·赖神庙，是法老或古埃及国王们献给太阳神、自然神和月亮神的庙宇建筑群，规模庞大，全部是用巨石砌成的。巍峨的庙门高38米，壮观雄伟；主殿宏伟凝重，面积约5000平方米，有134根巨石圆柱，分列16行，其中最高的12根，有20多米高，柱顶能立百人，柱上残留着神话彩绘，庙内尖顶石碑林立，高石巨像随处可见。古埃及人用象形文字把他们的光辉史迹刻写在神庙石壁上。卡纳克神庙不仅仅是埃及最大的神庙，也是世界上最壮观的古建筑物之一。

卢克索神庙距卡纳克神庙不超过1千米，修建于公元前14世纪。神庙包括庭院、大厅和侧厅。庭院三面的石柱用双排纸草捆扎着，柱顶雕刻成伞形花状，十分好看。神庙围墙外的另一庭院修建于第十九王朝法老拉美西斯二世时期，塔门高大、浮雕优美，加上时尚的方尖碑，给人美的享受。卢克索西岸是帝王谷，帝王谷是古埃及第十八、十九、二十王朝历代法老们的陵墓集中的地方，现已发现的陵墓近70座，大都依岩开凿，墓内浮雕出色，壁画生动，古埃及文化气息浓郁。

旅游攻略

住宿：

①索菲特卢克索帕维隆冬季酒店

酒店坐落于卢克索市中心，俯瞰着尼罗河，且距离卢克索神庙只有 100 米。

②索菲特卢克索冬宫酒店

典范的维多利亚式建筑，步行不久即可抵达卢克索神庙，拥有高标准的设施。

交通：

①飞机：卢克索是埃及境内的重要机场之一，在埃及航空的各个网点都能买到各主要城市飞往卢克索的机票，不过国内短途机票价格较高。

②火车：拉美西斯火车站可以购买开罗到卢克索的车票，由于车次不多，火车票需要至少提前一天购买。

③客车：开罗的拉美西斯火车站可以买到从开罗到卢克索的大巴车票。汽车的好处是环境比火车稍好。

④其他：从开罗到阿斯旺还有游船可乘，沿途经过众多古埃及遗址，可以饱览尼罗河两岸的自然风光及人文景观。

时差：与北京时间相差 5 小时。

货币：埃及镑。

温馨提示：

①进出埃及海关可携带 1000 埃及镑现金，超出部分有可能被没收。携带外币入境的数额并没有限制，但入境时要申报。

②房间一般为双人间，电源为双圆插头220V，酒店内一般不提供拖鞋、牙具，热水为房间服务项目，需要另外加费用。

③我国手机只有全球通在当地可以使用，但必须在国内开通国际漫游。

埃及阿布辛贝神庙——象征着聪明与智慧

外文名称： Abu Simbel Temple 　　**所属国家和地区：** 埃及

地理位置： 埃及阿斯旺

著名景点： 太阳节奇观

有人说，拉美西斯是花心多情的人，因为他的情人妃子多不胜数；也有人说，拉美西斯是自恋狂，因为他只爱他自己，留下雕像无数；但是，当你看到奈菲尔塔利雕像的高度和他的雕像并肩时，你会相信拉美西斯二世的爱，是多么地纯粹……因为，爱，本身就需要勇气去承担更重的压力。

阿布辛贝神庙建于公元前 1300 ～ 1233 年，建造这座大型岩窟神庙的是古埃及新王国第十九王朝的拉美西斯二世，有 3000 多年的历史了，它一直都是新帝国法老王时代最受保护的遗迹。

阿布辛贝神庙并不是巨石堆砌的建筑物，而是在尼罗河西岸粉红色砂岩悬崖的山体上，人工劈凿出的宏伟建筑，高 30 米、宽 36 米、深 60 米，4 座巨型石质拉美西斯巨型坐像矗立在门前，每尊重 1200 余吨，高 20 余米，其

母、妻、子女的小雕像精心布置在巨像旁栩栩如生。雕像在 3000 多年风霜的侵蚀下，竟完好无损，可见其石质很坚硬，古埃及人的选料水平，令后人惊讶。

神庙共有三道门，踏入第一道门，映入眼帘的是左右两排的柱廊大厅，这些石柱承受着来自洞顶的巨大压力。在石柱旁整齐对称分立着盔甲勇士群雕，大厅四周刻满壁画，记述着拉美西斯二世远征的卓著战功。庙内庙外的壁画雕刻，都如拉美西斯二世再现。穿过第三道

石门，一间小石室处于大厅尽头，这就是最深处的圣地。四尊石像并排在圣地内，从左至右依次是普塔赫神、阿蒙·拉神、神化的拉美西斯二世、拉·哈拉赫梯神。

圣地内供着神很正常，但神奇的是 3000 多年前的神庙设计者精确地运用与天文、星象、地理学、数学、物理学相关的知识，并按照拉美西斯二世的要求，在拉美西斯二世的生日和奠基日两天，旭日的金光才能射进神庙大门，穿过 60 米深的庙廊，依次照射在神庙尽头右边三座雕像身上，达 20 分钟之久，让神殿光辉照人，冥界之神位于最左边，却只能隐身于黑暗里。"太阳节奇观" 象征着古埃及人聪明智慧。

因兴建阿斯旺水坝，将阿布辛贝勒神庙原样向上移位 60 米，为了使太阳节的奇观保留下来，联合国教科文组织组织和派出国际一流的科学技术人员，运用最先进的科技测算手段，确保神庙不会被水淹没。尽管经过最大努力，竭尽所有力量，太阳节的时辰还是错位一天，让人惋惜。

旅游攻略

住宿：

①阿斯旺努比亚度假酒店

宾客可在露台上欣赏美景或在花园里烧烤。

②马哈吧宫酒店

享有尼罗河壮丽的景色，拥有宽敞的客房，靠近市中心和集市。

交通：

①飞机：同卢克索一样，阿斯旺也有自己的机场，在埃及航空的各个网点都能买到埃及各主要城市飞往阿斯旺的机票。

②火车：拉美西斯火车站可以购买开罗到阿斯旺的车票。埃及的火车经常晚点要做好准备。

③大巴车：开罗的拉美西斯火车站可以买到从开罗到阿斯旺的大巴车票。

时差：与北京时间相差 6 小时。

货币：埃及磅。

温馨提示：

①阿斯旺位于埃及南部，空气炎热干爽，到了冬天气候则干燥温和，是世界闻名的冬季休养地，所以冬天是最适合到阿斯旺来旅行的。

②当地电压是 220 V，插头是圆头的，需要转换器。去玩的游客不要忘记带插头转换器。

③埃及盛行给小费，一般去厕所 5 个人是一美元。